111 Gründe, die Nordsee zu lieben

W0171562

Carsten Wittmaack

111 GRÜNDE, DIE
NORDSEE
ZU LIEBEN

**Eine Liebeserklärung
an die schönste Küste der Welt**

Schwarzkopf & Schwarzkopf

INHALT

– Weil der Walfang ein Kapitel von gestern ist – Weil das Watt ganz schön wat hermacht

KAPITEL 4
HUSUM, DIE GAR NICHT GRAUE STADT AM MEER
SEITE 73

Weil Dagebüll und Schlüttsiel die Tore zur Inselwelt sind – Weil Storms Deichgraf eine Legende ist – Weil in Husum die Krokusse blühen – Weil Rungholt bei Nebel aufersteht – Weil Kultur in Nordfriesland stets auch Natur heißt – Weil Friedrichstadt eine unbekannte Schönheit ist – Weil Tönnings Hafen nicht nur frischen Fisch bietet – Weil das Eidersperrwerk für Sicherheit sorgt – Weil St. Peter-Ordings Strand die Touristen anzieht – Weil Emil Nolde hier seine ungemalten Bilder malte

KAPITEL 5
DIE BAUERNREPUBLIK DITHMARSCHEN
SEITE 95

Weil die Nordsee nirgendwo wilder braust – Weil freie Bauern eine Weltmacht im Morast versenkten – Weil es in Meldorf ein Landesmuseum gibt – Weil Büsum für Familien ein Traumziel ist – Weil Büsumer Krabben eine Weltmarke sind – Weil das Land hier noch ganz frisch ist – Weil Heide den größten Marktplatz Deutschlands besitzt – Weil verwaiste Seehunde in Friedrichskoog eine Bleibe finden – Weil Marne eine Karnevalshochburg ist – Weil es in Dithmarschen »geheime« Plätze zu entdecken gibt

KAPITEL 6
HELGOLAND, INSEL AUF HOHER SEE
SEITE 115

Weil Helgoland Deutschlands einzige Hochseeinsel ist – Weil Helgolands Fahne so bunt ist wie die Insel – Weil schon die Überfahrt ein Erlebnis ist – Weil das Ausbooten Spannung verspricht – Weil es gleich mehrere Linienflugrouten gibt – Weil der Tausch mit Sansibar ein erstklassiges Geschäft war – Weil diese Insel schlichtweg unzerstörbar ist – Weil es nirgendwo wärmer ist – Weil auf der Düne

Robben in freier Wildbahn zu beobachten sind – Weil Taucher sogar Riesenhaie beobachten können

mit Feen zu tun hat – Weil ohne Tee hier gar nichts geht – Weil in Jever nicht
nur frisches Pils fließt – Weil Friese nicht gleich Ostfriese ist

DER »BLANKE HANS« – PROLOG

Die Nordsee. Mit ihr verbinden die meisten Menschen Sommer, Sonne und Badeurlaub. Dabei hat die Region viel mehr zu bieten als Wasser, Deiche und plattes Land. Bevölkert wird der Landstrich seit Jahrhunderten von den Friesen. Schweigsame Kumpane, die einst Wale auf den Sieben Weltmeeren jagten und heute die Touristenmassen mit stoischer Gelassenheit ertragen. Sturmfluten nahmen Land und Leben, heute ringt man dem Meer wieder Land ab und schafft künstliche Köge, die jahrzehntelang unbewohnbar bleiben und so zu Naturparadiesen werden. Theodor Storm hat hier gelebt und seine »graue Stadt« Husum beschrieben, sein »Schimmelreiter« kämpfte gegen das Meer, und noch immer gibt es Deichgrafen, die das Marschenland hinter den Schutzwällen sichern sollen. Der Ostfriese hat bundesweit Eingang in die Witzkultur gefunden, und Sylt stieg zur Herberge der High Society auf.

Die Nordsee. Es gibt so viel zu erzählen über Feuerschiffe, Nebelbänke, Wattspaziergänge, Friesengeist und Aberglaube. Protagonist ist stets der »Blanke Hans«, wie die Nordsee von den Einheimischen genannt wird. Nordsee ist Mordsee, wissen die Menschen, die hinter den Deichen wohnen. Sie ist wie eine schöne Geliebte. Ein Traum, wenn sie sanft ist, und ein Albtraum, wenn sie zürnt. 111 Gründe, sie zu lieben, lassen sich dennoch spielend leicht finden. Denn wie das so ist mit störrischen Geliebten: Je aufbrausender sie sind, umso mehr verzehrt man sich nach ihnen.

»111 Gründe, die Nordsee zu lieben«. Eine fröhlich-augenzwinkernde Reise in die Welt der Friesen, ihrer Traditionen und ihres Lebensstils. Die Typisierung eines Landstrichs, in dem der Autor aufgewachsen ist, und den er bis heute über alles liebt.

In diesem Sinne: Viel Spaß bei der Lektüre!

Carsten Wittmaack

KAPITEL 1

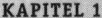

DIE HEIMAT DER FRIESEN UND ANDERER URIGER TYPEN

Über den Menschenschlag zwischen Husum und Emden

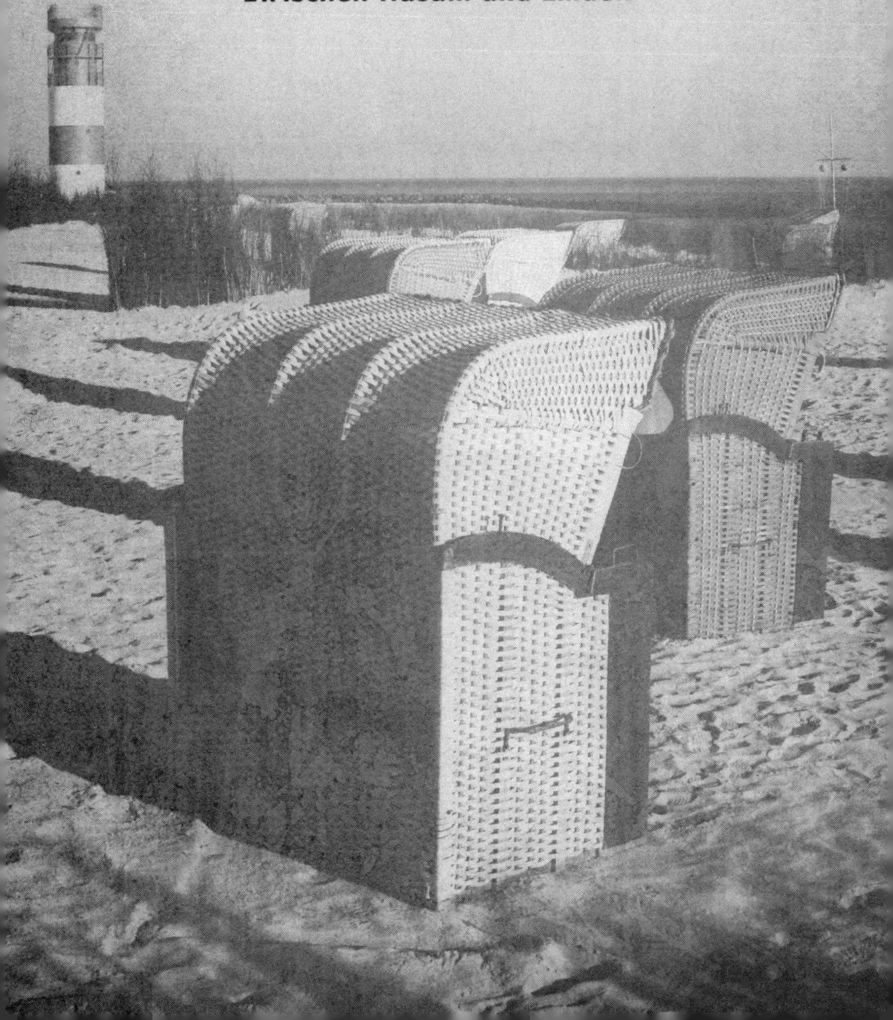

WEIL DIE SEE DIE MENSCHEN PRÄGT

Ich war noch nicht einmal ein Jahr alt, als es das erste Mal ans Meer ging. Meine Eltern fuhren zum Sommerurlaub nach St. Peter-Ording. 1969 war das. Der Vorteil lag auf der Hand: Von unserem Wohnort Krempe aus fuhr man nur eine knappe Stunde bis an die See. Wir campierten im Zelt. Und weil ich den Strand und das Watt liebte, wurde die Nordsee mein zweites Zuhause. Die folgenden zwei Jahrzehnte verbrachte ich die Sommer im Wohnwagen in Büsum. Und heute? Heute buchen meine Frau und ich jeden Sommer für zwei Wochen ein Ferienhaus an der Küste – sehr zur Freude unserer beiden Kinder übrigens. Ach ja: Wir wohnen inzwischen in Itzehoe und brauchen dank der A 23 nur noch eine halbe Stunde, bis wir das Meer sehen können. Entsprechend oft lassen wir uns eine frische Nordseebrise um die Ohren wehen.

Ich habe mich Hals über Kopf in den Menschenschlag verliebt, der hinter den Deichen lebt. Es sind die See, die Stürme und die Touristen, wovon die Friesen geprägt wurden. Sie gelten als wortkarg und naturfürchtig. Ihre Heimat ist ein plattes und urwüchsiges Land. Es gibt kleine Küstenorte wie Husum und Neuharlingersiel, doch die meisten Einwohner leben verstreut in der endlosen Weite. Direkt hinter dem Deich stehen einsame Höfe, die in alten Zeiten ihre Bewohner mehr schlecht als recht ernährten. Also ging man im Sommer zusätzlich zum Fischen und im Winter wurde nach Treibgut Ausschau gehalten. Legenden – von denen es hier viele gibt – erzählen von Seeräubern und Wegelagerei. Und von falschen Positionsmarkierungen, mit denen Schiffe bei Dunkelheit und Nebel in Untiefen gelotst wurden, um deren Ladung zu stehlen, wenn sie auf Grund gelaufen waren.

Der »Blanke Hans« grub sich tief in die Seelen der Menschen ein. Das Meer gab Nahrung und Leben, nahm es aber auch. Man findet kaum eine Familie, die nicht mindestens einen ihrer Lieben auf dem Meer verloren hat. Auch daheim wurde gezittert, sobald der Wind aufheulte. Die Deiche erinnerten noch vor einem Jahrhundert eher an jämmerliche Erdhügel, die bei jeder Sturmflut zu brechen drohten. Nachts saß man bei Kerzenschein in der Wohnstube. Die Menschen erzählten sich Geschichten von Seeungeheuern, untergegangenen Siedlungen und Geisterschiffen. Das Ergebnis war ein Aberglaube, an dem sich die christlichen Missionare lange die Zähne ausgebissen haben. Der Friese ist ein gläubiger Mensch, doch bis heute wird sein Denken von einem Gemisch aus Bibeltreue und althergebrachtem Seemannsgarn bestimmt.

Mitte bis Ende des 19. Jahrhunderts begann eine Flutwelle ganz anderer Art von Land heranzurollen. Es waren Touristen, die die schönsten Flecken an der See für sich entdeckten. Die Küstenbewohner reagierten pragmatisch. Aus Schweigern, die tagelang allein auf See unterwegs waren, wurden findige Händler. Redselig ist der Friese dennoch nicht gerade geworden. Fast alle waschechten Nordseeaner sind froh, wenn der Touristenstrom im Spätsommer abebbt und im Herbst fast gänzlich zum Erliegen kommt. Endlich ist man wieder unter sich und kann ein halbes Jahr durchatmen, bevor der Spuk von Neuem beginnt.

Wer genau hinschaut, kann noch heute das alte Friesland entdecken – die Höfe hinter dem Deich mit spärlich beleuchteten Wohnstuben, die oft noch den Charme aus Großvaters Zeiten atmen. Gründe dafür gibt es viele. Zum einen ist nicht jeder Nordseebewohner durch den Touristenboom reich geworden, zum anderen mag der Friese keine großen Veränderungen. Gut Ding will Weile haben, heißt das Motto. Zwar hat elektrisches Licht die Kerzen ersetzt, die Deiche wurden erhöht und die kleinen Kutter von einst sind hochseetüchtigen Schiffen gewichen. Doch im Kern ist sich der Friese treu geblieben. Trotz allen modernen Komforts und neuer Sicherheitsstandards spürt er in seinem Innersten, dass die See nicht kontrollierbar ist.

WEIL DER FRIESE AUF EWIG
EIN SEEBÄR BLEIBT

Wer irgendwo im Friesischen eine Kirche besucht, wird ihn schnell spüren, den Geist der Seefahrer. Fast in jedem Gotteshaus an der Küste hängen hölzerne Modellschiffe von der Decke und in die Bankreihen sind seemännische Motive eingraviert. Oft liegen die Kirchen auf kleinen Erdhügeln, sogenannten Warften. Sie waren bei Deichbrüchen das letzte Bollwerk vor den heranbrausenden Fluten. Was nach Schauermärchen klingt, war vor allem im Mittelalter immer mal wieder bitterer Ernst. So umspülte während der Allerheiligenflut 1532 das salzige Meerwasser die Grundmauern der Büsumer Kirche. Büsum war damals noch eine Insel, erst der Bau des Wardams 1585 gab dem Eiland eine gewisse Sicherheit.

Ich weiß noch, wie ich als Jugendlicher über die Büsumer St.-Clemens-Kirche gestaunt habe. Sie war so ganz anders als die Kirchen, die ich bis dahin im Binnenland gesehen hatte. Statt prunkvoll und protzig eher zierlich und fragil. Als leidenschaftlicher Modellbauer habe ich natürlich vor allem das Modell des Dreimasters »Der milde Herbst« bewundert, das an der Decke hängend auf den Altar zusteuert. Im Volksmund heißt die St.-Clemens-Kirche auch Fischerkirche. Wer sie betritt, weiß warum. Der Geist der seefahrenden Ahnen ist spürbar und im wahrsten Wortsinn zum Greifen nah. Zum Interieur gehört ein bronzenes Taufbecken aus dem 13. Jahrhundert, das der Seeräuber Cord Widderich im 15. Jahrhundert der Insel Pellworm geraubt haben soll.

Überall an der Küste sind Spuren zu finden, die verraten, dass hier eine alte Seefahrernation beheimatet ist. Ein geradezu klassisches Beispiel ist der Kirchhof auf der nordfriesischen Insel Amrum. Ich habe den Friedhof des kleinen Ortes Nebel Anfang der 1990er Jahre das erste Mal besucht. Es war ein Aha-Erlebnis der morbiden Art. Viele Grabsteine erzählen von den Heldentaten der Toten. Mit meiner damaligen Freundin habe ich stundenlang versucht, die verwitterten Texte zu entziffern. Die »sprechenden Steine«, von denen heute rund neunzig unter Denkmalschutz stehen, verraten viel über die innige Liebe der Friesen zum Meer.

Zu denen, die in Nebel ihre letzte Ruhe gefunden haben, gehört der Seefahrer Hark Olufs, der in der ersten Hälfte des 18. Jahrhunderts auf Amrum lebte. Schon sein Vater Oluf Jensen war Kapitän und die Tradition verlangte es, dass der Sohn denselben Berufsweg einschlug. 1724 geriet Hark Olufs in Gefangenschaft, als sein Schiff von algerischen Piraten gekapert wurde. Er wurde auf dem Sklavenmarkt von Algier verkauft, stieg am Hofe des Beys von Constantine bis zum Oberbefehlshaber der Kavallerie auf und nahm 1735 an der Eroberung von Tunis durch die algerische Armee teil. Zum Dank wurde er noch im selben Jahr freigelassen und kehrte nach Amrum zurück, wo er heiratete und den Rest seines Lebens verbrachte.

Geschichten wie diese lassen sich auf der letzten Ruhestätte der Kapitäne »ausgraben«. Ich glaube, ich war bei jedem meiner Amrum-Abstecher auf diesem Friedhof unterwegs, um nach bislang unentdeckten Lebensläufen zu suchen. Vor allem bei Nebel und Schietwetter ist die Atmosphäre einzigartig. Der Friedhof der toten Kapitäne, die Silhouette der benachbarten Kirche – alles Zutaten für ein wahrhaft unvergessliches Erlebnis.

WEIL WIND UND WELLEN DEM LAND
CHARAKTER VERLEIHEN

Über die Schönheit einer Landschaft lässt sich trefflich philosophieren. Und streiten. Der eine mag die Berge, der andere liebt die Stadt mit ihren urbanen Reizen. Wenn es um die Nordseeküste geht, fallen gern einmal Sätze wie »Hier kann man ja schon morgens sehen, wer abends zu Besuch kommt« oder »Mann, ist das eintönig hier. Nichts als Wasser und plattes Land«. Genauso ist es – zum Glück, kann ich da nur antworten. Meer und Marsch sind es, die der Nordsee ihren unverwechselbaren Charakter verleihen. (Die Marsch ist die flache Küstenlinie, die sich an der Nordsee weit ins Hinterland hineinzieht. Das größte Marschgebiet weltweit erstreckt sich von Dänemark im Norden rund 500 Kilometer gen Süden bis nach Holland hinein.) Dass ich mit dieser Meinung nicht allein stehe, beweisen die unzähligen Nordseeurlauber, die Jahr für Jahr wiederkommen, weil sie die Sehnsucht gepackt hat. Die Sehnsucht nach der See und schier endloser Weite.

Wer einmal vom Deich aus einen Sonnenuntergang miterlebt hat, weiß, wie kitschig schön die Nordseeküste sein kann. Ich habe unzählige Fotos von knallroten, grell-orangen und pinkfarbenen Sonnenuntergängen geschossen. Einfach, weil der Augenblick so einzigartig war und ich selbst kaum glauben konnte, was ich gerade mit eigenen Augen sah.

Die Gedanken schweifen lassen. Ja, auch das kann man am Meer. Die See ist ein Synonym für Freiheit. Ich bin früher öfter einmal spontan nach Friedrichskoog gefahren, wenn es mir nicht gut ging. Dann habe ich mich bei Wind und Wetter ans Wasser gesetzt, aufs Meer hinausgeschaut und beobachtet, wie die Wellen anrollen. Spätestens nach einer halben Stunde spürte ich, dass der seelische Ballast von mir abfiel und ich innerlich ganz ruhig wurde. Die Dinge bekommen an der See eine andere Bedeutung. Vermeintlich Wichtiges entpuppt sich als nichtig und man besinnt sich wieder auf das Wesentliche. Heute – mit zwei kleinen Kindern – fehlt mir schlicht die Zeit, um in solchen Momenten ans Meer fahren zu können. Was sehr schade ist, denn diese Art seelischer Ausgleich ist durch nichts zu ersetzen.

Die Nordsee ist ein guter Seelenklempner, so viel steht fest. Sie zieht vor allem Menschen an, die sich nach unberührter Natur und Ruhe sehnen. Wer Remmidemmi und ausschweifendes Nachtleben sucht, kommt hier nur bedingt auf seine Kosten. Der größte Entertainer ist die See selbst. Wer Wattlaufen nicht mag, weil er dabei dreckige Füße bekommt, ist ebenso am falschen Ort wie Wetterfühlige, die schon beim geringsten Anflug von Wind und Regen das Weite suchen. Es ist der Mix aus Naturgewalten, der die Nordseeküste unverwechselbar macht. Schmuddelwetter muss man nicht lieben, aber es gehört dazu. Genau wie Wind und Wellen, wie Deiche und Schafe, wie Friesen und Katen mit Reetdach.

Die Nordseeküste ist ein rauer Landstrich, der seinen Charme aus genau dieser Ungeschminktheit gewinnt. »Hier ist wenigstens noch alles echt.« Dieses Lob hört der Friese gern. Wer am Meer Urlaub macht, dem reicht ein Handtuch am Deich oder ein (dann allerdings teuer bezahlter) Strandkorb. Kinderlärm stört hier gestresste Single-Seelen noch nicht, das Fahrrad ersetzt das Auto und abends, wenn es zum Essen in ein Restaurant geht, muss man keinen Dresscode beachten. Sylt mag da eine Ausnahme sein, aber diese Insel hat sich ohnehin losgesagt vom restlichen Küstenleben. Das wahre Friesland mag es leger und herzlich, ehrlich und unverblümt.

WEIL DAS WETTER BESSER IST ALS SEIN RUF

Es ist schon erstaunlich, dass die Nordseeküste ein Urlaubsparadies ist, obwohl sie wettertechnisch einen geradezu katastrophalen Ruf genießt. »Bei euch da oben regnet's ja immer«, bekomme ich regelmäßig zu hören, wenn mich Freunde aus südlicheren Regionen der Republik besuchen. »Schmuddelwetter« heißt dabei das Unwort, das selbst eingefleischte Bajuwaren kennen. Schmuddelwetter, das steht für Dauerregen, Wind und kühle Temperaturen. Vor allem der Regen kann es an der Küste tatsächlich in sich haben. Die feinen Tropfen finden selbst noch durch dickste Lederjacken und Jeans ihren Weg. Dann klebt die Kleidung am Körper und die Feuchtigkeit dringt tief ein. Die Einheimischen sprechen von Schietwetter, bei dem selbst der dickhäutigste Seebär nur ungern den sicheren Hafen verlässt.

Zur Beruhigung: Auch im hohen Norden regnet es nicht immer. Außerdem ist ein Schauer spätestens nach fünf Minuten vorbei und die Sonne lässt sich wieder sehen. Der Wind, der an der Küste eigentlich ununterbrochen weht, hat nämlich einen positiven Nebeneffekt: Graue Wolken werden rasch weggepustet. Und wer länger an der Küste Urlaub macht, wird die leichte Brise – vor allem an heißen Sommertagen – sogar als angenehm empfinden. Apropos Brise: Wie abgehärtet wir Holsteiner sind, habe ich überrascht festgestellt, als ich vor einigen Jahren eine Freundin aus Augsburg vom Hamburger Flughafen abgeholt habe. Als wir die Ankunftshalle verließen, war ihr erster Satz: »Mann, ist das windig bei euch.« Ich guckte sie verwundert an, denn beim besten Willen konnte ich keinen Wind spüren.

Ganz allgemein gilt: Das Wetter an der Nordseeküste ist besser als sein Ruf. Sylt gehört sogar zu den sonnenreichsten Orten Deutschlands. Und im Herbst ist es an der See oft noch angenehm warm. Schuld daran ist das Meerwasser, dessen Temperatur im Oktober oft höher ist als die nächtliche Lufttemperatur. So wirkt die See wie eine Heizung und sorgt ganz nebenbei für ein optisches Phänomen: Gespenstisch breitet sich binnen Minuten dichter Nebel über der Küste aus.

Küstennebel gibt es zumeist im Winterhalbjahr zu bestaunen, doch auch Sommerurlauber können von ihm überrascht werden. Ich war noch keine zehn Jahre alt, als ich mit einer Freundin im Watt unterwegs war. Als wir uns fertig machten, schien noch die Sonne, doch kaum hatten wir die Wasserlinie erreicht, zog sich der Vorhang zu. Der Nebel war derart dicht, dass wir kaum noch unsere Füße sehen konnten, geschweige denn den Deich. Als »alter Küstenhase« orientierte ich mich beim Rückweg an den Prielen, die das Watt durchziehen. Ortsunkundige haben es da naturgemäß schwerer.

Sobald Nebel aufzieht, erklingt daher an der Küste das Nebelhorn. Es soll allerdings keine verirrten Wattläufer retten, sondern es dient als Navigationshilfe für die Schifffahrt. Wenn ich früher morgens in unserem Büsumer Wohnwagen dieses tiefe Signal hörte, wusste ich: Heute wird ein schöner Tag. Denn an der Küste bedeutet Nebel am Morgen im Sommer meistens Sonnenschein. Die Erklärung ist einfach: Morgennebel bildet sich fast nur in sternenklaren Nächten, wobei es ab und zu auch mal eine Ausnahme von der Regel gibt. Und ich weise ausdrücklich jede Verantwortung von mir, sollte ein Tag mit Morgennebel doch einmal ins Wasser fallen. Die See ist eben unberechenbar – auch wettertechnisch gesehen. Und ihren Ruf als »Schlechtwetterküche« genießt sie nicht ganz grundlos. Aber für schlechte Tage hat der Friese schließlich den Friesennerz erfunden. Friesennerz? Gemeint sind die zumeist knallgelben Regenmäntel, eine Art Nationaltracht der Einheimischen.

WEIL DER NORDFRIESE KEIN OSTFRIESE IST

Küstenbewohner ist nicht gleich Küstenbewohner. Der Unterschied lauert im Detail, sollte aber ernst genommen werden. Wer zum ersten Mal an die Nordsee reist, erwartet in der Regel, von Husum bis Emden auf Friesen zu stoßen. Doch »Friesen« ist ein pauschaler Sammelbegriff, der nicht auf alle Menschen entlang der Nordsee zutrifft.

Fangen wir mit der Begriffsklärung im äußersten Norden an: Gleich südlich der dänischen Grenze beginnt der Landkreis Nordfriesland. Und – wie kann es anders sein – bewohnt wird er von den Nordfriesen. Der Nordfriese ist zwar völkerkundlich eng verwandt mit dem Ostfriesen, lebt aber räumlich von ihm getrennt. Die friesische Volksgruppe gilt übrigens in Deutschland als anerkannte Minderheit. Die südlich auf den Kreis Nordfriesland folgenden Kreise Dithmarschen, Steinburg und Pinneberg werden von Nicht-Friesen bewohnt. Gleiches gilt für die Region südlich der Elbe. Und erst weit hinter dem Jadebusen beginnt das ostfriesische Kernland.

Der Nordfriese wohnt im Norden. So weit, so klar. Doch nun wird es kompliziert. Wenn wir uns die Landkarte ansehen, wird sich so mancher Friesen-Laie fragen, warum die Ostfriesen nicht Südfriesen oder zumindest Westfriesen heißen, schließlich liegt ihr Siedlungsgebiet südlich des Gebietes der Nordfriesen und auch ein ganzes Stück westlicher. Zur Auflösung des Rätsels müssen wir die niederländische Grenze überqueren. Denn Friesland endet keinesfalls an der Zollschranke, sondern erstreckt sich noch ein ganzes Stück weit ins holländische Hoheitsgebiet hinein. Und nimmt man diesen Teil Frieslands als Ausgangspunkt, dann ist die Bezeichnung »Ostfriese« geografisch gesehen absolut korrekt.

Zwischen den friesischen Gruppen gibt es bis heute Unterscheidungsmerkmale. Da wäre zum Beispiel die Sprache. Ja, Friesisch ist eine eigene Sprache. Und sie hebt sich hörbar vom Plattdeutschen ab, das im übrigen Norddeutschland weit verbreitet ist. Westfriesisch wird im Norden Hollands noch von rund 300.000 Menschen gesprochen, Ostfriesisch hingegen gilt seit den 1930er Jahren als weitgehend ausgestorben. Ebenfalls als ernsthaft gefährdet gilt Nordfriesisch. Doch vor allem die Bewohner der nordfriesischen Inseln besinnen sich seit einigen Jahren wieder verstärkt ihrer Wurzeln und so kann man als Tourist in einer echten Friesenkneipe mit ein wenig Glück der alten Sprache im Gespräch der Einheimischen am Nebentisch lauschen. Viel mehr als staunendes Zuhören ist dabei allerdings nicht drin, denn Friesisch hat – im Gegensatz zum Plattdeutschen – mit unserem Hochdeutsch wenig Gemeinsamkeiten.

Das Nordfriesische wird sogar noch in Inselfriesisch und Festlandsfriesisch unterteilt. Ich weiß noch gut, wie ich das erste Mal auf Föhr zu Gast war und aus dem Staunen gar nicht mehr herauskam, als ich zwei Einheimische belauschte, die sich in ihrem Inseldialekt unterhielten. Ehrlich: Ich verstand kein Wort – und das, obwohl ich mit dem Plattdeutschen keinerlei Schwierigkeiten habe. Ich bin mir bis heute sicher, dass die beiden älteren Herren ihre helle Freude an meinem verdatterten Gesicht hatten.

GRUND NR. 6

WEIL ES AM DEICH NICHT SANDIG IST

Wer seinen Urlaub an der See verbringen möchte, der träumt vom Schwimmen im Meer und von endlosen Sandstränden. Aber das Meer ist an der Nordsee mit Vorsicht zu genießen, weil die Wassertemperatur selten über zwanzig Grad steigt, und Sandstrände sucht man vielerorts vergebens. Ja, im Ernst, nicht jedes

Nordseebad kann mit einem Strand aufwarten. »Hätte ich das gewusst ...«, stöhnt so mancher ahnungslose Tourist, der seinen Urlaub auf gut Glück gebucht hat.

Die strandlosen Abschnitte sind eine Folge der schweren Sturmfluten im Mittelalter, die große Teile der einstigen Küstenlinie förmlich verschlangen. Seither ist weißer Sand an der Nordsee Mangelware. Orte wie etwa Friedrichskoog kommen ganz ohne Strand aus. Auch in Büsum gibt es keinen Naturstrand. Doch die Tourismusmanager waren schon Anfang der 1970er Jahre erfinderisch und schütteten einfach Sand auf, der von einer Art Betondeich umgeben ist.

Ich habe zwanzig Sommer meiner Jugend in Büsum verbracht und »echten« Strand nie vermisst. Burgen baute ich einfach im Watt, da hielten sie auch viel besser und es war spannend zu beobachten, wie sich das Meer bei auflaufendem Wasser die kleinen Kunstwerke wieder einverleibte. Den Kunststrand fand ich eigentlich nur bei Sturmflut spannend, wenn die Strandkörbe, die von den Besitzern festungsartig von Sandwällen umbaut worden waren, langsam in einem Gemisch aus Salzwasser und Sand untergingen. Anschließend mussten die entsetzten Besitzer die förmlich einbetonierten Körbe in mühseliger Handarbeit wieder freischaufeln.

Gut beraten war der, der seinen Strandkorb nicht auf Sand, sondern auf dem Deich postiert hatte. Dort blieb er bei entsprechender Standhöhe auch bei schweren Unwettern vor den Wassermassen geschützt. Ohnehin ist der Deich an der Nordsee vielerorts eine Art Strandersatz. An einigen Abschnitten liegen die Badetücher ähnlich dicht gedrängt wie am Hauptstrand von Mallorca. Es gibt Zonen, die für Hunde verboten sind, Zonen, die mit Strandkörben geradezu vollgestopft sind, und Zonen, an denen die Deichschafe ungestört grasen dürfen – jene schmackhaften Tiere, die abends in den Lokalen als Salzwiesenlamm auf den Tisch kommen. An fast allen Deichen führen Radwege entlang, an einigen dürfen die Radler sogar die Aussicht von der Deichkrone aus genießen.

Der Deich ist also quasi eine Allzweckwaffe, er schützt nicht nur vor heranrollenden Sturmfluten, sondern ist auch von touristischer Bedeutung.

Wer dennoch nicht ohne Strand leben kann, der muss sein Urlaubsziel sorgfältig aussuchen. Fast alle Inseln in der Nordsee sind für Freunde des weißen Sandes empfehlenswert. Wobei es auch hier Ausnahmen gibt: So bietet beispielsweise Föhr nur ein äußerst beschränktes Strandvergnügen. Amrum, die direkte Nachbarinsel, glänzt hingegen mit einem der breitesten Sandstrände, die ich bislang weltweit gesehen habe. Auch einige Küstenorte wie St. Peter-Ording können mit einem schier endlosen Sandstrand aufwarten. Das niedersächsische Dangast mit seinen gerade einmal 540 Einwohnern bietet ebenfalls Strandvergnügen. Wobei hier die Besonderheit hinzukommt, dass auf einen schützenden Deich verzichtet werden kann. Der Grund: Dangast liegt auf einer natürlichen Anhöhe am Jadebusen.

Hier noch ein kleiner Tipp: Wer an Land bleiben will und Strand bis zum Horizont sucht, dem seien unsere Nachbarländer an der Nordsee empfohlen. In Holland und Dänemark sieht die Küste genauso aus, wie sie sich viele Binnenländer vorstellen. Aber wie schon gesagt: Strand ist an der Nordsee kein Muss. Und der Deich ist allemal die sauberere Alternative.

GRUND NR. 7

WEIL EBBE UND FLUT DIE TOURISTEN IN VERWIRRUNG STÜRZEN

Ich war etwa zehn Jahre alt, als ich mit meinem Vater in Büsum auf dem Deich spazieren ging. Plötzlich sprach ihn eine Touristin an. »Guter Mann, wo ist denn eigentlich die Nordsee?«, wollte die ältere Dame wissen. Mein Vater und ich guckten uns fragend an und fingen dann schallend an zu lachen. Die Dame schaute etwas pikiert, bis ihr mein Vater erklärte: »Wir haben jetzt Ebbe. Da ist das Wasser weiter draußen auf See.« Die Frau machte ein Gesicht, als sei sie gerade fürchterlich veräppelt worden, und mein Vater fühlte sich zu einem Nachsatz genötigt: »Keine Angst, das Wasser kommt zurück. Spätestens in ein paar Stunden.«

Für uns Nordsee-Anrainer ist es schier unglaublich, dass es Menschen gibt, die Ebbe und Flut nicht kennen. Wir wachsen mit diesem Phänomen auf und nehmen es als etwas Alltägliches hin. Wer hingegen zum ersten Mal an die Nordsee kommt, wird über diesen stetig wiederkehrenden Zyklus staunen. Etwa zweimal am Tag wechseln sich Ebbe (Niedrigwasser) und Flut (Hochwasser) ab, dabei hebt und senkt sich das Wasser um mehrere Meter. Dieser sogenannte Tidenhub ist zum Glück berechenbar, sodass kein Urlauber Angst haben muss, von einer plötzlichen Flut überrascht zu werden.

Ich traf einmal einen Touristen, der sich vor einer Springflut fürchtete. Er vermutete hinter dem Begriff eine urplötzlich heranrollende Welle gleich jenem Tsunami, der im Frühjahr 2011 Teile Japans verwüstete. Ich beruhigte ihn, indem ich ihm erklärte, dass man unter einer Springflut kein heranspringendes Hochwasser versteht, sondern eine besondere Flutkonstellation. Bei Voll- und Neumond bilden Sonne, Erde und Mond eine annähernd gerade Linie. Auf diese Weise addieren sich ihre Anziehungskräfte und es kommt zu einer ungewöhnlich hohen Flut. Das Gegenteil ist die sogenannte Nipptide, bei der Sonne, Erde und Mond in einem rechten Winkel zueinander stehen.

Wer im Sommer an der Nordsee seine Zelte aufschlagen will, muss sich also nicht mit Spring- und Nipptiden beschäftigen. Viel wichtiger ist der Tidenkalender, der anzeigt, wann es ebbt und wann das Wasser wieder aufläuft. Einen solchen Kalender findet man an der Küste in jeder Lokalzeitung. Das gilt auch für die meisten der kostenlosen Anzeigenblätter. Selbst einige Infobroschüren, die in den Ferienhäusern und auf den Campingplätzen ausliegen, bieten einen langfristigen Tidenkalender an.

Wer eine Wattwanderung plant, sollte allerdings bedenken, dass das Wasser erstaunlich schnell zurückkehrt und dass einem unter Umständen vollgelaufene Priele den Rückweg versperren können. Ich habe schon Wattwanderer erlebt, denen wortwörtlich das Wasser bis zum Hals stand, weil sie zu spät dran waren. Es ist also ratsam, sich mit ablaufendem Wasser auf den Weg ins Watt zu machen oder spätestens, wenn die Ebbe ihren tiefsten Stand erreicht hat. Dann bleibt einem genügend Zeit zum Staunen. Denn es ist wirklich verblüffend, wie sich das Wasser zurückzieht, nur um Stunden später zurückzukehren.

GRUND NR. 8

WEIL DIE HERBSTSTÜRME ZUM GRUSELN EINLADEN

Herbst an der See, das heißt vor allem Sturm und nochmals Sturm. Klack, klack, klack! Ich habe das Geräusch noch immer im Ohr. Das Vorzelt unseres Büsumer Wohnwagens blähte sich auf und ächzte unter der Gewalt der Böen. Der Wind pfiff durch die Ritzen und der Regen prasselte aufs Dach des Campers. Wer im Herbst seinen Urlaub an der Nordsee verbringt, hat gute Chancen, das Gruseln zu lernen. Bei Orkanstärke peitscht die See gegen die Deiche und ohne Friesennerz verlässt niemand mehr das Haus. An keinem anderen Ort kann man die Naturgewalten intensiver spüren als am Meer. Wer sich von der Deichkrone aus ganz nah an die Gischt der See heranwagt, der schmeckt das Salz auf seiner Haut und ahnt, welche Macht die tobende Flut entfachen kann.

Nicht immer ging der Kampf Mensch gegen Natur gut aus. Es gab sie wirklich, die großen Sturmfluten, die die Nordseeküste für alle Zeiten veränderten. Jeder Friese kennt die Grote Mandränke. Genau genommen gab es zwei große Mandränken, Sturmfluten, die als Marcellusflut und Burchardiflut in die Geschichtsbücher eingingen. Die erste Grote Mandränke schwappte am 16. Januar 1362 über die Deiche. Der legendäre Ort Rungholt ging zusammen mit sieben anderen Kirchspielen an der schleswig-holsteinischen Küste unter. Wo gestern noch Land war, breitete sich nur einen Tag später die See aus. Übrig blieben die Insel Strand und vereinzelte kleine Eilande, die heute als Halligen bezeichnet werden. Es muss ein schauderhaftes Schauspiel gewesen sein, das die ahnungslosen Menschen überraschte. In der flachen Küstenregion gab es keine Fluchtmöglichkeiten. Rund 8000 Menschen kamen ums Leben, die Marschenebenen wurden bis an den Rand der benachbarten Geest überschwemmt. (Die Geest ist eine Art Gegenentwurf zur platten Marsch, der durch eiszeitliche Sandablagerungen entstanden ist. An einigen Stellen ist die Geest derart hügelig, dass wir Nordsee-Anrainer schon von kleinen Bergen sprechen.)

Die zweite Grote Mandränke verwüstete am 11. Oktober 1634 die Region. Die Insel Strand wurde in die Teile Nordstrand und Pellworm zerrissen, die Halligen Nieland und Nübbel gingen unter. 9000 Menschen starben, über 1300 Häuser wurden zerstört – ein Inferno, das die Überlebenden prägte. Nur kleine Teile des überschwemmten Landes konnten später wieder eingedeicht und urbar gemacht werden. Die Menschen empfanden die Flut als Strafe Gottes, die sogar als Anfang der nahenden Apokalypse gedeutet wurde.

Höhere und stabilere Deiche haben seither vergleichbare Katastrophen verhindert. Doch der Klimawandel hängt wie ein Damoklesschwert über der Nordseeküste. Irgendwann – da sind sich die Wissenschaftler weitgehend einig – werden auch die modernen Deiche nicht mehr hoch genug sein.

Als kleiner Steppke habe ich unzählige Stürme am Meer miterlebt. »Kurz nach 21 Uhr erreicht die Flut ihren Scheitelpunkt«, verkündete eines Tages das Radio. Einen Fernseher hatten wir in unserem Wohnwagen noch nicht. Während meine Eltern das Vorzelt mit zusätzlichen Heringen und Leinen sicherten, ging ich mit einem Freund auf den Deich. Mit ausgebreiteten Armen lehnten wir uns gegen den Wind und sahen zu, wie das Wasser Zentimeter um Zentimeter stieg. Am meisten Spaß machte es, vor den heranrollenden Wellen im letzten Augenblick zu flüchten, was nicht immer gelang. So kehrten wir regelmäßig von oben bis unten durchnässt auf den Campingplatz zurück.

Noch heute ist der Herbst meine liebste Zeit an der See. Ich genieße es, die Kraft der Natur zu spüren. Und genauso liebe ich es, mich anschließend bei einem heißen Pharisäer in einem der heimeligen Küstenlokale aufzuwärmen.

Pharisäer? Ja, genau, das ist das Leibgetränk der Friesen, bestehend aus Kaffee und einem gehörigen Schuss Rum samt Sahnehaube.

GRUND NR. 9

WEIL DER »BLANKE HANS« ZUR WACHSAMKEIT MAHNT

Die Nordsee hat viele Namen. »Blanker Hans« gehört zweifellos zu den prägnantesten. Das Synonym steht für die tobende See und wurde einst vermutlich aus dem Niederländischen abgeleitet. »Blank« bedeutet »weiß«, die Farbe der schäumenden Gischt, die sich auf den Sturmwellen bildet. Vertraut man dem Internetlexikon Wikipedia, dann geht der Name auf den Deichgrafen von Risum zurück, der nach Fertigstellung eines neuen Deiches der Nordsee herausfordernd »Trutz nun, blanker Hans« entgegengerufen haben soll. Kurze Zeit später brach der Deich.

Der Lyriker Detlev von Liliencron (1844–1909) machte den Namen in seinem Lied »Trutz, blanke Hans« bekannt. Der Text ist den meisten Küstenbewohnern zumindest in Teilen vertraut, er beginnt mit den Zeilen:

Heut bin ich über Rungholt gefahren,
die Stadt ging unter vor sechshundert Jahren.
Noch schlagen die Wellen da wild und empört
wie damals, als sie die Marschen zerstört.
Die Maschine des Dampfers schütterte, stöhnte,
aus den Wassern rief es unheimlich und höhnte:
Trutz, blanke Hans!
Von der Nordsee, der Mordsee, vom Festland geschieden,
liegen die friesischen Inseln im Frieden.
Und Zeugen weltenvernichtender Wut,
taucht Hallig auf Hallig aus fliehender Flut.

Kein anderes Gedicht versinnbildlicht die urwüchsige Gewalt der See intensiver. Die Nordsee als Mordsee – auch dieses Bild hat sich den Friesen tief in ihre kollektive Erinnerung eingebrannt. Auf den Halligen können selbst Tagestouristen erahnen, welche Kraft das Meer birgt. Die winzigen Inseln sind der traurige Rest einer Küstenlinie, die es seit den Groten Mandränken nicht mehr gibt. Wie lange die Halligen noch der Nordsee trotzen werden, ist fraglich. Von Jahr zu Jahr peitschen die Wellen ein Stück näher an die Häuser heran. »Die See nimmt, die See gibt.« Diese alte Weisheit ist auf den Halligen keine Phrase, sondern alltägliche Gewissheit.

Die Halligen sind sichtbarstes Indiz, dass die Nordseeküste kein starres Gebilde ist. Sturmfluten und die Klimaveränderung werden auch in Zukunft neue Linien ziehen und die Menschen hinter den Deichen werden versuchen, damit zu leben. In einem »GEO-Special« aus dem Jahr 1987 hat der Schriftsteller Günter Kunert ein fiktionales Szenario beschrieben, nach dem meine Heimatstadt Itzehoe, die immerhin gut dreißig Kilometer von der Küste entfernt im Binnenland liegt, bis zum Jahr 2037 zum wasserumspülten »Venedig des Nordens« werden könnte. Als Ursache nannte Kunert bereits damals eine Anhebung des Meeresspiegels. Schon fünf Meter würden ausreichen, um weite Teile Nordfrieslands, Dithmarschens und der niedersächsischen Küste untergehen zu lassen. Zwischen Aurich und Oldenburg würde sich eine große Insel bilden und Hamburg läge direkt am Meer.

Ob diese Fiktion jemals Wirklichkeit wird, kann kein Forscher voraussagen. Doch unrealistisch ist sie nicht. Ob es in Itzehoe in ein paar Jahrzehnten so warm ist, dass wir in unserem Garten Bananen anbauen können, wie es Kunert 1987 in seiner Geschichte weissagte, sei dahingestellt, aber ein stetig steigender Wasserstand ist heute bereits Fakt. Langsam, aber sicher stoßen die Deiche an ihre Grenzen und im besonders niedrig gelegenen Holland gibt es tatsächlich bereits Pläne, Teile der Küste langfristig aufzugeben, weil ihre Sicherung einfach zu kostspielig werden könnte. Schon seit Langem haben die Häuser auf den Halligen speziell gesicherte Schutzräume in den Obergeschossen. Es scheint durchaus realistisch, dass dies auch bei Neubauten an der Küste zukünftig zum Standard gehören wird.

GRUND NR. 10

WEIL DER HIMMEL SCHLICHTWEG ENDLOS IST

In diesem Kapitel gönne ich es mir, hemmungslos zu schwärmen: vom Meer, vom Watt und dem Himmel, der nirgendwo auf der Welt weiter ist als an der Nordseeküste. Ich habe in Büsum die schönsten Sommer meines Lebens verbracht. Mit dem Kescher ging es rein ins Watt und schnurstracks zum nächstgelegenen Priel.

Priele sind Flüsse, die sich bei Ebbe zeigen und das Watt quasi entwässern. Sie sind bei Niedrigwasser oft nur knöcheltief, können sich aber bei auflaufendem Wasser binnen Minuten in reißende Ströme verwandeln. So manchem Wattwanderer, der diese Gefahr nicht erkennt, wird dadurch der Rückweg abgeschnitten. Wer Glück im Unglück hat, stößt in der Nähe auf einen Rettungsturm, der erklettert werden kann und Schutz vor der Flut bietet. Meist sind es die Jungs und Deerns von der DLRG (Deutsche Lebens-Rettungs-Gesellschaft), die die vom Wasser Überraschten wieder in den trocknen Hafen bringen.

Zurück ins Watt. Mit meinem besten Freund aus Kindertagen habe ich in den Prielen Fische gefangen. Kleine Aale und Schollen, Seenadeln und Krabben gingen uns ins Netz. Anschließend haben wir den Fang zum Campingplatz getragen, wo schon kleine Becken bereitstanden. Täglich wechselten wir das Wasser aus, doch kaum ein Fisch überlebte länger als eine Woche. Aus Erwachsenensicht war das ziemlich grausam, doch Kinder denken anders und so waren die Miniaquarien unser ganzer Stolz.

Meine Kinder sind heute fast ebenso begeistert beim Keschern, wie ich es einst war. Jeder Fang muss bestaunt werden. Und wehe, die Fische lassen sich einmal nicht blicken! Ebenso spannend ist es für Kinder, einmal auf einem richtigen Fischkutter mitzufahren. In einigen Häfen werden Fangfahrten angeboten, bei denen ein- oder zweimal die Netze ausgeworfen werden und Fachleute anschließend die einzelnen Fischarten erklären. Wer an der Nordsee mit seinem Nachwuchs Urlaub macht, sollte sich das Spektakel nicht entgehen lassen.

Wer ohne Kinder anreist, genießt vor allem die Natur. Stundenlange Spaziergänge am Meer, roter Abendhimmel, dessen Wolkenformationen im Sekundentakt neue Gebilde hervorzaubern. Fisch frisch vom Kutter oder in einem der zahllosen Lokale. Krabben pulen auf der Terrasse des Ferienhauses oder eine Abendfahrt auf einem der fast überall vor Anker liegenden

Ausflugsschiffe. All das ist Erholung pur und gratis dazu gibt es noch eine gehörige Portion jodhaltiger Seeluft. Mehr Sauerstoff atmet man nirgendwo auf der Welt.

Nicht gratis hingegen gibt es vielerorts den Zugang zum Meer. Fast in allen Touristenzentren wird Kurtaxe erhoben. Diese Zwangsabgabe zahlen Urlauber meist schon bei der Anfahrt, sie fällt zuweilen recht happig aus. Wer es günstiger wünscht, muss sich eine Bleibe irgendwo im Hinterland suchen und von dort aus Küstenabschnitte erkunden, an denen kein Eintritt verlangt wird. Meist sind Deichschafe ein gutes Indiz. Wo sie ungestört grasen, ist die Nordsee in der Regel kostenlos zu haben.

Über den »typischen« Nordseeurlauber habe ich übrigens meine ganz eigene Theorie. Den meisten Liebhabern dieses Landstrichs geht es wie mir. Man macht seine ersten Erfahrungen als Anhängsel von Mama und Papa. Für Kinder ist die Nordsee ein riesengroßer Abenteuerspielplatz und der tollste Ort auf Erden. Das bleibt so bis zum Ende der Pubertät. Dann ist plötzlich alles »uncool«, was einem die Eltern vorleben, und so wird auch die Nordsee für einige Jahre zur Tabuzone. Diese Sichtweise ändert sich spätestens wieder, wenn man eigene Kinder hat und feststellt, dass es nirgendwo schöner ist als an der See.

KAPITEL 2

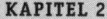

SYLT, DIE KÖNIGIN DER NORDSEEINSELN

Ein Leben zwischen Kult und Küste

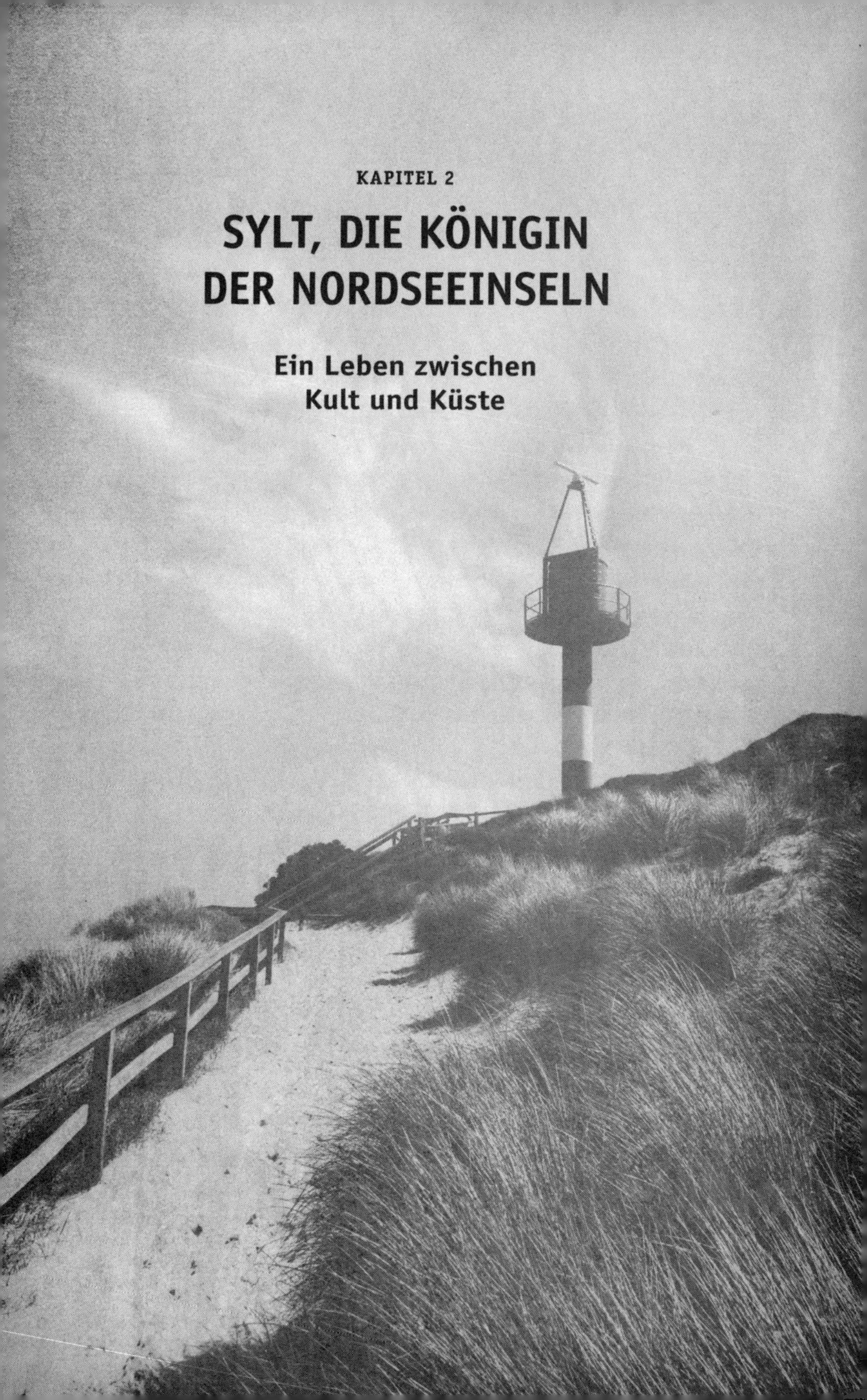

WEIL MAN AUF SYLT DEN MILLIONÄREN
AUF DIE TELLER GUCKEN KANN

Für viele Deutsche ist Sylt schlicht die »Königin der Nordsee«. Kein anderer Ort der Republik weist eine ähnlich hohe Millionärsdichte auf wie das Promi-Dorf Kampen. Es muss Ende der 1990er Jahre gewesen sein, als ich für ein Glas Sekt auf der dortigen Partymeile schlappe zehn Mark zahlte und das auch noch für angemessen hielt. Genau genommen ist so ein Preis natürlich purer Wucher, aber auf Sylt ist eben vieles anders. Das Eiland hat einen geradezu legendären Ruf und seine Umrisse sind sogar auf den Hecks diverser Autos zu finden. Ganz nach dem Motto: »Schaut nur, liebe Hinterherfahrer, ich war auf Sylt. Ich kann mir den Spaß leisten!«

Der Spaß ist überschaubar. Gerade einmal vierzig Kilometer misst die Insel in Nord-Süd-Richtung. Doch auf diesen vierzig Kilometern bietet das Eiland eine erstaunliche Landschaftsvielfalt. Marsch- und Geestboden, Heideflächen, Wälder und Parks wechseln sich auf kleinstem Raum ab und lassen erahnen, warum gerade Sylt zum Treffpunkt der deutschen Schickeria wurde.

Playboys und FKK-Strände sorgten einst bundesweit für mediales Interesse und noch immer vergeht kaum ein Tag, an dem nicht irgendein Fernsehteam auf Sylt auf Promifang geht. Die Chronisten zählen 23 Strände in zwölf Orten und ein beträchtlicher Teil der Sommerurlauber nennt auf Sylt ein schmuckes Reetdachhäuschen sein Eigen. Tagestouristen essen Krabben beim Lister Fisch-Mogul Gosch und schauen beim In-Treff Wunderbar vorbei, bevor es nach Kampen ins Gogärtchen geht. Nirgendwo ist die Chance größer, auf prominente Zeitgenossen zu stoßen – oder auf solche, die sich dafür halten.

Auf Sylt wird das Leben gefeiert und nach Lust und Laune das Hier und Jetzt genossen. »Carpe diem« heißt das Motto, »nutze den Tag«.

Dabei blickt Sylt auf eine lange Geschichte zurück. Schon 1141 wurde es in einer Schenkungsurkunde des Klosters zu Odense erwähnt. Westerland, der Hauptort der Insel, ist eines der ältesten Seebäder an der Küste. Bereits Mitte des 19. Jahrhunderts wurde hier ausgiebig gekurt. Die heutigen Hotspots heißen Kampen, List und Keitum. Letzterem verliehen die Fremdenverkehrslyriker den Kosenamen »Grünes Herz der Insel«.

Weil es Ende des 19. Jahrhunderts den Künstlern in Westerland zu eng wurde, zogen sie ein paar Kilometer nordwärts. Thomas Mann und Emil Nolde machten in Kampen Station und trugen ihren Teil dazu bei, das kleine Dorf bekannt zu machen. Verleger Peter Suhrkamp hatte hier ein Domizil, das von Schriftstellern wie Max Frisch und Carl Zuckmayer besucht wurde.

Heute sind es eher Wirtschaftsmagnaten, die in Kampen das Sagen haben. Reiche und Superreiche, die sich auch von den millionenteuren Immobilien nicht abschrecken lassen. Kampen gilt längst als das prominenteste Dorf der Republik und ist eifrig bemüht, diesen Ruf zu verteidigen. Nicht jeder, der hier mit Porsche oder Ferrari vorfährt, ist ein Star. Aber in Kampen darf sich jeder Gast zumindest so fühlen. Da verwundert es nicht, dass sich der eine oder andere Möchtegern-Promi nur zu gern auf den Teller oder ins Champagnerglas schauen lässt. »Sehen und gesehen werden« heißt die Devise auf der Meile der Eitelkeiten.

WEIL ES AUF SYLT
NICHT NUR SUPERREICHE GIBT

Wie kann ein »Normalo« auf Sylt überleben? Zum Beispiel ein Mensch, der keine Millionen auf dem Konto hat und dennoch auf der Insel eine Bleibe braucht, weil es auch auf Sylt Friseure, Bäcker oder Lehrer geben muss. Die Antwort ist verzwickt und entwickelt sich zunehmend zu einem ernsten Problem. Denn viele Einheimische, die auf Sylt einem eher mittelmäßig bezahlten Beruf nachgehen, haben tatsächlich mit den Immobilienpreisen zu kämpfen. Summen, für die man andernorts eine gediegene Vier-Zimmer-Wohnung anmieten kann, reichen auf der Millionärsinsel bestenfalls für eine beheizbare Gartenlaube. Und so gibt es eigentlich nur zwei Möglichkeiten, auf Sylt finanziell über die Runden zu kommen, wenn man nicht tagtäglich vom Festland anreisen will. Entweder man zieht in ein kleines Gästezimmer beim Arbeitgeber ein, oder man stammt von der Insel und hat ein Haus oder eine Wohnung geerbt. Letzterer Fall ist die Ideallösung, was von vielen Insulanern auch so gesehen wird. Das führt dazu, dass die Fluktuation überschaubar ist und Neubürger der finanziellen Mittelklasse auf Sylt eher die Ausnahme bleiben.

Ganz ehrlich: Ich wüsste nicht, wie ich auf Sylt überleben sollte. Wer sich als Redakteur oder Buchautor durchschlagen will, braucht gute Verbindungen – oder einen Bestseller. Einfacher hat es, wer als Koch ein einträgliches Restaurant erbt, oder noch besser, wer als Strandkorbwärter einen der heiß begehrten Strandabschnitte mit den küstentypischen Zweisitzern bestücken darf. Klassische Renommierberufe wie Anwalt oder Apotheker verlieren auf Sylt schnell ihren Reiz.

Wer zur alteingesessenen Sylter Gesellschaft gehört, ist schon kraft seiner Geburt meist Millionär. Denn Grund und Boden auf der Insel sind so teuer wie sonst nur in Metropolen wie New York, Tokio oder Moskau. Unter einer Million Euro ist kaum ein Haus zu bekommen, nach oben gibt es preislich keine Grenzen. Wer sich auf Portalen wie Immobilienscout24.de umsieht, kann unter Dutzenden wunderschöner Reetdachhäuser wählen. Die meisten sind neu gebaut, der Rest für gewöhnlich aufs Edelste saniert. Das Zauberwort »Erstbezug« macht die Immobilien noch um ein paar Hunderttausend Euro teurer – doch das spielt für die potenzielle Klientel der Nobelmakler ohnehin kaum eine Rolle. Drei Millionen Euro für ein Wohnhaus mit Büro, zehn Millionen für ein renovierungsbedürftiges Gehöft samt großem Landanteil, 15 Millionen für Kampen in bester Lage.

Das Gesetz des Marktes heißt kurz und knapp: Was zählt, ist zuerst einmal die Lage. Dann kommt die Lage. Und dann noch mal die Lage. Erst weit dahinter folgen die Qualität des Hauses und das Interieur. Die Insel ist vergleichsweise klein, und weil viele reiche Menschen hier ein Ferienquartier besitzen wollen, ist die Nachfrage größer als das Angebot. Ergo erklimmt die Preisspirale jedes Jahr neue, unbekannte Höhen.

Ich habe mich bei Immobilienscout einfach mal zum Spaß nach günstigen Häusern umgeschaut. Das Ergebnis war ernüchternd. Die preiswertesten Angebote lagen bei knapp unter 300.000 Euro. Ganze Häuser bekam man dafür erwartungsgemäß nicht. Lediglich Hausteile konnte man zu diesem »Schnäppchenpreis« erwerben. Immerhin: Sie wurden mit Attributen wie »gepflegt« oder »charmant« angepriesen. Das günstigste Reihenhaus lag bei 418.000 Euro, das erste »echte« Haus kostete eine gute halbe Million. Natürlich kann man für so einen Preis auf Sylt nicht allzu viel erwarten – Binnenland statt Meerblick, Dachpfannen statt Reetdach, Baujahr 1955 statt Neubau, alte Ölheizung statt moderner Therme. Dafür aber »Garage inklusive«. Mehr Luxus gibt es erst für eine Million und mehr.

WEIL DIE ZUGFAHRT
ERSTAUNLICH GÜNSTIG IST

Wer sich auf Sylt kein Eigenheim und noch nicht einmal eine Mietwohnung leisten kann, muss zwangsläufig pendeln. Was nicht ganz einfach ist, denn schließlich erreicht man Inseln nur auf dem Wasserweg. Im Normalfall jedenfalls. Für Sylt gilt auch hier eine Ausnahme. Bereits 1927 wurde der Hindenburgdamm eingeweiht, der seither das Festland mit der Nobelinsel verbindet. Von Niebüll aus legt die Bahn runde elf Kilometer zurück, bis das Eiland erreicht ist. Sogar das Auto kann man mitnehmen. Im Hochsommer rollt alle dreißig Minuten ein Sylt Shuttle nach Westerland. Nur 35 Minuten dauert die Tour. Reine Fahrzeit, versteht sich. Die Autoverladung in Niebüll kann schon einmal etwas mehr Zeit in Anspruch nehmen.

Nicht alle Sylter sind glücklich darüber, dass ihre Insel durch den Damm so problemlos erreichbar ist. Doch der Aufstieg Westerlands zum Seebad ließ schon frühzeitig Pläne aufkommen, die Insel ans Festland anzubinden. Die Überfahrt mit der Fähre dauerte damals rund sechs Stunden, bei widrigen Witterungs- und Strömungsbedingungen sogar noch länger. 1923 wurde mit dem Bau des Eisenbahndammes begonnen. Vier Monate nach Baubeginn machte eine Sturmflut die Arbeit zunichte. Als Konsequenz wurde die Trasse weiter nach Norden verlegt. Rund 25 Millionen Mark kostete der Damm am Ende.

Wie viele Arbeitnehmer heute täglich vom Festland auf die Insel pendeln, konnte ich nicht genau recherchieren. Dafür bin ich auf einen Artikel gestoßen, der im Juli 2011 im »Hamburger Abendblatt« erschienen ist. Der Tenor des Textes: Immer mehr Insulaner können sich die exorbitanten Preise auf Sylt nicht mehr leisten und ziehen aufs Festland. Inzwischen gehören nur noch

44 Prozent aller Inselimmobilien Einheimischen, sagenhafte 56 Prozent befinden sich in Fremdbesitz. Knapp 28.000 Einwohner zählt Sylt aktuell, wovon allerdings fast 9000 nur einen Nebenwohnsitz auf der Insel haben. Seit dem Jahr 2000 ist diese Zahl um über 3500 gestiegen. Es ist der Fluch des Geldes, den langsam, aber sicher auch die Sylter Urbevölkerung zu spüren bekommt. Wer kein Haus erbt – oder zumindest ein Baugrundstück –, der hat kaum eine Chance zu bleiben. Ein Exodus der besonderen Art, wie ihn wohl bundesweit nur das Promieiland zu bieten hat.

Zum Glück ist die Bahnfahrt bezahlbar. Ich war vor drei Jahren mit der ganzen Familie für einen Tag auf Sylt. Das Ticket kostete – wenn ich mich richtig erinnere – nicht einmal dreißig Euro. Derartige Dumpingpreise stehen natürlich in keinem Verhältnis zum Image der Insel und werden von etlichen Syltern auch ausgesprochen kritisch gesehen. Ganz nach dem Motto: Wenn hier schon alles sauteuer ist, dann muss auch die Anfahrt entsprechend viel kosten. Die Bahn hat auf derlei Empfindlichkeiten bislang keine Rücksicht genommen und schnürt immer neue Angebote. Längst hat sie sich auf die vielen Tagestouristen eingestellt. Der neueste Hit heißt »Einen Tag lang mehr Spaß für weniger Geld«. Die Eckdaten des Angebots: Sylt Shuttle, Sylter Welle, Syltaquarium sowie ein Abstecher zu Gosch für zwei Personen ab 91,50 Euro und für vier Personen für 97,50 Euro. Kein Pappenstiel, aber bezahlbar. Zumindest eine Tagesfahrt nach Sylt sollte sich also jeder Nordseeurlauber gönnen.

GRUND NR. 14

WEIL JEDES PARADIES EIN SEHNSUCHTSZIEL IST

Der bekennende Sylt-Liebhaber Peter Suhrkamp sagte einmal: »Alle Sinne sind im Augenblick des Betretens der Insel von dieser vollauf in Anspruch genommen und ausgefüllt und das Gemüt ist entweder verschüchtert oder betäubt oder beseligt.« Poetischer kann man den Charme der Insel nicht in Worte kleiden. Das Zusammenspiel von Himmel, Meer und Land ist ein Erlebnis, das sich jeder Beschreibung entzieht. Sylt kann man nicht erklären, Sylt muss man spüren. Ein Marsch durch Dünen, Wiesen und Heide im Frühling. Ein Glas Wein an der See im Sommer. Ein Spaziergang über den sturmgepeitschten Sandstrand im Herbst. Ein stärkendes Fischessen bei Gosch und Kollegen im Winter. Sylt ist Genuss pur – und das zu allen Jahreszeiten.

Es hat seine Gründe, warum die Reichen und Schönen gerade diese Insel zu ihrem Refugium auserkoren haben. Wenn man sich alles leisten kann, pickt man sich eben die Perlen heraus. Wer Sylt nicht gesehen hat, der kennt Deutschland nicht. Zumindest fehlt ihm ein entscheidendes Puzzleteil. Sylt gibt es nur auf Sylt, kein anderer Ort in Deutschland ist dem vergleichbar.

Allerdings gibt es auch kaum einen Ort, der gefährdeter ist. Ausgerechnet die Nordsee hat es auf das Eiland abgesehen. Jedes Jahr kämpfen die Sylter dagegen an, dass ihre Insel kleiner wird. Vor allem die Stürme im Herbst und im Winter tragen Teile des Sandstrandes ab, der im Frühjahr unter Einsatz von schwerstem Gerät wieder aufgespült werden muss. Das Schrumpfen ist ein natürlicher Prozess, der vor allem Sylts ungünstiger Lage geschuldet ist. Die Westseite ist den Unbilden der Nordsee schutzlos ausgeliefert und so trägt das Meer Jahr für Jahr rund eine Million Kubikmeter Sand von den Stränden ab. Fast alle Touristen, die öfter im Sommer auf Sylt Station machen, schauen zuerst einmal nach, wie und wo sich ihre Insel seit dem letzten Urlaub verändert hat. »Guck mal, da fehlt ein Stück«, ist ein Ausruf, den die Insulaner fast ebenso fürchten wie verregnete Sommer. Vor allem die Südspitze Sylts leidet unter den Winterstürmen. Die Hörnum-Odde verlor nach einem einzigen Sturmtief 2005 schon einmal zwanzig Meter an Boden.

Mit Schutzmaßnahmen gegen die stetige Erosion wurde früh begonnen. Man versuchte es mit Tetrapoden, die am Fuße der Dünen ins Meer hinaus verlegt wurden. Die tonnenschweren vierfüßigen Betonelemente erwiesen sich jedoch als zu schwer für den Sylter Strand. Seit 1972 wird Sand aufgespült, bislang rund vierzig Millionen Kubikmeter. »Sylt News« meldete 2011: Der Landesbetrieb für Küstenschutz, Nationalpark und Meeresschutz (LKN-SH) habe festgestellt, dass keine Landverluste mehr zu beklagen gewesen seien. Es folgte der schlechte Teil der Nachricht: Demnach droht Sylt große Gefahr durch die Erderwärmung. Sollte diese in den kommenden Jahrzehnten wie befürchtet weiter fortschreiten, würden alle Halligen und die nordfriesischen Inseln nicht mehr zu halten sein. Doch das ist Zukunftsmusik. Im Hier und Heute dürfen wir noch nach Herzenslust genießen – die Natur, den Strand, und das typische Sylter Inselflair.

GRUND NR. 15

WEIL SYLTER EINE GEHEIMSPRACHE HABEN

Wenn sich Sylter auf Söl'ring unterhalten, stehen die Urlauber meist ratlos daneben. Söl'ring ist kein Dialekt, sondern eine eigenständige Sprache. Im Laufe von Jahrhunderten mischten sich friesische, dänische, englische und holländische Elemente. Das Ergebnis ist eine Sylter Eigenart, die selbst für Plattdeutsch-kundige Holsteiner wie mich ein Rätsel bleibt. Weil die Sylter Friesen stolz auf ihr Erbe sind, wird Söl'ring dem Nachwuchs heute in den Kindergärten und Grundschulen beigebracht. Auch die ältere Generation hat wieder Spaß daran, ihre Eigenständigkeit mittels der Sprache zu unterstreichen.

Zieht man die zugezogenen Sylter ab, so bleibt auf der Insel eine Urbevölkerung von lediglich 20.000 Menschen übrig. Der waschechte Sylter ist also ein ausgesprochen seltenes Exemplar.

Hinzu kommt der Druck von außen. Fast 10.000 zugereiste und zumeist wohlhabende Festländer sorgen für eine Durchmischung der Inselbevölkerung, wie sie sonst keine andere Nordseeinsel kennt.

Da ist es nur logisch, dass die Ur-Sylter zweimal hinschauen, bevor sie Fremde näher an sich heranlassen. Der Friese ist generell kein Mensch, dessen Herz sich im Sturm erobern lässt. Vertrauen muss man sich bei ihm in einem langsamen und oft langwierigen Prozess erwerben. Wer sich einem Sylter nähern möchte, sollte zuerst einmal respektvollen Abstand wahren. In München habe ich es mehrfach erlebt, dass ich mit Freunden an einem Biertisch saß und sich Fremde einfach dazugesellten. So ein Verhalten wäre für einen Friesen undenkbar. Wenn sich auf Sylt zwei Menschen unterhalten, ist der Tisch für alle anderen eine Tabuzone – und sei er noch so groß. Auch spontanes Duzen wird als eher stillos empfunden. Wer auf einen Sylter zugeht und ihn fragt: »Sag mal, kannst du mir den Weg nach Kampen zeigen?«, muss sich nicht wundern, wenn er schroff mit einem »Kenn' wir uns?« abgewiesen wird.

So richtig aus sich heraus geht der Sylter nur selten. Beim Biikebrennen beispielsweise. »Tjen di Biiki ön«, heißt es stets am 21. Februar, wenn das Nationalfest der Nordfriesen ansteht. Ich hatte bereits das Vergnügen, live dabei sein zu dürfen, wenn der große Holzstapel entzündet wird. Haushoch lodern dann die Flammen. Voller Inbrunst stimmten meine Nebenleute »Üüs Sölring Lön« an, die heimliche Sylter Nationalhymne. Mir wurde richtig warm ums Herz und das lag nicht nur an dem beeindruckenden Funkenflug.

Die Ursprünge des Biikebrennens gehen übrigens bis in die graue Vorzeit zurück. Das Opferritual sollte einst die heidnischen Götter gnädig stimmen. Heute steht der Spaß im Vordergrund. Und das Gemeinschaftsgefühl. Außerdem bietet das Biikebrennen die einmalige Chance, mit waschechten Syltern ins Gespräch zu kommen. Keine Ahnung, ob es das Feuer ist, der reichlich fließende Alkohol oder einfach die gesellige Atmosphäre, was ihre Zungen löst, jedenfalls zeigt sich der Insel-Friese beim Biikebrennen redselig wie selten.

GRUND NR. 16

WEIL KAMPEN EIN EIGENES KAPITEL VERDIENT

»Klein, aber fein, exklusiv und weltoffen, elegant und dörflich: Kampen ist das Dorf der reizvollen Kontraste«, heißt es auf der Internetseite der Promi-Gemeinde. Und weiter: »Endlose Sandstrände und weite Heide, rotes Kliff und kantige Typen, prickelnder Champagner und schlagfertige Friesen – finden Sie heraus, was Deutschlands berühmtestes Dorf seinen ganz speziellen Charme verleiht.« Keine Frage, in Kampen kennt man die Klischees, die ich und viele andere mit dem Dorf verbinden. Der spezielle Champagner-Charme ist fraglos das Pfund, mit dem die Tourismusmanager ganz bewusst wuchern. Aus der Künstlerkolonie von einst ist längst ein Tummelplatz der Schönen und Reichen geworden. Und in ihrem Schlepptau fallen Heerscharen von Pauschalurlaubern ein, die einfach nur mal gucken wollen, wie die High Society so lebt und liebt.

Deutschlands prominentestes Dorf hat gelernt, mit dem Ansturm zu leben, und viele Reiche und Schöne kommen tatsächlich nur deshalb her, weil sie wissen, dass sie hier unter Beobachtung stehen. Ich war bislang zweimal in Kampen. Auch wenn ich mir sonst aus Boulevardgeschichten wenig mache, muss ich zugeben, dass es beide Male ein Erlebnis war. Normalerweise hasse ich Shopping-Touren, aber die Schaufenster der Luxus-Boutiquen sind nicht nur für einkaufswütige Frauen einen Blick wert. Und die Nobelkarossen, die im Sommer in Kolonne vorbeiflanieren, lassen jedes Männerherz höher schlagen. Wer wie ich mit einem

Astra oder Golf anreist, wagt es kaum, das Ortsschild zu passieren, sondern versteckt seinen Allerweltswagen lieber außerhalb im Gebüsch und geht die letzten Meter zu Fuß.

Doch bei allem Schickimicki: Das Dorf hat Flair. Diese Tatsache wird gern übersehen, weil das Ausschauhalten nach Promis einem leicht den Blick für die Schönheit des Ortes verbauen kann. Der feine Sandstrand grenzt fast bis an die Mauern der Reet-gedeckten Häuser. Zwischen Kampen und Weningstedt liegt das Rote Kliff mit seiner dreißig Meter hohen Steilküste, es gehört zu den landschaftlich schönsten Orten auf Sylt. Nicht zu vergessen die Uwe-Düne, mit 52 Metern die höchste Erhebung der Insel. Noch bekannter sind jedoch die In-Treffs wie das »Gogärtchen« oder das »Pony«. Die legendäre Whisky-Meile ist ein Muss für alle Syltbesucher und einen Golfplatz gibt es natürlich auch. All das sind Facetten eines Dorfes, das von seinem Ruf lebt und doch weit mehr ist als ein Tummelplatz der Eitelkeiten.

Ich bin alles andere als ein eifriger Partygänger und so liegt mir die ruhige Jahreszeit weitaus mehr. In der Nebensaison kann man in Kampen auch heute noch dem Flair der alten Künstlerkolonie nachspüren. Zu Beginn des 20. Jahrhunderts zog es viele Intellektuelle in das Sylter Norddorf. Das Haus Kliffende wurde zum bevorzugten Quartier von Thomas Mann und vielen Berühmtheiten der Zeit. Der Schriftsteller und Nobelpreisträger hat hier einst eine »erfrischende Melancholie« verspürt. Wenn im Herbst der Touristentross abgezogen ist und man den Strand fast für sich allein hat, ist diese Stimmung nach wie vor geradezu greifbar. Das Meer, der feine Sand, der Wind, der endlose Horizont – und dazu der spezielle Champagner-Charme. Ja, das ist es, was Kampen so einzigartig macht.

WEIL PROMIS AUF SYLT
GESCHICHTE(N) SCHRIEBEN

Als sich Vorzeige-Playboy Gunter Sachs im Frühjahr 2011 das Leben nahm, verlor Sylt einen seiner prägendsten Protagonisten. Der Multimillionär war es, der die Insel in den 1960er Jahren aus dem Dornröschenschlaf wach küsste. Als Sachs mit seiner damaligen Ehefrau Brigitte Bardot von Saint-Tropez nach Sylt umsiedelte, zog der elitäre Jetset nach. Wo Gunter Sachs Station machte, musste einfach das gewisse Etwas zu finden sein. In seiner 2005 verfassten Autobiografie »Mein Leben« erinnert er sich an Transparente mit der Aufschrift »Badehose runter – Gunter« an Buhne 16, wo er sich zu den nackten Sonnenanbetern gesellte. Standhaft behielt der Industriellenerbe seinen Lendenschurz an und wurde dennoch zum Aushängeschild der Prominenz, die Sylt seitdem bevölkert.

Schon Ende des 19. Jahrhunderts hatte Sylt einen Ruf als Künstlerkolonie. Emil Nolde, Stefan Zweig, Hermann Hesse und Peter Suhrkamp verbrachten gerne ihren Urlaub auf dem Eiland. Regelrechten Kultcharakter genoss das Gästehaus Kliffende in Kampen, in dem auch Thomas Mann abstieg. Der Nobelpreisträger kam 1921 das erste Mal auf die Insel, sein Roman »Der Zauberberg« entstand unter anderem nach Eindrücken einer Syltreise. In einem Brief an seinen Bruder Heinrich notierte er: »Die Reize der Insel sind karg und keusch und lenken den Sinn auf Grog.« Ganz so schlecht kann es ihm aber nicht gefallen haben. Ins Gästebuch der Kliffende-Wirtin Clara Tiedemann schrieb er: »Nicht Glück oder Unglück – der Tiefgang des Lebens ist es, worauf es ankommt. An diesem erschütternden Meere habe ich tief gelebt, und was es aufregte, das wird, gebe es Gott, irgendwie einmal ehrenhaft fruchtbar werden.«

Nach dem Ende des Zweiten Weltkrieges wandelte sich die Insel von einer Künstlerkolonie zum Treffpunkt der High Society. Prominenz aus Film und Fernsehen fand sich ein und in ihrem Gefolge die Wirtschaftswunderkinder. Als in den 1960er Jahren die FKK-Bewegung eine Wiedergeburt erlebte, erlangte Sylt den Ruf einer freizügigen Insel. Die Medien entdeckten den Strand an Buhne 16 für sich und berichteten eifrigst über die Nackedeis.

Heute vergeht kaum eine Woche, in der auf der Insel nicht irgendwo irgendeine Promiparty steigt. Im Juni 2011 war es die Kampener In-Bar »Pony«, die ihr fünfzigjähriges Jubiläum feierte. Der Boulevard berichtete anderntags ausführlich mit großen Bildstrecken über das Ereignis. So läuft es eigentlich immer: Fotoreporter werden bestellt, schießen Bilder, die sich gut verkaufen lassen, die Promis tauchen in den Medien auf und erhöhen dadurch ihren Marktwert. Und die Lokalitäten bekommen allerbeste Werbung frei Haus geliefert.

Boris Becker, Michael Otto, Dariusz Michalczewski, Johannes B. Kerner – sie alle waren bereits auf der Insel zu Gast und werden sich seither sicher als Sylt-Fans bezeichnen. Wer als Promi das Eiland betritt, muss damit rechnen, dutzendfach abgelichtet zu werden, um kurz darauf in »Bild«, »Bunte« und Co. aufzutauchen und auf diese Weise zum Kultfaktor der Insel beizutragen. Auf Durchschnittsbürger wie mich hat das meist mehr Einfluss, als wir uns eingestehen wollen. Wo die Prominenz zu Hause ist, muss es einfach schön sein. Dieses Denken führte auch bei mir zu einem erstaunlichen Ergebnis: Als ich Normalo endlich einen Platz im »Gogärtchen« ergattert hatte, fühlte ich mich schlagartig auch groß und wichtig und war bemüht, den Opel-Astra-Fahrer zu verbergen.

WEIL AUCH DIE NATUR
NOCH IHREN PLATZ FINDET

Eine halbe Million Touristen bevölkern jedes Jahr die kleine Insel Sylt. Bei einem derartigen Ansturm bleibt für Tiere kein Platz mehr, könnte man denken. Doch das Eiland beweist das Gegenteil. Sylt ist nicht nur ein Paradies für Urlauber, sondern auch für die unterschiedlichsten Tierarten. Ganz oben auf der Beliebtheitsliste steht die Insel bei den Vögeln. An kaum einem anderen Ort in Deutschland können Ornithologen derart auf ihre Kosten kommen. Jährlich werden auf Sylt etwa 240 Vogelarten registriert, mehr als 330 verschiedene Arten – darunter rund 100 Brutvögel – wurden insgesamt bereits gesichtet.

Ich habe einen Freund, der fährt allen Ernstes nur deshalb nach Sylt, um auf Vogelpirsch zu gehen. Stundenlang sitzt er dann in seinem Auto und hält Ausschau nach Uferschnepfe, Säbelschnäbler, Rohrweihe und nach Hochseevögeln wie Basstölpel oder Dreizehenmöwe. Selbst im frostigsten Winter und trotz fehlender Wagenheizung starrt er wie gebannt durch sein Fernglas und hakt die einzelnen Arten ab, die bereits entdeckt wurden. Bislang konnte ich seine Einladungen zu diesem »Vergnügen« erfolgreich abblocken. Mir reicht es ehrlich gesagt schon, wenn ich Strandläufer und Austernfischer in einem Koog an der Küste im Vorbeifahren bewundern darf. Apropos Koog: Nicht jeder »Südländer« kann mit dem Begriff etwas anfangen. Köge, so der Plural, sind Flächen, die durch aufwendige und kostspielige Landgewinnung dem Meer abgerungen werden.

Wer nach dem »typischen« Sylter Tier gefragt wird, denkt wohl zuerst an den Seehund. Nicht ohne Grund wurde der niedliche Geselle mit den Knopfaugen zum Wappentier des Nationalparks Schleswig-Holsteinisches Wattenmeer gekürt. Der Seehund liebt ausgedehnte Sonnenbäder auf Sandbänken. Eine solche Sandbank befindet sich zwischen Sylt und Amrum. Ausflugsschiffe bieten Beobachtungstouren an.

Dem Seehund optisch recht ähnlich sind die Kegelrobben. Südlich von Sylt gibt es eine Kolonie dieser Tiere. Wer auf Whale-Watching-Tour gehen will, muss nicht auf die Kanaren fliegen, auch vor Sylt bietet sich ein lohnendes Ziel: Die Nordsee ist das Jagdrevier für rund 6000 Schweinswale. Mit etwas Glück lassen sich die Tiere sogar unmittelbar vor der Küste vom Weststrand aus beobachten.

Deutlich leichter lässt sich das zweite »Wappentier« Sylts entdecken – das Schaf. Vor allem im Norden der Insel stößt man auf Schritt und Tritt auf diese friedlichen Gesellen. Die Tiere haben übrigens eine wichtige Aufgabe zu erfüllen: Mit ihren Hufen trampeln sie die Deichböschungen fest und sind ein Garant dafür, dass die Deiche im Ernstfall halten. Auf Sylt dienen die Schafe zwischen Braderup und Morsum auch dazu, die Heidelandschaft zu pflegen.

Beim Stichwort »Schaf« muss ich unbedingt noch eine kleine Anekdote zum Besten geben. Die lebenden Wollknäuel sind nicht nur auf Sylt anzutreffen, sondern auch auf dem benachbarten Festland. Ich habe während meiner Zivildienstzeit eine Woche in der Tönninger Jugendherberge arbeiten dürfen und bin mit meinen Kollegen jeden Tag über das Eidersperrwerk an die See gefahren. Und ganz im Ernst: Es verging kein Tag, an dem uns nicht mindestens eine Schafherde über den Weg lief. Was lernen wir daraus? Auf Nebenstrecken entlang der Küste sollte man stets mit tierischer Konkurrenz auf der Fahrbahn rechnen.

WEIL DÄNEMARK GANZ NAH IST

Wer die Nordspitze Sylts bereist, ist fast schon in Dänemark. Geografisch gesehen, wohlgemerkt. Denn das gegenüberliegende Ufer gehört bereits zum Reich der Skandinavier. Ich muss gestehen, dass ich die Dänen um ihre Sandstrände beneide. Von Blavand bis hoch nach Skagen ist fast die ganze jütländische Küste eine einzige große Sandkiste. Erst hier merkt man, was uns Deutschen durch die Sturmfluten im Mittelalter abhandengekommen ist. Die erste größere Stadt, die man von der deutschen Grenze aus ansteuert, heißt Esbjerg. Viel zu sehen gibt es dort nicht, lediglich das Aquarium lohnt einen Besuch. Generell gilt für Dänemarks Nordseeküste, was auch für Schleswig-Holstein Gültigkeit besitzt: Die Natur steht im Vordergrund.

Unbedingt sehenswert sind die Fjorde. Richtig, nicht nur Norwegen hat Fjorde zu bieten, sondern auch die dänische Nordseeküste. Ganz so imposant wie beim nördlichen Nachbarn geht es hier zwar nicht zu, weil die steilen Gebirgshänge fehlen, aber dafür sind die dänischen Fjorde ein geradezu idealer Ort für Familien. Sie sind fast gänzlich von Land umschlossen und so drückt das Wasser nur durch enge Stellen in die »Badewannen« hinein. Es sind tatsächlich Badewannen, weil die Wassertemperatur in den Fjorden meist einige Grad höher liegt als in der offenen See. Ein weiterer Vorteil der dänischen Fjorde: Kinder können mit Schlauchboot oder Luftmatratze nicht einfach abtreiben. Für alle die, die jetzt die Karte zücken und sich auf die Suche begeben: Der riesige Ringkøbing Fjord und der kleinere Nissum Fjord liegen einige Kilometer nördlich von Esbjerg.

Meine Frau hat als Studentin jahrelang mit Freunden ein Ferienhaus an der dänischen Nordseeküste gemietet. Da ging es dann jeden Herbst für ein oder zwei Wochen nach Skandinavien.

Hier wurde sauniert, gewandert und gebadet. Allerdings meist nur im hauseigenen Schwimmbad, denn die Nordsee kühlt im Oktober gern schon mal auf 15 Grad ab. Was meine Frau in ihrem jugendlichen Elan sonst noch so alles in Dänemark getrieben hat, möchte ich lieber gar nicht wissen, aber es müssen tolle Urlaube gewesen sein. Jedenfalls erzählt sie immer noch mit leuchtenden Augen von Matschschlachten, durchzechten Nächten und dänischen Vermietern, die mit stoischer Gelassenheit zusahen, wie ihr Eigentum verwüstet wurde.

Die Dänen sind wirklich gut darin, die Dinge einfach so zu nehmen, wie sie kommen. Aus eigener Erfahrung kann ich bestätigen: Der »typische« Däne ist ein relaxter Mensch. Irgendwie schaffen es unsere nordischen Nachbarn, den Alltagsstress in Grenzen zu halten, ohne dass dabei ihr Sozialsystem vor die Hunde geht. Die Arbeitslosigkeit ist traditionell niedrig, der Lohn hoch (zugegeben, die Steuerabgaben sind es auch) und eine aktuelle Studie hat ergeben, dass Dänen die zufriedensten Bewohner auf unserem Planeten sind. Wer so über sich selbst denkt, macht fraglos vieles richtig. Ich würde mir von diesem entspannten Lebensstil gern eine dicke Scheibe abschneiden, aber leider bin ich dafür einfach zu deutsch.

GRUND NR. 20

WEIL DÄNEN GUTE FREUNDE SIND

Von Sylt aus am einfachsten zu erreichen ist die dänische Nachbarinsel Rømø. Mit der Fähre geht es von List rüber nach Havneby. Es ist nur ein Kurztrip, den man sich wirklich gönnen sollte, weil schon die lustig klingenden Ortsnamen auf Rømø einen Abstecher ins Reich der Wikinger lohnen.

Apropos Wikinger: Streng genommen sind auch wir Schleswig-Holsteiner Nachfahren der Nordmänner. Zumindest jene von uns, die an der Ostseeküste leben. Haithabu vor den Toren Schleswigs war einst eines der größten Handelszentren der Wikinger. An der schleswig-holsteinischen Nordseeküste ließen sich die wilden Seefahrer allerdings eher selten sehen, was wohl daran lag, dass die Region vor 1000 Jahren eine weitgehend unwirtliche Gegend war. Ich behaupte gern, dass mein Nachname Wittmaack ein Überbleibsel meiner Wikinger-Vorfahren sei. Beweisen kann ich das zwar nicht, aber da -mark tatsächlich eine typisch schwedische Endung ist, hat bislang zum Glück auch noch niemand an meiner Theorie gezweifelt.

Wer sich auf Rømø darüber wundert, dass sich das Eiland kaum von seinen deutschen Nachbarinseln unterscheidet, der sei an die gemeinsame Geschichte erinnert. Von 1864 bis 1920 gehörte Rømø als Teil des Kreises Tondern zu Schleswig-Holstein. Auch aus der Zeit danach sind deutsche Relikte erhalten geblieben. Allerdings solche, auf die die Dänen gern verzichten würden. Während des Zweiten Weltkriegs waren Teile der Wehrmacht auf Rømø stationiert. Zum Schutz bauten sie große Bunkeranlagen, von denen einige noch immer zu besichtigen sind.

Die deutsch-dänische Geschichte ist ohnehin einen Abstecher wert. In meiner Schulzeit haben wir den deutsch-dänischen Krieg von 1864 hoch und runter diskutiert – wobei meine Sympathien klar auf Seite der Dänen lagen. Preußen und Österreich hatten damals die dänische Krone aufgefordert, Schleswig zu räumen – was die Skandinavier aber nicht taten. Also wurden die Säbel gewetzt und auf ging's ins ungleiche Gefecht. Der Sieger stand von vornherein fest und so erhielt Preußen 1865 das Herzogtum Sachsen-Lauenburg sowie das Herzogtum Schleswig zugesprochen. Holstein fiel an Österreich. Vorerst zumindest. Doch Preußen fackelte nicht lange, annektierte meine Heimat und formte 1867 die preußische Provinz Schleswig-Holstein. Seither sind Schleswig und Holstein wieder eine Einheit, genauso, wie es bereits 1460 der Vertrag von Ripen vorgesehen hatte. »Up ewig ungedeelt« (»auf ewig ungeteilt«) ist noch heute ein Satz, den jeder Schleswig-Holsteiner kennt.

Wo wir schon im Hier und Jetzt sind: Heute fühlen sich Schleswig-Holsteiner und Dänen ungewöhnlich eng verbunden. Zwistigkeiten wie zwischen Deutschen und Holländern (beim Fußball) oder Deutschen und Österreichern (in nahezu allen Lebenslagen) gibt es mit den Dänen nicht. Das friedliche Zusammenspiel zeigt sich auch auf politischem Terrain. Für die dänische Minderheit setzt sich in Schleswig-Holstein der Südschleswigsche Wählerverband, kurz SSW, ein. Die Partei nimmt dabei eine Sonderstellung ein. Ab einer gewissen Stimmenanzahl ziehen deren Vertreter auch ohne Überwinden der Fünf-Prozent-Hürde ins Kieler Parlament ein. Der SSW ist immer dann im Umfragehoch, wenn sich die etablierten Volksparteien auf Sinkflug befinden. Jahrelang war Karl Otto Meyer eine Art »Ein-Mann-Fraktion«. Seit der jüngsten Wahl im Mai 2012 sitzen gleich drei SSWler im Landtag. Das sagt viel über die derzeitige Politikverdrossenheit in meiner Heimat aus.

KAPITEL 3

AMRUM, FÖHR UND DIE HALLIGEN

Der Charme der nordfriesischen Inseln

WEIL ES KEINEN SCHÖNEREN
FAMILIENURLAUB GIBT

Wer Strand mag, Dünen, Marsch, Wälder und Heidelandschaften, der ist auf den nordfriesischen Inseln genau richtig. Für jeden Geschmack ist das Passende dabei. Die Reichen und Schönen zieht es nach Sylt, wer urwüchsiges Friesland sucht, ist auf Föhr gut aufgehoben, und für Strandfetischisten gibt es keinen schöneren Ort als Amrum. Eher etwas für Feinschmecker sind die Halligen, jene winzig kleinen Eilande, die einst durch die großen Sturmfluten des Mittelalters entstanden sind. Hier kann man Einsamkeit erleben und die Naturgewalt des Meeres spüren. Mit einem Satz: Die nordfriesischen Inseln sind für jeden Urlauber ein lohnendes Ziel – mit Ausnahme von passionierten Bergwanderern vielleicht.

Ich war schon ein gutes Dutzend Mal auf Amrum und bin doch stets aufs Neue erstaunt, wie auf so kleiner Fläche so viele verschiedene Landschaftsformen existieren können – angefangen vom Watt im Osten über die Marschen und die Heide, bis hin zu den kleinen Kiefernwäldern, die im Westen den Dünen und dem schier endlosen Sandstrand vorgelagert sind. Nicht zu vergessen natürlich die Nordsee, die dem Ganzen einen Rahmen gibt. Seit ich Kinder habe, war ich zwar nur noch einmal auf Amrum, dafür war der Urlaub umso unvergesslicher. Mein Sohn war damals gerade ein Jahr alt und kam mit der ungewohnten Umgebung nicht zurecht. Nach einem höllischen Tag und einer noch höllischeren Nacht nahmen wir die erste Fähre zurück aufs Festland. Dennoch ist Amrum mein persönliches Sehnsuchtsziel geblieben und spätestens nächstes Jahr geht es wieder rauf auf die Insel.

Den meisten Menschen, die die nordfriesischen Inseln besucht haben, geht es ähnlich. Wer einmal dort war, kommt immer wieder auf seine Hausinsel zurück. Singles genießen die Ruhe, verliebte Paare die Zweisamkeit, Familien das Strandleben und die Rentner das gemütliche Flair der Friesenarchitektur mit all den Cafés und Restaurants.

Wer mit Mann und Maus anrückt – also mit der ganzen Familie –, ist auf Amrum oder auf Föhr gleichermaßen gut aufgehoben. Beide Inseln haben sich auf Kinder eingestellt und kaum jemand dreht sich um, wenn das Geschrei der lieben Kleinen einmal überhandnimmt. Dazu gibt es Abenteuerliches zu entdecken, das auch den Nachwuchs begeistert. Das Grönlandfahrerdorf Nebel auf Amrum beispielsweise mit seinem Seemannsfriedhof. Oder die Windmühle in Wyk auf Föhr. Oder die leckeren gefüllten Friesenwaffeln. Oder Leuchttürme, die sogar bestiegen werden dürfen.

Kultur bedeutet auf den Inseln Natur und Kulturgeschichte. Vor allem die gewaltigen Sturmfluten der Jahre 1362 und 1634 haben die Eilande geprägt und gaben ihnen ihre heutige Gestalt. Überall sind die Groten Mandränken präsent, und wer einen wortkargen Einheimischen aus der Reserve locken möchte, sollte ganz beiläufig einmal fragen, wie denn die Inseln entstanden sind. Was Amrum, Föhr und insbesondere die Halligen nicht bieten, ist ein ausschweifendes Nachtleben. Wer abends gut gegessen hat, macht in der Regel noch einen kleinen Verdauungsspaziergang und anschließend geht es ab in die Koje und rein ins Reich der Träume. Das am Tag Erlebte muss schließlich erst einmal aufgearbeitet werden – der Besuch des Öömrang Hüs' auf Amrum zum Beispiel, wo man erfährt, wie die alten Seefahrer einst lebten. Oder der Gang durch die Inselkirchen, die Zeugnis ablegen von Zeiten, als der Walfang die Menschen wohlhabend gemacht hat. Oder der Besuch des landwirtschaftlichen Museums auf Föhr, das einen Blick hinter die Kulissen des Landlebens gewährt. Oder … oder … oder …

WEIL EINEN DIE GESCHICHTE
IN IHREN BANN SCHLÄGT

Ja, ich gebe es zu, ich bin ein Geschichtsfreak. Ich fand es schon immer spannend, auf Entdeckungsreise durch die Zeit meiner Vorväter zu gehen. Als Fast-Wikinger und Nordsee-Enthusiast kann ich die Historie meiner Heimat im Schlaf herunterbeten. Was nicht zuletzt an meiner Schulzeit liegt – und an Geschichtslehrern, die Heimatkunde großgeschrieben haben. »Wer seine Geschichte nicht kennt, der verliert seine Identität«, habe ich noch im Ohr. Worte, die bei mir auf fruchtbaren Boden fielen. Ich habe schon immer alles verschlungen, was mir an Heimatliteratur in die Finger kam – Sachbücher ebenso wie Krimis. Wobei ich Sachbücher eindeutig favorisiere, denn die Geschichte der Küste ist mitreißender als jeder noch so gut erfundene Roman.
Die Zeit der Dänenkriege, der Deichbau, der Walfang, die schweren Sturmfluten des Mittelalters, dazu das mysteriöse Rungholt und der nicht weniger legendäre Pirat Klaus Störtebeker – bester Stoff für endlose Leseabende. Auch die »Nordfriesischen« haben es in sich. Wobei sich ihr Werdegang deutlich von dem des Festlandes unterscheidet. Erst im 8. Jahrhundert wurden die Uthlande (Außenlande) von den Friesen besiedelt. An der gegenüberliegenden Küste hatten es sich die Friesen hingegen bereits zur Römerzeit gemütlich gemacht.

Die Nordfriesen waren lange Zeit Untertanen des dänischen Königs (»Königsfriesen«), der ihnen jedoch viel Freiraum ließ. So durften sie beispielsweise nach friesischem Recht urteilen. Ihre Freiheiten verteidigten die Friesen aufs Äußerste. Als Dänenkönig Erik IV. 1250 versuchte, in den Uthlanden den »Plogpennig«, eine dänische Steuer, einzutreiben, lehnten sich die Friesen gegen ihn auf. Der Regent musste fluchtartig die Gegend verlassen, etliche seiner Ritter verloren ihr Leben. Zwei Jahre später wiederholte sich das Szenario. Dieses Mal rückte Eriks Nachfolger, sein Bruder Abel, an. Ihm erging es noch schlechter. Sein Heer wurde aufgerieben und Abel bezahlte den Versuch, die Steuer einzukassieren, mit seinem Leben.

Später fielen weite Teile der Uthlande dem Herzogtum Schleswig zu. Nach dem deutsch-dänischen Krieg wurden die Inseln preußisch. Heute besinnen sich die Einwohner der Uthlande langsam wieder ihrer gemeinsamen Wurzeln. So wurde im März 2002 der Verein Regionale Partnerschaft Uthlande gegründet. Ziel seiner Mitglieder ist es, die »Region Uthlande« zu fördern. Es gibt auch eine Insel- und Halligkonferenz. Sie besteht aus einem Zusammenschluss aus 26 Gemeinden und zwei Städten der Nordfriesischen Inseln und Halligen sowie Helgoland. Die Zusammenkünfte sollen helfen, die gemeinsame Identität zu bewahren.

Die nordfriesischen Inseln auf deutschem Hoheitsgebiet sind Amrum, Föhr, Pellworm, Sylt und Nordstrand. Letztere ist streng genommen eine Halbinsel, seit 1987 der Beltringharder Koog fertiggestellt wurde. Hinzu kommen die Halligen Gröde, Habel, Hamburger Hallig, Hooge, Langeneß, Nordstrandischmoor, Norderoog, Oland, Süderoog und Südfall. Auch einige Sandbänke zählen zum nordfriesischen Inselreich, genau wie die dänischen Inseln und Halligen. Um dieses Buch nicht ausufern zu lassen, werde ich mich auf den deutschen Teil der nordfriesischen Inselwelt beschränken.

WEIL DAS WATTENMEER
WELTNATURERBE IST

Der größte Teil der deutschen Nordseeküste ist als Nationalpark ausgewiesen. Ich kann mich noch gut daran erinnern, wie Anfang der 1980er Jahre das Thema akut wurde und die Menschen an der Küste auf die Barrikaden gingen. Vor allem die Fischer fürchteten um ihre Existenz. »Das lassen wir nicht mit uns machen«, hieß es von Sylt bis an die Elbemündung. Doch aller Protest nutzte nichts, am 1. Oktober 1985 trat das Nationalparkgesetz für die schleswig-holsteinische Küste inkraft, zu Jahresbeginn 1986 wurde auch die niedersächsische Nordsee zum Nationalpark erklärt. Seither gibt es immer wieder einmal Ärger, wenn Verschärfungen der Fangbeschränkungen im Gespräch sind, aber im Allgemeinen hat sich die Lage beruhigt. So richtig warm geworden sind viele Küsten-Anrainer mit dem Nationalparkgesetz zwar his heute nicht, aber der Friese weiß, wann Widerstand zwecklos ist.

Im Juni 2009 wurde das Wattenmeer in die UNESCO-Liste des Welterbes der Menschheit aufgenommen. Das Wattenmeer ein Weltnaturerbe! Viele Einheimische fragten sich als Erstes: Was haben wir davon? Einige fürchteten neue Einschränkungen – beispielsweise die Fischer, die aufgrund der Nationalparkbestimmungen ohnehin schon strikten Regeln unterliegen. Das Aufatmen war hörbar, als klar wurde, dass die Verleihung des Weltnaturerbetitels eher ein symbolischer Akt ist.

Mit dem schleswig-holsteinischen Wattenmeer wurde 2009 auch das Watt vor der niedersächsischen und niederländischen Küste in die UNESCO-Liste aufgenommen. 2011 folgte das Hamburgische Wattenmeer. Um auf die Weltnaturerbe-Liste der UNESCO zu kommen, muss ein Gebiet markante Besonderheiten aufweisen. Das Wattenmeer hat sich dabei gleich in mehrfacher Hinsicht als weltweit einzigartig erwiesen.

Zum einen ist die Landschaft ungewöhnlich jung – entstanden ist sie erst nach der letzten Eiszeit vor rund 7000 Jahren und noch immer modelliert sie sich neu. Urlauber, die jedes Jahr an die Nordseeküste kommen, können dies mit eigenen Augen bestaunen. Priele verändern ständig ihren Lauf und Sandbänke heben sich binnen Jahresfrist wie von Geisterhand aus dem Meer empor.

Zum anderen ist das Wattenmeer ein einzigartiger Ort, um zu beobachten, wie es Pflanzen und Tieren gelingt, sich stetig wechselnden Bedingungen anzupassen. Es gibt Tiefwasserbereiche, Flachwasserbecken und Brackwassergebiete, in denen sich das Salzwasser des Meeres mit dem Süßwasser der einmündenden Flüsse vermengt. Das Ergebnis sind unterschiedlichste Lebensbereiche, die von ebenso unterschiedlichen Lebensformen besiedelt werden. Wobei das Wattenmeer für die Tierwelt generell als Kinderstube gilt. Nicht nur Fische laichen hier, auch Vögel und andere Küstentiere nutzen das Watt zum Brüten, Säugen und Aufziehen ihrer Jungen. Ganz zu schweigen von der Bedeutung der Küste als Rastrevier für unzählige Zugvogelarten. Jedes Jahr besuchen zehn bis zwölf Millionen Zugvögel das Wattenmeer. Insgesamt leben hier rund 10.000 verschiedene Pflanzen- und Tierarten – an Land und im Wasser. Eine derartige Vielzahl und Vielfalt findet man sonst nirgendwo auf der Welt.

GRUND NR. 24

WEIL AMRUMS SANDSTRAND
EIN ECHTER TRAUM IST

Sylt ist schön, Amrum ist noch schöner. Ich weiß, das ist eine gewagte These, der nicht jedermann zustimmt. Amrum ist aber meine ganz persönliche Trauminsel. Die Landschaft zeigt sich ähnlich abwechslungsreich wie jene auf dem benachbarten Promi-Eiland, dafür ist der Sandstrand noch breiter und die Atmosphäre merklich entspannter. Auf Amrum kommt es nicht darauf an, welche Kleidung jemand trägt. Und da die wenigsten Besucher die Insel mit dem Auto ansteuern, spielt auch dieser Imageträger keine Rolle. Amrum bedeutet Inselgenuss pur: morgens lange schlafen, dann irgendwo in einem der kleinen Dörfer frühstücken gehen, anschließend das schöne Wetter am Wasser genießen oder bei Regen und Sturm ein uriges Friesencafé besuchen und sich einen Eiergrog aus Eigelb, Würfelzucker und Rum mixen lassen. Nachmittags rauf aufs Rad und rein in die kleinen Wäldchen, die die Dünen von der Marsch trennen. Abends dann zum krönenden Abschluss ein Salzwiesenlamm samt Speckbohnen in einem der erstklassigen Lokale verzehren. Mehr Entspannung geht gar nicht.

Die Unterkünfte auf Amrum sind inseltypisch teuer, aber deutlich erschwinglicher als vergleichbare Hotels und Pensionen auf Sylt. Ich habe jahrelang meinen Herbsturlaub auf Amrum verbracht und in einem Friesenhaus in Norddorf genächtigt. Wenn die Besitzerin ausgebucht meldete, gab es immer noch eine Lösung. Dann schlief ich eben einige Nächte im Keller gleich neben der Sauna, bevor ich in ein klassisch blau-weiß gehaltenes Friesenzimmer umziehen konnte. Zum Frühstück dazu gab's ein kleines Schwätzchen und ich erfuhr, dass schon Ex-Bundespräsident Richard von Weizsäcker auf meinem Platz gesessen hatte, um den Blick auf die Nordspitze der Insel zu genießen. Einen Fußmarsch entfernt gab es ein Kino und gleich nebenan eine Cocktailbar, in der ich die Erfahrung machte, dass zwei Mai Tais bereits einer zu viel sein können. Auch das sind Insel-Details, die hängen bleiben.

Die gesamte Insel Amrum hat gerade einmal 2300 Einwohner. Fast alle Touristen setzen mit der Autofähre von Dagebüll oder Schlüttsiel aus über. Die meisten lassen aber ihren Wagen gleich auf dem Festland stehen. Zum einen, weil der Transport recht teuer ist, zum anderen, weil auf Amrum eigentlich niemand ein Auto braucht. Wer nicht mit dem Fahrrad unterwegs ist, nutzt den Bus, der regelmäßig die wenigen Straßen auf der Insel abfährt. Wer mit dem Schiff auf Amrum ankommt, landet im Hafen von Wittdün im Süden der Insel. Da der Ort wenig Reizvolles bietet, zieht es die Mehrzahl der Gäste gleich weiter gen Norden. Nebel im Osten der Insel ist ein Friesendorf wie aus dem Bilderbuch, Norddorf hat vor allem einen unschlagbaren Vorteil: Zum breitesten Sandstrand Europas schaffen es selbst Kleinkinder problemlos zu Fuß.

Hauptattraktion Amrums ist zweifellos der Strand, auch Kniepsand genannt. Der Name geht auf das Öömrang-Wort »kniap« für »kneifen« zurück. Unter Öömrang wiederum versteht man Amrumer Friesisch, eine besondere Form der nordfriesischen Sprache. Bis Mitte der 1960er Jahre war Kniepsand noch durch einen Priel von Amrum getrennt. Inzwischen bildet die Sandbank einen 15 Kilometer langen und bis zu 1,5 Kilometer breiten Sandstrand, der der gesamten Westküste der Insel vorgelagert ist. Wie lange Einheimische und Urlauber dieses Phänomen noch genießen können, ist allerdings fraglich. Experten erwarten ein Weiterwandern des Sandes um die Nordspitze Amrums herum – allerdings erst im Laufe der nächsten Jahrhunderte.

GRUND NR. 25

WEIL ES NIRGENDWO SO FRIESISCH ZUGEHT WIE AUF FÖHR

»Friesische Karibik.« Ganz im Ernst, so empfängt die Internetseite www.foehr.de ihre Besucher. Ich muss zugeben, dass ich auf diesen Vergleich nicht spontan gekommen wäre, aber immerhin wird eine Erklärung mitgeliefert: Föhr, »die wunderschöne Insel im friesischen Wattenmeer«, gelte aufgrund ihrer vielen Sonnenstunden auch als »friesische Karibik« und biete »Nordsee pur mit Karibik-Flair«. Auf der Suche nach Alleinstellungsmerkmalen geht die Werbebranche manchmal sonderbare Wege. Dabei hat Föhr es gar nicht nötig, zur Karibik zu schielen. Das Eiland ist 82 Quadratmeter groß, ein Drittel der Insel besteht aus Geestboden, der Rest aus Marschland. Platt wie eine Flunder und geformt wie ein Pfannkuchen wird Föhr von den vorgelagerten Nachbarn Amrum und Sylt vor den heranbrausenden Nordseewellen geschützt. Und schon lange, bevor die Sommerurlauber Amrum und Sylt für sich entdeckten, hatte sich Föhr zum Touristenmagneten entwickelt.

Bis Anfang des 19. Jahrhunderts war die Insel Heimat von Walfängern und deren Familien. Ende des 18. Jahrhunderts lebten hier 1000 Seefahrer, darunter 150 Kapitäne. Die »sprechenden Grabsteine« auf den Friedhöfen der drei ältesten Föhrer Kirchen erzählen ihre Lebensgeschichten. Mit der Verringerung der Walbestände folgten Jahrzehnte des Niedergangs – bis Gerichtsvogt Hans F. Colditz auf die geniale Idee kam, die Insel zu einem Seebad zu machen. Die Anfänge waren allerdings bescheiden, der Startschuss in die neue Epoche fiel 1818 mit einer kleinen Badeanstalt. Den Durchbruch verdankt man dem dänischen König Christian VIII., der die Inselhauptstadt Wyk 1842 zu seiner Sommerresidenz erkor. Zu seinen Gästen gehörte unter anderem Hans Christan Andersen, der seinen Aufenthalt auf Föhr in blumigen Worten feierte: »Die Brandung des Meeres war die Tafelmusik, der Sternenhimmel die Illumination.«

Noch heute erinnern zahlreiche Gebäude an diese Zeit. Der Insel ist es wie keiner anderen gelungen, ihr einheitliches Friesenbild zu bewahren. Wer zwischen den Reetdachkaten entlangschlendert, fühlt sich unwillkürlich in die Zeit der Walfänger zurückversetzt. 9000 Einwohner zählt Föhr aktuell und macht seinem Image als »grüne Insel« alle Ehre. Strände sind zwar

Mangelware, dafür steht Familienurlaub hoch im Kurs. Auch sportlich Aktive kommen mit Golf, Tennis und Surfen auf ihre Kosten. Das Rad ist wie auf Amrum das Fortbewegungsmittel Nummer eins. Und wer sich zu Fuß auf die Pirsch begibt, kann zahllose Vogelarten beobachten oder seltene Pflanzen entdecken. Föhr, das bedeutet Urlaub fernab des Sylter Trubels.

Gestört wird die Ruhe lediglich an inseltypischen Festtagen wie dem Biikebrennen und dem Tamsen. Vom Biikebrennen habe ich schon im Sylt-Kapitel erzählt. Das Tamsen ist noch ein wenig spezieller. Benannt ist der Brauch nach dem Apostel Thomas. Jeweils am 21. Dezember verstecken junge Leute Gegenstände mit Rädern. Der Scherz geht so weit, dass mancher Bauer seine Mistkarre einen Tag später auf dem Dach seines Hauses wiederfindet. Dann wird schon mal nach Herzenslust auf Fering geflucht. Das ist der inseleigene Dialekt, den noch etwa 2000 Einwohner beherrschen. Weiter geht der Schabernack am Silvesterabend, wenn verkleidete Föhrer von Haus zu Haus gehen. Die Bewohner der Häuser müssen dann erraten, wer vor ihnen steht. Ein Brauch, der auf Fering »ütj tu kenknin« heißt. Alles sehr friesisch eben. Und zum Glück ohne jedes karibische Flair.

GRUND NR. 26

WEIL HALLIGEN OASEN
IN EINER WASSERWÜSTE SIND

Ich ging noch zur Grundschule, als ich das erste Mal eine Hallig besuchte. Es hat mich maßlos beeindruckt, dass ich kleiner Knirps vom höchsten Punkt Hooges aus rundum das Wasser sehen konnte. Dabei gehört Hooge schon zu den großen Halligen. Neun bewohnte Warften stehen auf dem 5,5-Quadratkilometer-Eiland. Knapp 140 Einwohner leben ständig auf Hooge, rund doppelt so viele Betten stehen für Urlauber bereit. Hooge bietet übrigens eine Besonderheit: Die Hallig wird von einem 1,20 Meter hohen Steindeich geschützt. Damit ist sie streng genommen ein Zwitterwesen, denn Halligen unterscheiden sich per Definition von Inseln unter anderem dadurch, dass sie keinen Deich besitzen.

Die Halligen und nordfriesischen Inseln sind Reste jener Landmassen, die im Mittelalter von schweren Sturmfluten überspült wurden. Die Halbinsel Nordstrand und die Insel Pellworm waren einst Teile der großen Insel Strand. Deren bekanntester Ort Rungholt ging am 16. Januar 1362 in der zweiten Marcellusflut unter.

Fast ebenso legendär wie Rungholt ist ein Getränk, das seinen Ursprung auf Nordstrand haben soll. Im 19. Jahrhundert war dort der Sage nach ein Pastor tätig, der eifrig auf das tugendhafte Leben seiner Gemeindemitglieder achtete. Alkohol gehörte zu den Lastern, die in seiner Gegenwart verpönt waren. Während einer Kindstaufe schlugen ihm die Friesen ein Schnippchen und bedienten sich einer List. Sie schütteten Rum in ihren Kaffee und stülpten dem Gebräu eine Sahnehaube über, die den Geruch vertuschen sollte. Dem Pastor kredenzte man selbstverständlich einen Kaffee ohne »Schuss«. Dumm nur, dass der Geistliche versehentlich zum falschen Gefäß griff. Es folgte der Ausruf, der Geschichte schrieb und das Getränk berühmt machte: »Oh, ihr Pharisäer!« Das Nationalgetränk der Nordfriesen war geboren und hatte auch gleich seinen Namen weg.

Ob es sich wirklich so zugetragen hat? Niemand kann es genau sagen. Und so beanspruchen auch die Chronisten anderer Halligen die Entstehung des wärmenden Getränkes für ihr Eiland.

Wer einmal eine Hallig besuchen möchte, aber leicht seekrank wird, muss übrigens keinesfalls darauf verzichten. Die Hamburger Hallig ist seit 1859 mit dem Festland verbunden und bequem mit dem Auto erreichbar. Auch Oland verfügt über einen Damm. Sein Auto kann man allerdings – anders als bei der

Reise nach Sylt über den Hindenburgdamm – nicht mitnehmen. Lediglich ein Lorengleis führt auf die Hallig und weiter auf das vorgelagerte Langeneß. Diese Hallig wiederum ist mit ihren fast zehn Quadratkilometern und 18 Warften die größte von allen. Bevor ich es vergesse: Warften sind aufgeschüttete Anhöhen, welche die auf ihnen errichteten Häuser vor der Nordsee schützen sollen.

Die Halligen sind übrigens ein weltweit einzigartiges Phänomen. Die kleinste ihrer Art heißt Habel und misst an ihrer breitesten Stelle gerade einmal 100 Meter. Sie beherbergt eine Vogelschutzstation, die nur im Sommer von einem Vogelwart bewohnt wird. Eine andere Besonderheit bietet die Hallig Gröde. Sie ist mit zehn Einwohnern die drittkleinste selbstständige Gemeinde Deutschlands.

Dass die nordfriesischen Inseln und Halligen zu Deutschland gehören, ist übrigens keine Selbstverständlichkeit. Lange standen sie unter dänischer Verwaltung. Erst im Ergebnis des deutsch-dänischen Krieges wurden die Inseln von Nordstrand bis Rømø 1866 preußisch. Die heutige deutsch-dänische Grenze zwischen den Inseln Sylt und Rømø wurde erst nach der Volksabstimmung 1920 festgeschrieben.

GRUND NR. 27

WEIL ES ERST BEI STURM
SO RICHTIG HEIMELIG WIRD

Ich bin gern ab und zu allein, doch so einsam wie auf den meisten Halligen möchte ich nicht leben. Ganz ehrlich, ich bewundere jeden Einzelnen der 300 Menschen, die heute noch die Halligen bevölkern. Doch die Einsamkeit ist nicht das einzige Übel, dem die Menschen auf den winzigen Inseln die Stirn bieten müssen. Fast noch bedrohlicher sind die Sturmfluten, die in unschöner

Regelmäßigkeit aus dem beschaulichen Dasein der Halligbewohner ein unfreiwilliges Abenteuer machen.

Eine Hallig bei Sturm – das heißt dunkle Wolken, heulender Wind und Wasser, das bis an die Warften reicht. »Land unter« nennen es die Einheimischen. Ich habe bisher noch keine Sturmflut auf einer Hallig miterlebt, aber mit einer ganzen Reihe Menschen gesprochen, die schon einmal dabei waren. Es muss ein beeindruckendes Spektakel sein, das Gäste naturgemäß ganz anders wahrnehmen als die Halligbewohner. Wer als Urlauber eine Sturmflut auf einem der winzigen Eilande miterlebt, kann sich an dem Naturschauspiel ergötzen. Für die Hausherren dagegen geht es um die pure Existenz. Schließlich können die Tiere nicht mit in die höher gelegenen Schutzräume genommen werden. Und wenn das Wasser das Erdgeschoss erreicht, besitzen Fußböden, Schränke und Elektrogeräte nur noch Schrottwert. Schlimmstenfalls geht es um Leib und Leben.

Da niemand genau voraussagen kann, wie hoch das Wasser steigen wird, werden Urlauber in der Regel evakuiert, wenn sich eine schwere Sturmflut abzeichnet. Wer dennoch bleibt, spürt die Angst, die die Menschen seit Jahrhunderten überkommt, wenn der »Blanke Hans« zürnt.

Seit der Sturmflut von 1962 besitzen alle Hallighäuser Schutzräume im Obergeschoss. Damals waren von Nordfriesland bis zur Weser insgesamt 340 Tote zu beklagen. Vor allem Hamburg versank in den Fluten. Der spätere Bundeskanzler Helmut Schmidt war zu der Zeit Hamburger Innensenator und übernahm die Rolle des Krisenmanagers. Der bis dahin aufgrund seiner gefürchteten Verbalattacken vor allem als »Schmidt Schnauze« bekannte Politiker genoss anschließend bundesweit einen geradezu legendären Ruf, der ein gutes Stück weit zu seinem späteren Aufstieg ins Bundeskanzleramt beitrug.

Zum Glück sind schwere Sturmfluten die Ausnahme, nicht jeder Orkan aus West sorgt für »Land unter«. Die meisten

Sturmfluten werden von den Einheimischen in aller Seelenruhe ausgesessen. Wer als Tourist dabei sein darf, wird dieses spezielle Halliggefühl ein Leben lang nicht vergessen. Einheimische und Urlauber versammeln sich in den Wohnstuben und dann wird von Zeiten erzählt, als die Wellen höher, die Schiffe kleiner und der Aberglaube allgegenwärtig waren. Dazu heult der Wind, die Gischt sprüht gegen die Fenster und der Himmel malt Gemälde der bizarrsten Art.

Die Atmosphäre ist heimelig und gespenstisch zugleich.

Immerhin einen Vorteil ziehen auch die Halligbewohner aus den Sturmfluten, die ihre kleinen Inseln heimsuchen. Schafe lieben das würzige Gras der häufig überschwemmten Salzwiesen. Und so ist das Salzwiesenlamm eine köstliche Spezialität der Region und eine zusätzliche Einnahmequelle neben dem Hallig-Tourismus, der den meisten Einheimischen Lohn und Brot sichert.

GRUND NR. 28

WEIL DAS INSELHOPPING EINE BESONDERE ATTRAKTION IST

Als Kind, das mit seinen Eltern jeden Sommer auf einem Büsumer Campingplatz verbracht hat, gehörte es für mich einst zur Normalität, ein- oder zweimal pro Woche ein Schiff zu entern und für eine Stunde in See zu stechen. Mit uns waren Hunderte weiterer Urlauber an Bord und die Warenausgabe war derart umlagert, dass nicht alle zugleich zollfrei einkaufen konnten. »Als Nächstes sind die Fahrgäste mit den Nummern 150 bis 200 an der Reihe«, ertönte es aus dem Bordlautsprecher – und schon stürmten die glücklichen Besitzer dieser Fahrscheinnummern los, als drohe der Ausverkauf von Marlboro und Co. Weil auch die Daheimgebliebenen versorgt sein wollten, wurde gekauft, was die Gesetze hergaben.

Früher, in den 1980er und 1990er Jahren, waren diese Kurztrips gänzlich kostenlos. Möglich machte es der zollfreie Einkauf an Bord. Leider sind die Regeln strenger geworden und so lohnt sich der Zigaretten- und Schnapskauf während einer einstündigen Fahrt auf See nicht mehr. Schuld daran ist der Wegfall der sogenannten »Butterfahrten« durch einen EU-Erlass im Herbst 2000. Seither müssen die Minikreuzfahrten hauptsächlich über den Fahrpreis refinanziert werden. Wer heutzutage an Bord nach Herzenslust zollfrei shoppen möchte, muss schon einen Törn auf die Hochseeinsel Helgoland buchen.

Die Ein-Stunden-Touren gibt es zwar immer noch, aber nach dem Wegfall der Zollfreiheit haben sie deutlich an Attraktivität verloren. Höher im Kurs stehen heute die längeren Fahrten. Bestes Beispiel ist das Inselhopping. Wer an Schleswig-Holsteins Nordseeküste Urlaub macht, besucht mindestens eine der nordfriesischen Inseln oder Halligen – so sagt es die Tourismusstatistik. Kein Wunder, denn wer Sylt, Amrum oder Föhr nicht gesehen hat, kann sich nicht rühmen, ein wahrer Nordsee-Experte zu sein. Vor allem verregnete Sommer wie der von 2011 lassen reichlich Raum für Ausflüge jenseits von Deich und Strand. Fast in jedem Hafen an der Nordseeküste liegen Ausflugsschiffe vor Anker, die zu relativ günstigen Konditionen zur Mitfahrt einladen.

Zu den bekanntesten Schiffen an der nordfriesischen Nordseeküste gehören die Flotten der Adler-Reederei und der WDR (Wyker Dampfschiffs-Reederei). »Kreuzfahrt«-Ziele sind neben Sylt, Amrum und Föhr auch Halligen wie Hooge und Gröde. Mit der Autofähre geht es von Strucklahnungshörn auf Nordstrand (das Örtchen heißt wirklich so) in gut einer halben Stunde nach Pellworm. Alles, was geografisch nördlicher liegt, wird vorrangig von Schlüttsiel und Dagebüll aus angesteuert.

Auch direktes Inselhopping ist möglich. So gibt es Verbindungen von Langeneß nach Hooge oder von Wittdün auf Amrum nach Hörnum auf Sylt. Wer möchte, kann von Dagebüll aus Amrum ansteuern und dabei einen Zwischenstopp auf Föhr einlegen. Der Routenplanung sind fast keine Grenzen gesetzt. Für mich ist das Inselhopping eine der Hauptattraktionen an der Nordseeküste. Wer dabei nicht auf seine Kosten kommt, ist selber schuld – oder leidet unter einem empfindlichen Magen. Doch die Seekrankheit ist eine andere Geschichte, die ich an dieser Stelle bewusst ausblende …

GRUND NR. 29

WEIL DER WALFANG
EIN KAPITEL VON GESTERN IST

Ich habe »Moby Dick« geliebt. Die Geschichte von Herman Melville über das Walfangschiff »Pequod« und dessen einbeinigen Kapitän Ahab, der, von Hass getrieben, einen weißen Pottwal jagt, weil der ihm einst ein Bein abriss. Der Roman fand Eingang in die Weltliteratur und wurde zum Synonym für den Walfang schlechthin.

Kapitän Ahab war zwar kein Bewohner der nordfriesischen Inseln, doch die Geschichte könnte durchaus auch auf Amrum oder Föhr ihren Anfang genommen haben. Rund drei Jahrhunderte machten die Deutschen Jagd auf Wale und die ersten Walfänger stammten aus der Region zwischen Sylt und Eiderstedt. Der Walfang, auch als »die Grönlandfahrten« bekannt, wurde nach der zweiten Groten Mandränke 1634 populär. Die Region war zerstört, ganze Landstriche waren im Meer versunken. Um der Armut zu entfliehen, heuerten die Friesen auf Walfängern an, die sich zumeist im Besitz niederländischer Reeder befanden. Schon bald stellten Seeleute aus Sylt, Amrum und Föhr ganze Besatzungen.

Für die nordfriesischen Inseln begann ein Goldenes Zeitalter, das bis heute seine Spuren hinterlassen hat. Grabsteine auf alten Friedhöfen auf Amrum und Föhr erzählen die Lebensgeschichten von Inselbewohnern, die durch den Walfang reich geworden sind. Schmucke Kapitänshäuser entstanden, die mit handbemalten Kacheln prunkvoll ausgestattet wurden. Der Walfang zog so viele Friesen aufs Meer, dass die Nordsee zeitweise »mare frisicum« genannt wurde, das »friesische Meer«. Allein 1701 waren 3600 Friesen auf Walfang. Die Produkte der Wale, allen voran Tran und Öl, versprachen hohe Gewinnmargen. Der Anreiz war groß und entsprechend risikobereit gingen die Friesen ans Werk. Vor allem die Fangfahrten im Polarmeer kosteten viele Seefahrer das Leben.

Jahr für Jahr lief der Walfang nach dem gleichen Prozedere ab. Nach einer wetterbedingten Winterpause ging es Anfang April gen Spitzbergen oder Grönland. Die Besatzungen wurden entsprechend ihrem Dienstgrad am Fang beteiligt. Einige Walfänger brachten es auf 100 und mehr erlegte Tiere. Gejagt wurden vor allem Grönlandwale, deren wertvolle Speckschicht bis zu einem halben Meter dick wird. Der Walfang selbst war ein blutiges Geschäft. Wurde ein Tier gesichtet, bestiegen die Jäger ihre Schaluppen. Von den wendigen Ruderbooten aus harpunierte man die gewaltigen Tiere. Tauchte ein Wal auf, um Luft zu holen, wurde er durch gezielte Stiche in Herz, Lunge oder Atemloch getötet. Danach wurde das Tier zum Mutterschiff geschleppt und anschließend entweder an Land oder direkt an Bord zerlegt.

In den sturmgepeitschten Eismeeren des hohen Nordens ging so mancher Walfänger verloren. Einige Schiffe sanken mit Mann und Maus, andere wurden vom Eis eingeklemmt und langsam zerdrückt. Fast noch schlimmer als der Tod auf See war für viele Seeleute eine Heimkehr ohne Fang. Es drohte ein »Hungerwinter«, in dem die Familien der leer Ausgegangenen auf die Solidarität ihrer Nachbarn und Freunde angewiesen waren.

Die Lage spitzte sich zu, als im 19. Jahrhundert der Walfang in die Krise geriet. Die Grönlandwale waren stark dezimiert. Außerdem ersetzte jetzt Erdöl das stinkende Lampenöl aus Waltran. Für die Tiere gab es zwar nur eine kurze Atempause, bis der industrielle Walfang einsetzte. Doch diese Epoche stand schon nicht mehr im Zeichen der nordfriesischen Inseln. Die Friesen wandten sich der Handelsschifffahrt zu und beendeten das wohl blutigste Kapitel ihrer Geschichte. Der Stolz auf die Wale jagenden Ahnen ist auf den Inseln aber noch immer spürbar und wird wohl auf ewig ein Teil der friesischen Kultur bleiben.

GRUND NR. 30

WEIL DAS WATT GANZ SCHÖN WAT HERMACHT

»Dat Watt macht ganz schön wat her«, heißt es bei uns an der Küste. Es gibt wohl kein Buch über die Nordsee, das dieses Thema ausblendet. Meist werden ihm ganze Kapitel gewidmet – und zwar zu Recht. Denn ohne Watt wäre die Nordsee eben nicht die Nordsee. Und nirgendwo gehört das Thema besser hin als zu den Nordfriesischen Inseln, die quasi mitten im Watt liegen. Das Watt wird auch als »Wiege des Lebens« bezeichnet, weil es dem Fischnachwuchs Schutz bietet und Schwärmen von Zugvögeln als Rast- und Brutplatz dient. Nicht zu vergessen: die Salzwiesen, die eine Art Übergangszone vom Watt zum Land bilden. Diese Wiesen sind ein Eldorado für verschiedenste Pflanzenarten, die sich perfekt an diesen sehr speziellen Lebensraum angepasst haben. Die Meerstrandaster blüht hier, genau wie der Salzwiesen-Spörgel oder die Salzwiesen-Strandnelke. Und außerdem der Queller, eine Pionierpflanze der besonderen Art.

Ich hatte einst Biologie als Leistungskurs und darf mich seither rühmen, ein wahrer Queller-Spezialist zu sein. Wer an der Küste zur Schule geht, kommt um dieses Thema nicht herum, weil ohne Queller die Landgewinnung kaum möglich wäre. Der Queller, lateinisch Salicornia, gehört zur Gattung der Fuchsschwanzgewächse. In seiner grünen Schlichtheit ähnelt er im Wuchs einem Weihnachtsbaum (meine Biologielehrerin würde sich beim Lesen dieses Satzes vermutlich im Grabe umdrehen). Die Besonderheit des Quellers liegt darin, dass er Salz in großen Mengen verträgt. Ja, ohne Salz wäre er gar nicht lebensfähig. Aus diesem Grund ist er das ideale Gewächs für die Landgewinnung. Was selbst viele Einheimische nicht wissen: Der Queller ist essbar und schmeckt gar nicht einmal schlecht.

Zurück ins Watt, das sich vom dänischen Esbjerg im Norden rund 450 Kilometer gen Süden bis zum niederländischen Den Helder erstreckt. An seiner breitesten Stelle misst es gerade einmal zwanzig Kilometer und ist dennoch ein weltweit einzigartiges Naturparadies. Wobei Watt keinesfalls gleich Watt ist. Es gibt die verschiedensten Konsistenzen. Mir ist das feste Watt am liebsten, auf dem man problemlos laufen und sogar rennen kann. Das andere Extrem ist das Schlickwatt, in dem man bis zu den Knien einsinkt. Ohne fremde Hilfe ist es schwer, sich wieder aus der Umklammerung des bräunlich-schwarzen Modders zu lösen. Besonders fies sind Muschelbänke, die auf den ersten Blick manchmal gar nicht zu sehen sind, weil das Watt einen dünnen Schlickfilm über sie gelegt hat. Es gibt kaum eine bessere Möglichkeit, sich seine Füße aufzuschlitzen.

Biologen unterscheiden zwischen rund zwanzig größeren Öko-Komplexen in den verschiedenen Wattzonen. Das trockene Sandwatt bietet ganz andere Lebensbedingungen als die Abbruchkanten entlang der Priele. Und die Lebensgemeinschaft des Schlickwatts hat nur entfernt etwas mit der der Salzwiesen gemein. Wer sich ernsthaft mit dem Watt und seinen oft verborgenen Schätzen auseinandersetzen möchte, kann damit sein ganzes Leben verbringen. Den meisten Menschen reicht es jedoch völlig aus, bei Sonnenschein einen Wattspaziergang zu unternehmen, die Ruhe zu genießen und dabei nach Seesternen oder besonders schönen Muscheln Ausschau zu halten. Man muss wahrlich kein Biologe sein, um diese Momente zu genießen und voller Inbrunst auszurufen: »Dat Watt macht ganz schön wat her!«

KAPITEL 4

HUSUM, DIE GAR NICHT GRAUE STADT AM MEER

Kleinode an Nordfrieslands Waterkant

WEIL DAGEBÜLL UND SCHLÜTTSIEL
DIE TORE ZUR INSELWELT SIND

Mehr plattes Land geht wirklich nicht. Wenn ich mit meiner Familie durch Nordfriesland fahre, muss sich meine Frau jedes Mal anhören, wie großartig ich diesen Landstrich finde. Endlose, fast menschenleere Weite ist das Pfund, mit dem die Nordfriesen wuchern können. Gut, es gibt die Kreisstadt Husum, aber selbst die ist, was die Einwohnerzahl betrifft, eher ein großes Dorf. Nur rund 22.000 Menschen leben in der Stadt des Dichters Theodor Storm.

Und sonst? Sonst gibt es noch St. Peter-Ording und Tönning, Bredstedt und Niebüll, die allesamt noch kleiner sind als Husum. Der Rest sind plattes Land, Meer und Inselwelt. In Nordfriesland leben deutlich mehr Schafe als Menschen, von den unzähligen Küstenvögeln ganz zu schweigen. Die durch Landgewinnung entstandenen Köge sind ein wahres Paradies für Ornithologen und Naturliebhaber. Quer durch Nordfriesland verläuft die grüne Küstenstraße, die allerdings vor allem durch die kaufmännischen Ambitionen der Einheimischen geprägt ist. Kaum ein Streckenkilometer, an dem kein touristischer Nippes feilgeboten wird.

Deutlich spannender ist die Geschichte Nordfrieslands. Es gab zwei große Einwanderungswellen. Im 8. Jahrhundert besiedelten die Friesen zuerst die Inseln und Teile Eiderstedts. Zwei Jahrhunderte später wurde die Marsch Stück für Stück urbar gemacht. Die Region Nordfriesland umfasst, grob gesehen, die Küstenregion zwischen den Flüssen Eider im Süden und Vidå an der deutsch-dänischen Grenze. Allerdings stimmt die Region Nordfriesland nicht exakt mit dem Kreis Nordfriesland überein, der erst 1970 im Zuge einer Gebietsreform seine heutige Gestalt erhielt. Mit Deutsch, Plattdeutsch, Dänisch, Südjütisch und

Nordfriesisch ist Nordfriesland übrigens der sprachenreichste Kreis Deutschlands.

Wer die nordfriesische Inselwelt entdecken will, kommt an den Festlandfriesen nicht vorbei. Deutschlands nördlichster Nordseekreis ist eine Art Einfallstor zur Inselwelt. Sylt erreicht man per Bahn von Niebüll aus über den Hindenburgdamm. Die meisten Schiffe, die Amrum oder Föhr ansteuern, legen von Schlüttsiel oder Dagebüll ab. Beides sind eher unscheinbare Dörfer.

Das Zentrum von Schlüttsiel bildet seit 1959 der Hafen samt Abfertigungsterminal. Es gibt einen Gastronomiebetrieb mit Fremdenzimmern und seit 1980 ein Besucherzentrum des Vereins Jordsand, das über den Nationalpark Schleswig-Holsteinisches Wattenmeer informiert. Damit hat es sich aber weitgehend. Bedeutung hat Schlüttsiel vor allem für Halligbesucher. Von hier aus legen Schiffe nach Langeneß, Gröde und Hooge ab.

Dagebüll liegt einige Kilometer nördlich von Schlüttsiel und weist etwas mehr Infrastruktur auf. Der Ort befand sich einstmals auf einer Hallig, doch schon Anfang des 18. Jahrhunderts wurde das Land mit Deichen gesichert. Aus dieser Zeit stammt auch die St. Dionysius-Kirche. Es gibt einen alten Leuchtturm und sogar einen eigenen Sportverein, der den schönen Namen TSV Fahretoft/Waygaard trägt. All das weiß ich allerdings auch erst, seit ich recherchiert habe. Meine Dagebüll-Aufenthalte beschränkten sich bislang auf den Hafen und das benachbarte Restaurant, wo es einen superben heißen Kakao gibt und von wo aus man bei klarer Sicht einen tollen Blick auf die Halligen genießt.

Von Dagebüll aus geht es vor allem nach Föhr und Amrum, wobei man mit dem Auto und der Bahn anreisen kann, deren Gleise bis an den Fähranleger verlaufen. Fahrkarten sollte man übrigens im Voraus buchen, wie ich Spontanurlaubern aus leidvoller Erfahrung raten würde. Die Fähren sind in der Hauptsaison meist total voll und »mal eben« auf dem nahezu unbesiedelten Küstenstreifen zu übernachten ist nicht ganz einfach.

WEIL STORMS DEICHGRAF EINE LEGENDE IST

Nordfriesland ist das Reich von Deichgraf Hauke Haien. Er war besessen von der Aufgabe, die Deiche sicherer zu machen. Hauke Haiens Erkennungszeichen war sein Pferd, ein Schimmel. Die abergläubischen Dorfbewohner glaubten, in dem Tier das von den Toten auferstandene Pferdeskelett wiederzuerkennen, das einst auf der verlassenen Hallig Jeverssand gelegen hatte und das auf mysteriöse Weise verschwand, als Haien seinen Schimmel kaufte. Die Menschen befürchteten, dass das Tier mit dem Teufel im Bunde sei. Der Konflikt spitzte sich zu, als der Deichgraf einen moderneren Deich durchsetzen wollte und sich beim Bau dagegen sträubte, einen Hund lebendig zu begraben, wie es der Brauch vorsah. Ein Deich, der nichts »Lebiges« enthält, kann nicht sicher sein. Davon waren die Leute überzeugt.

Es kam, wie es kommen musste: Eine schwere Sturmflut drohte, den alten Deich zu zerstören. Haiens Widersacher Ole Peters gab Anweisung, den neuen Deich zu durchstoßen, was Haien im letzten Augenblick verhindern konnte. Kurze Zeit später brach der alte Deich endgültig und die Wassermassen bahnten sich ihren Weg in den Koog. Haien musste mit ansehen, wie seine geliebte Elke mitsamt ihrer gemeinsamen Tochter Wienke ertrank. Verzweifelt stürzte sich der Deichgraf mit seinem Schimmel in die tosenden Fluten und rief: »Herr Gott, nimm mich, verschon die anderen!«

Ich liebe den »Schimmelreiter« von Theodor Storm. Ohne Wenn und Aber gehört er zu meinen Lieblingsgeschichten. Die Novelle findet sich in der Bibliothek fast jeden Hauses an der Nordseeküste und ist Pflichtlektüre an den Schulen. Sie ist ein Lehrstück über Starrsinn, Aberglaube und die Furcht vor Neuerungen. Dabei ist die Erzählung so spannend, dass heute noch die meisten Schüler die Lektüre eher als Spaß denn als Pflicht empfinden. Es gibt eine Rahmenhandlung. Erzählt wird sie von einem alten Schulmeister, der am Ende erwähnt, dass Haiens neuer Deich den Fluten noch immer standhalte, obwohl der Deichgraf schon vor fast einhundert Jahren umgekommen sei.

»Der Schimmelreiter« ist lebendige Heimatkunde und verrät viel über die Denkweise der Menschen zu Zeiten Theodor Storms, der 1817 in Husum geboren wurde. Gestorben ist er 1888 in Hanerau-Hademarschen. Das kleine Dorf liegt am Nord-Ostsee-Kanal und war über viele Jahre Wohnsitz von Bekannten meiner Eltern. Das Storm'sche Haus lag quasi vis-à-vis zu ihrem Geschäft. Eines Tages klopften Touristen an die Tür, um sich zu erkundigen, wo denn der große Dichter gelebt habe. »Können Sie uns sagen, wo wir das Haus von Theodor Storm finden?«, fragten die Fremden und bekamen zur Auskunft: »Wir können hier doch nicht jeden kennen.«

In den allermeisten Köpfen ist Storm jedoch bis heute präsent. Er schuf wunderschöne Novellen und sein Erzählstil lässt die Küste und ihre Menschen vor dem Leser plastisch erstehen. »Immensee« ist ebenso bekannt wie »Pole Poppenspäler«. Doch kein Werk Storms verkörpert die Seele des Landes so sehr wie »Der Schimmelreiter«. Der Stoff wurde bereits mehrfach verfilmt und in verschiedenen Fassungen auf die Bühne gebracht. In Nordfriesland erinnert der Hauke-Haien-Koog an das Werk. Ein Teil des 1200 Hektar großen Koogs fungiert heute als Schutzgebiet für Seevögel. Nach Theodor Storm sind Straßen, Plätze und Schulen benannt worden. Es gibt sogar eine Theodor-Storm-Gesellschaft. Doch lebendig wird der Husumer vor allem in seinen Schriften, die ich jedem nur wärmstens ans Herz legen kann.

WEIL IN HUSUM DIE KROKUSSE BLÜHEN

Mit Husum assoziieren viele Menschen die »graue Stadt am Meer«, zu der sie ihr bekanntester Einwohner einst machte. »Die Stadt« heißt ein Gedicht von Theodor Storm, das er 1852 verfasste und in dem er sich an seine Kindheit erinnert.

Am grauen Strand, am grauen Meer
Und seitab liegt die Stadt;
Der Nebel drückt die Dächer schwer,
Und durch die Stille braust das Meer
Eintönig um die Stadt.

Es rauscht kein Wald, es schlägt im Mai
Kein Vogel ohn' Unterlass;
Die Wandergans mit hartem Schrei
Nur fliegt in Herbstesnacht vorbei,
Am Strande weht das Gras.

Doch hängt mein ganzes Herz an dir,
Du graue Stadt am Meer;
Der Jugend Zauber für und für
Ruht lächelnd doch auf dir, auf dir,
Du graue Stadt am Meer.

Ich finde, »Die Stadt« ist die schönste Liebeserklärung, die Husum je gemacht wurde. Grau ist die Stadt übrigens nur bei Nebel und Schietwetter. Bei Sonnenschein ist sie ein wahres Schmuckstück. Doch nicht nur das: Mit ihren gut 22.000 Einwohnern ist Husum auch Nordfrieslands Kreisstadt. Zu sehen gibt es – natürlich – Storms Geburtshaus (Markt Nr. 9) und sein einstiges

Wohnhaus (Wasserreihe 31). Und wer möchte, kann sich kundigen Führern anschließen und sich zeigen lassen, wo die Novellen des Heimatdichters spielten. Dominantes Gebäude in der Stadt ist das Schloss, das Ende des 16. Jahrhunderts entstanden ist. Umgeben wird es von einem kleinen Park, der im Frühjahr im wahrsten Wortsinn zur vollen Blüte reift.

Im März, spätestens aber Anfang April verwandelt sich der Schlosspark in ein Krokusmeer – wobei die Herren über die Blütenpracht tunlichst auf die Einhaltung einer einheitlichen Farbgebung achten. Ausschließlich lila Blumen sind zu sehen. Nur ganz vereinzelt wagt es einmal ein gelber oder weißer Krokus, seine Blüte zu öffnen. Meist dauert es jedoch nicht lange, bis diese Fremdlinge fein säuberlich ausgestochen werden. Die vorgegebenen Wege zu verlassen ist nicht ratsam. Die Hüter des Parks sehen es ausgesprochen ungern, wenn auch nur ein einzelner Krokus zertreten wird. Auch bei Kindern werden da keine Ausnahmen gemacht, wie mein Sohn zu berichten weiß. Wer sich ein Bild von der Husumer Krokusblüte machen möchte, muss nur die entsprechenden Schlagwörter bei Google eingeben, schon wird er mit eindrucksvollen Fotos förmlich überschwemmt. Für mich ist die Krokusblüte immer das Signal, dass der Winter endgültig vorüber ist und der Frühling in den Startlöchern steht.

Natürlich hat Husum nicht nur zur Frühlingszeit etwas zu bieten. Mein Lieblingsplatz in der Stadt ist der Hafen, wo das ganze Jahr über Trubel herrscht. Fischliebhaber können hier ein leckeres Krabbenbrötchen ordern, Lokale laden zur Rast mit Blick aufs Wasser ein und die Bürgerhäuser der Stadt sind auch ohne Storm'sche Novellen eine Besichtigungstour wert. Unbedingt erwähnt werden muss noch das Schifffahrtsmuseum Nordfriesland, das auf vier Ebenen Einblick in Walfang, Küstenfischerei und Schiffbau gibt und in dem Familien ganze Regentage verbringen können.

WEIL RUNGHOLT BEI NEBEL AUFERSTEHT

Mystisches Nordfriesland. Ja, auch das gibt es. Und natürlich sind die Sagen aus alter Zeit stets eng mit dem Meer verknüpft. Die Nordsee mit ihren Sturmfluten, Blitznebeln und Untiefen ist eine wahre Schatzkiste für Sagen der spannendsten Art. Wohl am bekanntesten ist die Legende von Rungholt, jenem Ort, der wie von Geisterhand von der Landkarte getilgt wurde und von dem die Wissenschaft lange glaubte, er habe nie wirklich existiert. Doch Rungholt ist kein Hirngespinst der Einheimischen, es gab ihn tatsächlich, diesen reichen Handelsort, der während der zweiten Groten Mandränke 1362 in den Fluten versank. Erst als Meer und Watt in den Jahren zwischen 1921 und 1938 südöstlich der Insel Pellworm Überreste von Warften und Gebäuden freigaben, wurde aus dem »Atlantis des Nordens« greifbare Geschichte. Zuvor hatte es lediglich mehr oder minder vage Anhaltspunkte gegeben, die auf eine Siedlung mit dem Namen Rungholt hinwiesen. So unter anderem ein Testament aus dem Jahr 1345 und eine Vereinbarung mit Hamburger Kaufleuten aus dem Jahr 1361. Beide Urkunden findet man heute im Hamburger Staatsarchiv.

Einen guten Überblick über Rungholts Geschichte bietet Wikipedia. Der Name des Ortes leitet sich vermutlich von der friesischen Vorsilbe »rung-« (etwa: »falsch«, »gering«) und dem Stammwort »Holt« (»Gehölz«) ab. Nach der Sturmflut wurden einige Teile des Rungholter Gebietes erneut besiedelt, diese gingen aber in der Sturmflut von 1634 unter. Weil im Mittelalter Schriftstücke noch Seltenheitswert besaßen und man auf mündliche Überlieferungen vertraute, verblasste die Erinnerung an die Existenz Rungholts in den Jahrzehnten und Jahrhunderten. Übrig blieb eine Legende, die von einem geheimnisvollen Ort berichtete, der einstmals ein reicher Handelsplatz gewesen sein soll.

»Heut bin ich über Rungholt gefahren, die Stadt ging unter vor 500 Jahren ...« So beginnt die Ballade »Trutz, Blanke Hans« von dem Dichter Detlev von Liliencron aus dem Jahr 1888. Sie berichtet von einer Stadt »wie zur Blütezeit im alten Rom«. Die Historiker hatten lange Zeit ihre liebe Müh und Not, Fiktion und Wahrheit voneinander zu trennen, zumal das Meer anscheinend keinerlei Spuren von Rungholt hinterlassen hatte. Konnte es einen Ort, der wie vom Erdboden verschluckt schien, überhaupt gegeben haben? Namhafte Forscher und Schatzsucher zweifelten daran – bis in den 1920er Jahren erste Indizien auftauchten, die der Nordstrander Bauer Andreas Busch zutage förderte. Seither wurden immer neue Spuren freigelegt, die von der See meist umgehend wieder verschluckt werden. Fast scheint es, als wolle Rungholt ein Phantom bleiben.

Immerhin weiß man heute: Rungholt lag auf der damaligen Insel Strand. Und der Ort war wirklich reich. Möglich machte es ein Rohstoff, nämlich Salztorf. Aus ihm gewannen die Einwohner Salz, mit dem Lebensmittel länger haltbar gemacht werden konnten. Salz wurde damals mit Gold aufgewogen, was die Nordfriesen dazu befähigte, regen Handel mit ihren Nachbarn, aber auch mit weit entfernten Völkern zu treiben, worauf Keramikfunde hindeuten. Ausgerechnet sein Untergrund, der Rungholt reich gemacht hatte, wurde ihm zum Verhängnis: Das Handelszentrum war auf Sand und Torf gebaut und wurde so ein leichtes Opfer der See. 1500 bis 2000 Einwohner bewohnten den Ort zu seiner Blütezeit. Heute lebt Rungholt in unzähligen Romanen und anderen Kunstwerken weiter. Und mit ein bisschen Glück können Wattwanderer noch immer aufsehenerregende Funde machen. Immer dann, wenn Rungholt aus dem Nebel der Geschichte aufersteht und die Nordsee ein Stück des Geheimnisses preisgibt.

WEIL KULTUR IN NORDFRIESLAND
STETS AUCH NATUR HEISST

Große Oper und Theater von Weltniveau erleben Kulturbeflissene in Hamburg. Mit dem Kulturgenuss in Nordfriesland verbinde ich in erster Linie grandiose Naturschauspiele. Der Himmel, das platte Land, das Meer – die Bühne ist bereitet und auf dem Spielplan steht jeden Tag ein neues Stück. Wattlaufen bei Mondenschein, Radeln zwischen Deichen und Wiesen, lange Spaziergänge an der frischen Nordseeluft. Wenn ich in Nordfriesland unterwegs bin, dann suche ich Ruhe, Abgeschiedenheit und den Einklang mit der Natur. Statt Gesangskünstlern zu lauschen, höre ich den Vögeln zu oder ich beobachte stundenlang die Einheimischen, wie sie ihre Fischernetze flicken und ihren Fang entladen. In Nordfriesland kann man tatsächlich noch eine Auszeit von der Alltagshektik nehmen. Es ist unglaublich entspannend, am Strand zu liegen und den Wolken zuzusehen, wie sie vom Küstenwind stetig zu neuen Gemälden geformt werden.

Oder wie wäre es mit einem Lesenachmittag im Strandkorb? Den passenden Lesestoff liefert Nordfriesland gleich mit. Die Gegend mit all ihren Legenden und Sagen ist ein wahres Eldorado für Bücherwürmer. Allein über das untergegangene Rungholt wurden unzählige Romane geschrieben. Besonders gefallen hat mir »Die letzten Tage von Rungholt« von Kari Köster-Lösche. Das Buch ist bei List erschienen und erzählt vom Friesland des Jahres 1361. Der Salzsieder Arfast muss sich gegen Machtgier und Ignoranz zur Wehr setzen. Führende Männer seiner Heimat drohen die Marsch durch exzessiven Salzabbau in höchste Gefahr zu bringen. Doch die Warnungen des jungen Mannes verhallen ungehört.

Zu empfehlen ist auch ein populäres Sachbuch zum Thema – »Rungholt und die Insel Strand: Im Meer vergangen«, erschienen im Dithmarscher Boyens Verlag. Das Autorenteam um Robert Brauer und Hellmut Bahnsen hat die Orte aus vergangenen Zeiten mithilfe moderner GPS-Technik wiederentdeckt. Bei ihren Wanderungen im Watt stießen sie auf Knochen, Scherben, Brunnenringe, Hausfundamente, Warften und Gräben. Ebenfalls lesenswert: »Rungholt – der Weg in die Katastrophe« von Hans-Herbert Henningsen und »Rungholt: Die Suche nach einer versunkenen Stadt« von Hans Peter Duerr.

Unbedingt erwähnen möchte ich auch noch eine Sagengestalt, die in Nordfriesland jedes Kind kennt: Ekke Nekkepenn. Der Meermann, der gemeinsam mit seiner Frau Rahn auf dem Grunde der Nordsee lebt und mit den Leuten von den nordfriesischen Inseln seinen Unfug treibt, wurde vor allem durch den Sylter Heimatforscher Christian Peter Hansen bekannt. Auch in Theodor Storms Novelle »Die Regentrude« taucht ein Feuermännlein namens Eckeneckepenn auf. Heute sind nach Ekke Nekkepenn diverse Hotels und Pensionen benannt.

Bevor ich mich in Nordfriesland unbeliebt mache und mich nicht mehr in Husum und Umgebung sehen lassen darf, will ich unbedingt noch darauf hinweisen: Natürlich gibt es auch an Deutschlands nördlichster Nordseeküste »klassische« Kultur. Weit verbreitet sind an den Touristen-Hotspots diverse Galerien. Da die Autobahn 23 bei Heide in Dithmarschen endet, müssen Urlauber zwangsläufig über Bundes- und Landstraßen anreisen, an denen einige wirklich sehenswerte Galeriecafés liegen. Feste Theater gibt es hingegen in Nordfriesland nicht. Dafür umso mehr Museen. Vor allem Husum bietet eine Vielzahl davon, darunter das Ostenfelder Bauernhaus und das Nordsee-Museum. Womit wir schon wieder beim Meer wären. Und bei der Natur. Eben bei den Dingen, die Nordfriesland wahrhaft unverwechselbar machen.

WEIL FRIEDRICHSTADT
EINE UNBEKANNTE SCHÖNHEIT IST

Am liebsten würde ich diesen der 111 Gründe verheimlichen, damit ich das schmucke kleine Örtchen noch ein wenig für mich allein habe. Aber Friedrichstadt ist viel zu schön, um auf Dauer unentdeckt zu bleiben. Wer holländische Architektur liebt, kommt hier aus dem Staunen nicht heraus. Gelegen am Zusammenfluss von Eider und Treene, ist Friedrichstadt für mich einer der schönsten Orte an der gesamten Nordseeküste. Der einzige Nachteil dieses städtebaulichen Schmuckstücks: Es liegt nicht direkt am Meer. Husum ist allerdings nur rund zehn Kilometer entfernt, die Nordsee somit zumindest zum Greifen nah.

Mit seinen knapp 2500 Einwohnern ist Friedrichstadt ein überschaubarer Ort. Doch schon das Hineinfinden in die Innenstadt erweist sich als heikel. Von der Hauptzufahrtsstraße aus muss erst einmal eine Gracht überwunden werden – und allzu viele autotaugliche Brücken gibt es nicht. Es folgt ein Gewirr aus Gassen und kleinen Straßen, die schachbrettartig verlaufen, aber längst nicht alle ans Ziel führen. An jeder zweiten Kreuzung lauern Einbahnstraßen, die einen vom rechten Weg abbringen. Doch es lohnt sich, nicht aufzugeben. Ist der Marktplatz an der Hauptgracht (Mittelburggraben), die das Zentrum in zwei Hälften spaltet, erst einmal gefunden, fühlt man sich schlagartig in eine andere Zeit versetzt. Holländerhäuser, wohin das Auge reicht. Dazu Grachten, über die kleine Ausflugsschiffe und Tretboote gemächlich gleiten. Idylle pur eben.

Beim Betrachter stellt sich unwillkürlich die Frage: Wie kommt dieses Stück Holland nach Nordfriesland? Die Antwort ist schnell gegeben. Geprägt wurde Friedrichstadt von holländischen Remonstranten, die in ihrer Heimat aufgrund ihrer

Religion verfolgt wurden. Von Beginn an galt der Ort in Glaubensfragen als ausgesprochen tolerant – bester Beweis dafür: Im 17. Jahrhundert gab es hier nicht weniger als sieben Religionen, deren Anhänger friedlich miteinander und nebeneinander lebten. Heute sind es übrigens »nur« noch fünf. Benannt wurde Friedrichstadt nach ihrem Gründer Herzog Friedrich III., der mit Hilfe der Holländer eine Handelsmetropole aus dem Boden stampfen wollte. Davon ist nicht mehr viel spürbar. Was blieb, sind die Bauten der niederländischen Backsteinrenaissance, die bis heute das Ortsbild prägen.

So richtig heimelig wird Friedrichstadt allerdings erst durch seine Grachten, die das Zentrum umfließen und durchziehen. Wenn ich den Ort ansteuere, geht es immer zuerst zum Tretbootverleih. In einer Stunde sind die meisten Grachten einmal durchfahren, in zwei Stunden kann man auch noch einen Abstecher auf die Treene einlegen. Die Lage der Stadt zwischen Treene und Eider war ein Grund, warum sich die holländischen Glaubensflüchtlinge nicht zweimal bitten ließen, als Herzog Friedrich sie rief. Kaum angekommen, begannen sie, künstliche Wasserläufe anzulegen, die den Ort gleichzeitig entwässerten und schiffbar machten.

Eine echte Handelsmetropole wurde Friedrichstadt dennoch nie, was mehrere Gründe hatte. Zum einen lag die Gründung von 1621 mitten im Dreißigjährigen Krieg, zum anderen konnten die Remonstranten schon 1630 ihren Glauben auch in der alten Heimat wieder ausüben. Immerhin wurde Friedrichstadt schon 1633 das Stadtrecht verliehen.

Auch bevölkerungstechnisch ist Friedrichstadt nie recht auf die Beine gekommen. Mitte des 19. Jahrhunderts wohnten mehr Menschen in dem kleinen Holländerstädtchen als heute. Für die Erhaltung des Ortsbildes war dies ein Glücksfall, weil Wohnraum nie Mangelwage war und die alten Bauten ihren Platz nicht für »moderne« Häuser räumen mussten. So ist Friedrichstadt ein Kleinod geblieben, dessen Anziehungskraft sich auf einen einfachen Nenner bringen lässt: Wer Holland mag, wird Friedrichstadt lieben.

WEIL TÖNNINGS HAFEN
NICHT NUR FRISCHEN FISCH BIETET

Wo wir schon bei Kleinoden sind: Nur ein paar Autominuten südwestlich von Friedrichstadt liegt Tönning. Ähnlich wie in Friedrichstadt ist es in Tönning nicht ganz leicht, die Innenstadt zu erreichen. Die Gassen sind eng und verwinkelt und schon ein kleiner Lieferwagen reicht aus, ein Verkehrschaos hervorzurufen. Als ich letzten Sommer mit meinen Schwiegereltern zum Hafen vordringen wollte, versperrte uns ein Bofrost-Laster den Weg. Der Fahrer hielt an, stieg aus, grüßte freundlich – und fing an, in aller Ruhe zu entladen und neue Bestellungen aufzunehmen. Wir standen hinter dem Lieferauto und saßen in der Falle. Gute zwanzig Minuten später grüßte der Bofrost-Mensch erneut freundlich, stieg ein und fuhr in aller Gemütsruhe weiter. In unserem Auto herrschte eine leicht angespannte Stimmung. Aber das Warten hatte sich trotzdem gelohnt. Denn Tönnings Hafen zählt zu den malerischsten, die die Nordseeküste zu bieten hat. Wobei der Ort nicht wirklich an der Nordsee liegt. Die Fischkutter müssen vom Hafen erst einmal etliche Kilometer zurücklegen, bis sie das Eidersperrwerk erreichen. Erst dahinter beginnt die freie See.

Was Tönnings Hafen so idyllisch macht? Vor allem die Häuserzeile am Nordufer. Die Häuser liegen auf einem kleinen Deich und sehen aus wie gemalt. Mehr Friesland geht wirklich nicht. Kein Wunder, dass der Hafen als Baudenkmal anerkannt wurde. Am augenfälligsten ist das unter Denkmalschutz stehende

Kanalpackhaus aus dem Jahr 1783. Im ersten Stock ist heute eine Ausstellung der Gesellschaft für Tönninger Stadtgeschichte zu sehen. Gleich links vom Packhaus geht es mit der Einfahrt zum Tonnenhof seemännisch weiter. Hier lagert das Wasser- und Schifffahrtsamt seine großen Seezeichen und von hier aus werden auch die Leuchttürme der Region automatisch gesteuert. Rechts vom Packhaus liegt das Zollamt, ein weiteres Wahrzeichen der Seefahrt. Ebenfalls sehenswert: die kleine Holzschiffswerft an der Südwestecke, die seit 1740 besteht und sich auf Nachbildungen hölzerner historischer Eiderschiffe spezialisiert hat. Am nördlichen Ende des Hafens steht ein typisches Seefahrtszeichen: ein Takelmast mit drei Signalflaggen an der Rah. Die Buchstaben W-A-Y stehen für »Gute Reise!«.

Wer Kinder hat, sollte unbedingt einen Besuch im Multimar Wattforum einplanen. Hier lassen sich sogar Seesterne und Krebse streicheln. Es gibt ein Walskelett in Originalgröße, das mein Sohn »einfach gigantisch« findet, und diverse Schautafeln mit herrlich vielen Knöpfen, die meine beiden Kleinen alle mindestens schon ein Dutzend Mal gedrückt haben.

Nach dem Wattforum fahren wir an den Hafen, um Krabbenbrötchen zu essen. Dabei genießen wir den Ausblick und ich träume insgeheim von einem kleinen Ferienhäuschen. Nicht nur, weil Tönning wirklich schön ist, sondern vor allem wegen des Lebensstils. Die kleinen Küstenorte verströmen oft ein südländisch angehauchtes Flair. Normalerweise hockt der Norddeutsche gern in seinen eigenen vier Wänden. Selbst im Sommer besucht er vergleichsweise selten ein Straßencafé. In Tönning, Friedrichstadt und Co. ist das aber ganz anders. Hier spielt sich das Leben draußen ab und selbst im tiefsten Winter findet sich noch ein Platz unter einem der gasbetriebenen Heizstrahler. Und mal ehrlich: Was gibt es Entspannenderes, als bei Minusgraden in wärmender Atmosphäre eine Tote Tante (heißer Kakao mit Rum oder Amaretto) zu trinken?

WEIL DAS EIDERSPERRWERK
FÜR SICHERHEIT SORGT

Eiderstedt, das ist die Landmasse, die der Nordsee sprichwörtlich eine lange Nase zieht. Die Halbinsel mit ihren dreißig Kilometern Länge und 15 Kilometern Breite beginnt bei Husum im Norden und endet bei Tönning im Süden. Dabei bildet sie die Form eines imposanten Riechorgans. Der bekannteste Ort auf Eiderstedt ist St. Peter-Ording, sein Wahrzeichen jedoch ist der Leuchtturm von Westerhever, der ein – wie sage ich es literarisch korrekt – Sinnbild männlicher Potenz ist. Ansonsten ist die Gegend vor allem bei Naturfreunden beliebt. Nicht einmal 20.000 Menschen verlieren sich auf der Halbinsel, die Vogelpopulation ist dagegen bestenfalls zu schätzen.

Eiderstedts Geschichte begann vor etwa 5000 Jahren, als sich das Land Stück für Stück mit dem Festland verband. Die Natur spielte für diesen Prozess eine ebenso bedeutsame Rolle wie später der Mensch. Wind und Wellen sorgten dafür, dass sich Watt anlagerte, der Mensch hilft seit rund eintausend Jahren mit Deichbau und gezielter Entwässerung nach.

Sichtbarstes Zeichen dieser Landsicherung ist das Anfang der 1970er Jahre gebaute Eidersperrwerk im Süden der Halbinsel. Es soll vor allem das Hinterland schützen. Bis zum Bau des Sperrwerks betrug der Tidenhub beispielsweise auf der Eider bei Friedrichstadt noch über zwei Meter. Seit gigantische Fluttore die Gezeiten abriegeln, hat die Nordsee deutlich an Macht eingebüßt.

Rund 170 Millionen Mark (etwa 87 Millionen Euro) ließ man sich den Bau des Eidersperrwerks kosten.

Viel Geld für viel Sicherheit, denn noch in den 1960er Jahren waren Überschwemmungen im Hinterland keine Seltenheit. Bei vielen Bewohnern Tönnings ist noch heute die Sturmflut von

1962 in schlimmer Erinnerung. Gegner fand das Bauvorhaben vor allem unter Naturfreunden, die sich um die Wattlandschaft und ihre ausgedehnten Salzwiesen sorgten. Doch das Eidersperrwerk brachte der Natur auch Vorteile. Heute beginnt das Katinger Watt, ein Vogelparadies ersten Ranges, gleich hinter den Betonmassen. Am Sperrwerk selbst brütet übrigens eine größere Kolonie von Küstenseeschwalben.

Doch nicht nur Ornithologen kommen auf Eiderstedt auf ihre Kosten. Wer über das Eidersperrwerk anreist, kann sich gleich dahinter rechts in die Büsche schlagen und auf einer der wohl kurvenreichsten Straßen der Republik Tönning ansteuern. Von Tönning wiederum ist es nur ein Katzensprung bis zum Geburtshaus des Literaturnobelpreisträgers Theodor Mommsen, der als bedeutendster Altertumsforscher des 19. Jahrhunderts gilt. Mommsens Heim liegt in direkter Nachbarschaft der Gardinger St.-Christians-Kirche. Von Garding wiederum ist es nicht weit bis St. Peter-Ording im äußersten Westen und Westerhever im Nordwesten Eiderstedts.

Westerhever ist eigentlich ein beschaulicher Ort ohne große touristische Anziehungskraft – wäre da nicht der Leuchtturm. Es gibt vermutlich an der ganzen Nordseeküste kein beliebteres Fotomotiv. Vierzig Meter hoch ist der Leuchtturm Westerheversand, auf dem auch geheiratet werden kann. Das Leuchtfeuer wurde 1906 in Betrieb genommen und wird heute von Tönning aus automatisch bedient. Berühmtheit erlangte der Turm jedoch durch das ostfriesische Brauhaus zu Jever, das seit den 1970er Jahren mit diesem Motiv für seine bekannte Biersorte wirbt. Den Werbeslogan »Wie das Land, so das Jever« kennt heute jedes Kind. Wobei er eigentlich nicht genau ins Schwarze trifft, schließlich ist Nordfriesland nicht gleich Ostfriesland. Aber am Ende bleibt Friesland eben Friesland. Egal ob Nord oder Ost.

WEIL ST. PETER-ORDINGS STRAND
DIE TOURISTEN ANZIEHT

Ich habe 1969 meinen ersten Nordseeurlaub in St. Peter-Ording verbracht. Damals war ich kaum ein Jahr alt und meine Erinnerungen sind entsprechend rudimentär. Die folgenden Sommer steuerten meine Eltern stets das benachbarte Büsum an, das sich seit eh und je mit St. Peter-Ording im Wettstreit befindet. Beide Touristenzentren erheben für sich den Anspruch, die Nummer eins an Schleswig-Holsteins Nordseeküste zu sein. Dabei können sie prima nebeneinander leben, denn während Büsum vor allem Deich, Hafen und kleinstädtisches Leben bietet, ist St. Peter-Ording ganz eindeutig auf Strandurlauber fixiert.

Mit zwölf Kilometern Länge und bis zu zwei Kilometern Breite gehört St. Peter-Ordings Strand zu den imposantesten an der Nordsee. Wer allerdings ans Wasser will, der muss gut zu Fuß sein. Die hölzerne Seebrücke, die von St. Peter-Bad zum Strand führt, ist gut und gern einen Kilometer lang. Wer wie ich bequemer ans Ziel kommen will, nimmt einfach das Auto. Von den fünf offiziellen Badestellen sind drei direkt mit dem Fahrzeug erreichbar. Auch das gibt es nur in St. Peter-Ording. Ebenso einzigartig ist der »Hitzlöper«. Von der nostalgischen Strandbahn aus kann man in aller Ruhe die Landschaft erkunden. Auf dem Fahrplan stehen Touren nach Westerhever und geführte Wattwanderungen. Auch für Hochzeits- oder Geburtstagsfahrten kann der Hitzlöper gechartert werden.

Fast ebenso landschaftsprägend wie der Strand sind die weitgehend unberührten Salzwiesen mit ihren kleinen Tümpeln und Pfützen, die Gras- und Moorfröschen ebenso Heimat bieten wie Erd- und Kreuzkröten. Wobei die meisten Urlauber für diese Naturschönheiten kein Auge haben. Was den Salzwiesen nur recht sein kann, denn so bleibt ihr ursprünglicher Zustand erhalten und sie leiden nicht wie viele Dünen an der Nordsee unter den oft unbedachten Schritten der Touristen.

Wer vom Strandleben genug hat, der kann einen der zahllosen Fahrradverleihe aufsuchen und sich auf den Drahtesel schwingen. Ich bin wahrlich kein Zweiradfetischist, aber Fahrten durch die küstenuntypische Waldlandschaft sind ein Genuss, wobei vor allem die Nase auf ihre Kosten kommt. Seeluft und Wald vermengen sich zu einem wahrhaft betörenden Duft.

Gemessen an den Übernachtungszahlen, ist St. Peter-Ording das größte Seebad Deutschlands. Zu verdanken hat der Ort diese exponierte Stellung vor allem seinem Strand. Doch es gibt noch weitere Alleinstellungsmerkmale, die aus St. Peter-Ording ein Urlaubsparadies machen: zum Beispiel die Schwefelsole, der der Ort den Titel »Nordseeheil- und Schwefelbad« verdankt.

Auf den etwas sperrigen Namen des Urlauberzentrums St. Peter-Ording bin ich noch gar nicht eingegangen. Er verweist auf die einzelnen Ortsteile, von denen es insgesamt vier gibt: St. Peter-Dorf, St. Peter-Bad, St. Peter-Ording und St. Peter-Böhl. Wer durch St. Peter-Ording fährt, wird schnell erkennen, dass alle vier Ortsteile ihr eigenes Flair haben, was daher kommt, dass sie einstmals eigenständige Gemeinden waren. Denn St. Peter-Ording ist – anders als beispielsweise Büsum – keine in sich geschlossene Einheit, sondern ein großes Dorf, das sich schier endlos an der Hauptstraße entlangzieht. Hinter wenigen Hausreihen beginnt bereits die Natur: Felder und Wiesen auf der einen Seite, Wälder, Dünen und Strand auf der anderen. Wobei der Strand ganz eindeutig die Hauptrolle spielt – bei Sonnenanbetern, Strandseglern, Burgenbauern und allen, die einfach nur endlose Weite genießen möchten.

WEIL EMIL NOLDE HIER
SEINE UNGEMALTEN BILDER MALTE

Ich war 13 oder 14 Jahre alt, als ich das erste Mal das Nolde-Museum an der dänischen Grenze besuchte. Der eigenwillige rote Klinkerbau befindet sich in Seebüll und liegt eingebettet in einen wunderschönen Bauerngarten. Dass er die Abgeschiedenheit dieses Ortes suchte, hat einen Grund, denn Nolde gehörte in der Nazizeit zu den verfolgten Künstlern und litt unter staatlich verordnetem Malverbot. Dieses umging er, indem er »ungemalte Bilder« schuf. Kleine Aquarelle, die bei Gefahr leichter zu verstecken waren, entstanden zwischen 1939 und 1945. Mich haben diese »ungemalten Bilder« bei meinem ersten Besuch als pubertierender Jugendlicher zutiefst beeindruckt. So sehr, dass ich heute noch den Namen Emil Nolde vor allem mit dieser »geheimen« Kunstform verbinde.

Am 23. August 1941 hatte Nolde einen Brief vom Präsidenten der Reichskammer der bildenden Künste erhalten. Darin wurde ihm der Befehl erteilt, »mit sofortiger Wirkung jede berufliche – auch nebenberufliche – Betätigung auf den Gebieten der bildenden Künste« einzustellen. Fortan galt seine Kunst ganz offiziell als »entartet«. Für den Maler brach eine Welt zusammen. »Die Pinsel glitten mir aus den Händen«, schreibt er in seiner Autobiografie. Die Schockstarre hielt jedoch nicht lange an, das Ergebnis sind die »ungemalten Bilder«. Aus Seebüll, das ursprünglich nur als Sommerdomizil gedacht war, wurde ein ideales Versteck für den Künstler, der bis dahin in Berlin gelebt hatte. Heute existieren noch rund 1300 von diesen »ungemalten Bildern«. Der Großteil von ihnen zeigt figürliche Darstellungen, die übrigen Landschafts- und Meermotive.

Zum ersten Mal förmlich aufgezwungen wurde mir Emil Nolde während der Schulzeit. Zur Pflichtlektüre gehörte bei uns die

»Deutschstunde« von Siegfried Lenz. Der Schriftsteller erzählt in seinem 1968 erschienenen Roman die Geschichte von Jens Ole Jepsen, der 1943 von den Nazis den Auftrag erhält, gegen den expressionistischen Maler Max Ludwig Nansen ein Malverbot zu verhängen. Als Vorbild für die Figur Nansens diente Siegfried Lenz der Maler Emil Nolde. Ich habe das Buch mit Begeisterung gelesen, doch mein erster Besuch des Nolde-Museums ging eher auf die Initiative meiner Eltern zurück. Nolde, mit bürgerlichem Namen Hans Emil Hansen, starb 1956 in Seebüll und gilt bis heute als ein führender Maler des Expressionismus. Vor allem seine farbenfrohen Blumenbilder sind berühmt und auf Auktionen heiß begehrt. Motive dafür fand er in seinem Bauerngarten, der wie das Haus heute Besuchern offen steht. Gemeinsam mit Ehefrau Ada erwarb Nolde 1926 die leerstehende Warft, auf der bis 1930 das Wohn- und Atelierhaus entstand.

Vor allem im Frühling lohnt sich ein Ausflug nach Seebüll. Selbst Menschen, die mit Malerei wenig am Hut haben, werden im Garten auf ihre Kosten kommen. Über seine Kunstwerke schrieb Nolde 1901: »Meine Bilder sind wie unsichtbar, denn es ist ja nichts drauf. Ich will kaufen mir ein Haus mit einer großen Scheune, dort sollen meine Bilder hängen, auf dass niemand ihrer lache, dass niemand sie sehe, nur ein einzelner, verirrter Wandersmann.« Mit seinem Haus in Seebüll hat sich Nolde diesen Traum erfüllt. Zumindest zum Teil, denn statt vereinzelter Wanderer strömen heute wahre Heerscharen in das Museum. Rund 100.000 Besucher pilgern Jahr für Jahr nach Seebüll. Zu sehen sind wechselnde Ausstellungen, die die Nolde-Stiftung zusammenstellt.

KAPITEL 5

DIE BAUERNREPUBLIK DITHMARSCHEN

Über Dänenschlachten und Heimatstolz

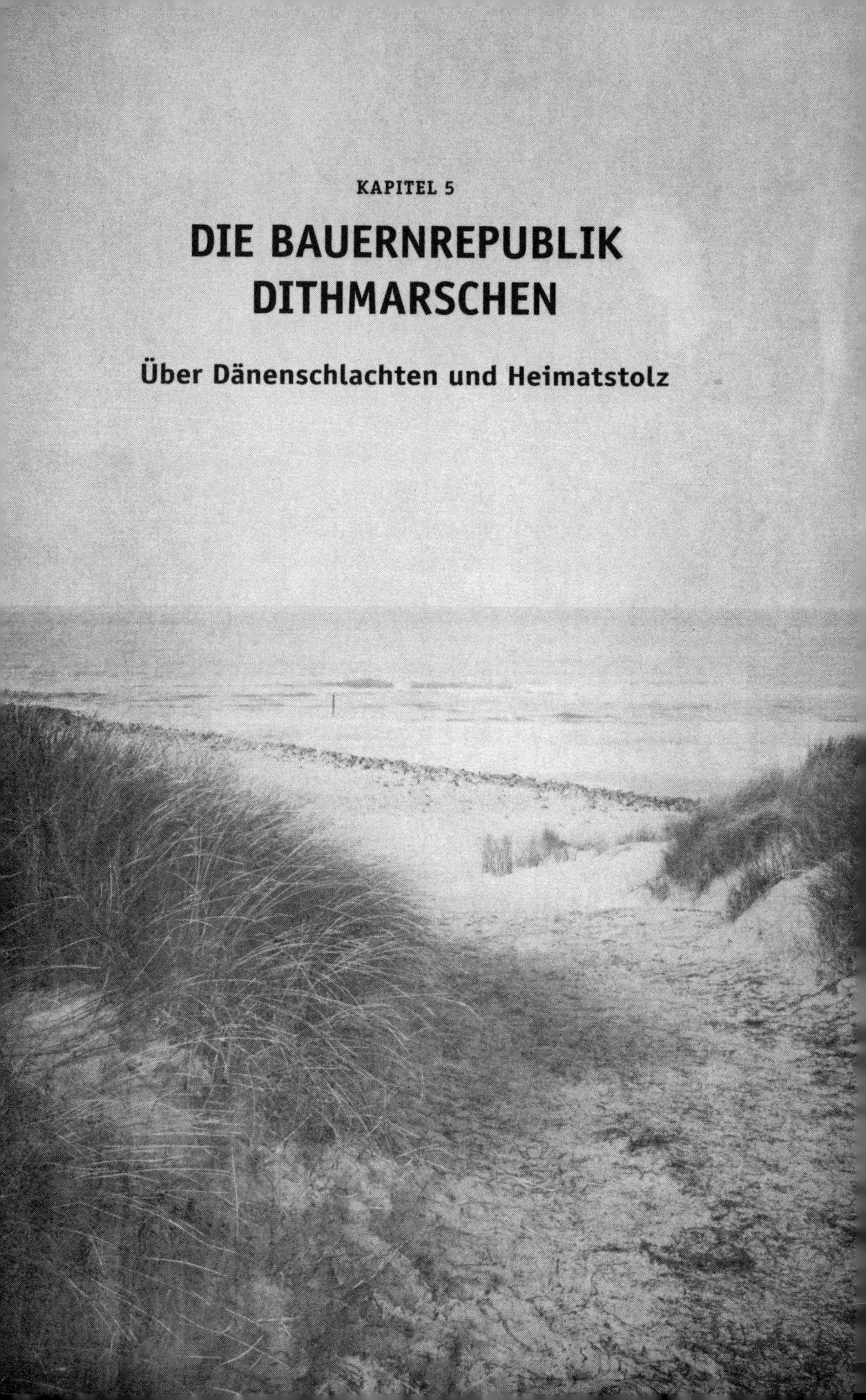

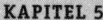

WEIL DIE NORDSEE
NIRGENDWO WILDER BRAUST

»Echte Küste – echtes Land«, mit diesem Slogan warb das Urlaubsmagazin Dithmarschen 2011. Ich finde den Spruch zwar etwas platt, aber er trifft schon ins Schwarze. Es gibt kaum einen Landstrich an der Nordsee, der so unverfälscht daherkommt. Begrenzt vom Meer im Westen, der Eider im Norden und dem Nord-Ostsee-Kanal im Süden, haben sich die Dithmarscher über die Jahrhunderte hinweg stets ihre eigene Identität bewahrt. Bei ihren Nachbarn gelten sie als hartnäckig, ausdauernd und auch ein wenig starrsinnig – was durchaus als Kompliment zu verstehen ist. Vor allem die Landwirte der umliegenden Kreise sehen ihre Dithmarscher Kollegen, die gern einmal auf die Barrikaden gehen, wenn Preiseinbußen drohen, als Vorbild an. Ein Dithmarscher lässt sich höchst ungern etwas aus Berlin oder aus der Landeshauptstadt Kiel vorschreiben. Ein Wesenszug, der ein gutes Stück weit historisch begründet ist.

Dithmarschen war einstmals eine freie Bauernrepublik. Und diese Unabhängigkeit hat sich tief in die Herzen der Menschen eingebrannt. Wobei Dithmarschen nie wirklich lehensunabhängig war. Aber Landesherren wie die Bremer Erzbischöfe übten ihr Hoheitsrecht nicht konsequent aus und so konnte sich eine Art Selbstverwaltung herausbilden, die bis in die Neuzeit nachwirkt. Ähnlich wie in Nordfriesland gibt es auch in Dithmarschen keine großen Städte. Die Kreisstadt Heide zählt kaum mehr als 20.000 Einwohner, die ehemalige Hauptstadt Meldorf sogar nur rund 7500. Aus Sicht von Großstädtern mögen das lediglich größere Dörfer sein, für die Dithmarscher sind sie wirkliche Zentren.

Gerade einmal 135.000 Menschen leben in ganz Dithmarschen. Einheimische, wohlgemerkt, die unzähligen Urlauber nicht mitgerechnet. 82 Kilometer Seedeiche erstrecken sich von Brunsbüttel im Süden bis zum Eidersperrwerk im Norden. Hinzu kommen rund vierzig Kilometer Elbdeiche. Höchster Punkt im Kreis ist nicht etwa ein Berg, auch nicht die Spitze des Meldorfer Doms (58,6 Meter), sondern der Schornstein der Heider Raffinerie (175 Meter). Es gibt gleich zwei Flugplätze, der eine liegt in St. Michaelisdonn, der andere zwischen Heide und Büsum. Wobei es eher Landepisten samt kleinem Tower auf grünen Wiesen sind. Vom Flugplatz Heide/Büsum kann man sich sogar im Linienverkehr nach Helgoland chauffieren lassen – eine echte Alternative für alle, die leicht seekrank werden.

Außer Heide und Meldorf prägen kleine Orte wie Brunsbüttel, Marne und Wesselburen den Kreis. Hinzu kommen Ferienorte wie Büsum und Friedrichstadt. Dass an der schleswig-holsteinischen Nordseeküste nur wenige Menschen leben, merken Urlauber schon auf der Autobahn. Die A 23 wirkt spätestens ab Elmshorn in der Regel wie verwaist. Das ändert sich allerdings schlagartig, wenn in Bayern, Nordrhein-Westfalen oder Sachsen die Sommerferien beginnen. An diesen Tagen schlängelt sich eine endlose Blechkarawane gen Meer. Vom ADAC kommt dann stets der schlaue Ratschlag, doch einen Tag später loszufahren. Das mag logisch klingen, doch die meisten Ferienhäuser bieten in der Hochsaison nur einmal pro Woche einen Bettenwechsel an – und wer verschenkt schon gern einen kostbaren Urlaubstag?

GRUND NR. 42

WEIL FREIE BAUERN EINE WELTMACHT IM MORAST VERSENKTEN

Schlacht bei Hemmingstedt. Wer einen waschechten Dithmarscher mit diesem Schlagwort konfrontiert, wird seine Augen zum Leuchten bringen. Die Schlacht bei Hemmingstedt erhob

Dithmarschen endgültig in den Rang einer freien Bauernrepublik und zeigte der Welt, dass sich die Einheimischen von nichts und niemandem etwas vorschreiben lassen. Am 17. Februar 1500 besiegte Wulf Isebrand ein dänisches Heer unter Führung von König Johann und dessen Bruder Friedrich von Holstein. Wulf Isebrand. Es gibt wohl keinen Dithmarscher, der diesen sagenhaften Volkshelden nicht kennt. Selbst im fernen Glückstadt musste ich als Schüler seine Vita in- und auswendig lernen. Der gebürtige Holländer lebte als Bauer in Wöhrden und stieg spontan zum Führer des Bauernheeres auf. Die Legende besagt, dass Isebrand 1506 an einer Seuche gestorben ist und nahe des Schlachtfeldes bei Hemmingstedt begraben wurde.

Die Schlacht von Hemmingstedt war ein Kampf David gegen Goliath – und wie in der biblischen Vorlage gewann der scheinbar aussichtslos Unterlegene. Die feindliche Streitmacht des nordischen Großreiches bestand aus hochgerüsteten Infanteristen und Reitern, angeführt von der berüchtigten »Schwarzen Garde«. Die Dithmarscher Bauern konnten der Übermacht nur List und Tücke und ihre Ortskenntnis entgegensetzen. Sie vermieden eine offene Feldschlacht, öffneten die Deichsiele und lockten das anrückende Heer zwischen Meldorf und Heide an der Dusenddüwelswarf (plattdeutsch für »Tausendteufelswarft«) in die Falle. Es war ein nasses, modderiges Terrain, auf dem die schwer gepanzerten Elitesoldaten kaum Halt fanden. Tau- und Regenwetter spielten den Bauern zusätzlich in die Hände. Die Dithmarscher warfen sich mit dem Schlachtruf »Wahr di Garr, de Bur de kumt!« (»Hüte dich, Garde, der Bauer, der kommt!«) ins Getümmel und richteten ein Blutbad an. Geschlagen und arg dezimiert, traten die dänischen Truppen den Rückzug an. In der Ballade »Der Tag von Hemmingstedt« von Theodor Fontane heißt es:

Der König aber floh zu Schiff bis in seine Stadt am Sunde,
Er trug zu der alten Narbe heim eine neue brennende Wunde,

Die neue Wunde – bis in den Tod wollt ihm die nie verharschen –,
Das war der Tag von Hemmingstedt, der Brauttag der Dithmarschen.

Die Dithmarscher hatten gesiegt und ihre Freiheit verteidigt, die 1447 im Dithmarscher Landrecht festgeschrieben worden war. Erst 1559 musste sich die Bauernrepublik geschlagen geben. Es waren erneut übermächtige dänische Truppen unter dem Feldherrn Johann Rantzau, die zur sogenannten »Letzten Fehde« rüsteten. Dieses Mal waren die Dänen besser vorbereitet als 1500 bei Hemmingstedt und auf der Gegenseite fehlte ein Nationalheld vom Format eines Wulf Isebrand. Das Gebiet wurde nach der Niederlage der Dithmarscher unter den Siegern aufgeteilt. Um die rebellischen Bauern ruhig zu stimmen, durften diese ihre Kirchspiele behalten und auch den Großteil ihrer Rechte. Ihre oberste Instanz, der Rat der Achtundvierziger, wurde jedoch durch Vögte abgelöst. Was blieb, war die Erinnerung an den Triumph von Hemmingstedt. Der ausgeprägte Heimatstolz der Dithmarscher ist bis heute aufs Engste mit diesem Ereignis verknüpft.

GRUND NR. 43

WEIL ES IN MELDORF
EIN LANDESMUSEUM GIBT

Dithmarscher sind stolz auf ihre Geschichte. Und gern verweisen sie auf die Zeit der freien Bauernrepublik. Der Stolz geht so weit, dass es in der alten Hauptstadt Meldorf bis heute ein Landesmuseum gibt. Und das, obwohl Dithmarschen keinerlei souveränen Landesstatus besitzt. Doch der Dithmarscher lässt sich von derartigen Nebensächlichkeiten nicht beeindrucken und schwelgt statt in Fakten lieber in leicht verklärter Erinnerung. Das »Dithmarscher Landesmuseum« besteht aus insgesamt vier Gebäuden und bietet seinem Publikum Einblicke in Dithmarscher Geschichte und Lebensweise zwischen Mittelalter und Gegenwart.

Ich mag dieses Landesmuseum. Und meine Kinder mögen es auch. Es bietet zwar keinen interaktiven Spielkram wie das Tönninger Wattforum, dafür zeigt es sehr anschaulich, wie zurzeit unserer Großeltern gelebt und gearbeitet wurde. Es gibt sogar einen alten Tante-Emma-Laden zu bestaunen, der fast haargenau so aussieht wie jener, den mein Opa einst betrieb. Mit ein bisschen Fantasie steigt einem wieder der Geruch von frisch geröstetem Kaffee in die Nase. Gleich nebenan kann man in einem alten Kinosaal Platz nehmen. Ein paar Schritte weiter gibt es eine alte Zahnarztpraxis, bei der man unwillkürlich denkt: »Was für ein Glück, dass ich nicht damals gelebt habe.« Gleiches gilt für den historisch-rustikalen Operationsraum. Dann möchte man schon lieber in dem Klassenzimmer aus dem frühen 20. Jahrhundert sitzen, obwohl man verwundert feststellt, dass damals noch mehr Schüler auf engstem Raum unterrichtet wurden als heute. Wobei sich die Erziehungsmethoden deutlich von den heutigen unterscheiden: Stichwort »Schlagstock«.

Wer auf Zeitreise gehen will, biegt gleich hinter dem Eingang und dem Kartentresen nach rechts ab. Nach links geht es in den ältesten Museumsbau Schleswig-Holsteins aus dem Jahr 1896. Hier dreht sich alles um Deichbau, Fischerei, Sturmfluten und die Lebensweise der Dithmarscher in früheren Jahrhunderten. Selbstverständlich nimmt die Bauernrepublik dabei den ihr gebührenden Raum ein. Zu sehen gibt es auch einen Teil eines Handelsschiffes von 1695 und Wohnensembles vom 16. bis zum 19. Jahrhundert. Bei meinen Kindern besonders hoch im Kurs stehen die alten Spielsachen. In den dahinter liegenden Räumlichkeiten kann man wechselnde Kunstausstellungen besuchen, oft von beachtlichem Niveau.

Wo wir schon in Meldorf sind: Ein Besuch des »Doms« darf natürlich nicht fehlen. Die Anführungszeichen sind nicht willkürlich gesetzt, denn streng genommen ist der »Dom« gar kein richtiger Dom, sondern nur eine für die Region ungewöhnlich stattliche Kirche. Die Bauarbeiten an der Sankt-Johannis-Kirche, so ihr offizieller Name, begannen Anfang des 9. Jahrhunderts. Das heutige Gebäude entstand zwischen 1250 und 1300 im Stil der Backsteingotik.

Heute sind vor allem die sommerlichen Orgelkonzerte von überregionaler Bedeutung. Dazu durfte ich meine Mutter schon als kleiner Junge begleiten, und weil ich für diese Art Hörgenuss noch zu jung war, habe ich bis heute ein gespaltenes Verhältnis zu dieser Art Musikereignis.

Bleibt noch die Frage zu klären, warum die Sankt-Johannis-Kirche trotz ihrer imposanten Erscheinung kein Dom ist. Die Antwort ist einfach: Ein »echter« Dom ist stets auch Bischofssitz. Und in Meldorf war und ist kein Bischof beheimatet. Dafür trat von hier aus die Reformation ihren regionalen Siegeszug an. Dithmarschen ist seither ein zutiefst protestantisch geprägter Landstrich.

GRUND NR. 44

WEIL BÜSUM FÜR FAMILIEN EIN TRAUMZIEL IST

Wie fängt man ein Kapitel über ein Thema an, über das man eigentlich ein ganzes Buch schreiben könnte? Gezieltes Weglassen heißt hier die Kunst. Büsum. Hier habe ich zwei Jahrzehnte lang meine Sommer verbracht. Hier kenne ich jede Straße und jede Gasse, vermutlich sogar jeden Pflasterstein. Ich habe mich beim Italiener in der Fußgängerzone durch die Pizzakarte gefuttert und mich beim dänischen Eismann gleich gegenüber in die Warteschlange gestellt. Ich habe Krabben frisch vom Kutter gepult und am Deich mit Horden anderer Jugendlicher Fußball gespielt. Im

Watt habe ich Fische mit dem Kescher gefangen und bei auflaufendem Wasser wurde im Hafen geangelt. All das sind Kindheits-
erinnerungen, wie sie auch unzählige andere Büsum-Urlauber im
Herzen tragen. Büsum – das ist Familienurlaub wie aus dem Bilderbuch. Kein Wunder also, dass ich heute mit Frau und Kindern
meine Erinnerungen wieder aufleben lasse und regelmäßig ein
Ferienhaus ganz nah am Meer buche.

Seit 1949 ist Büsum ein staatlich anerkanntes Nordsee-Heilbad.
Gemessen an den Übernachtungszahlen ist der Ort nach St. Peter-Ording und Westerland das drittgrößte Fremdenverkehrszen-
trum an der schleswig-holsteinischen Nordseeküste. Dabei zählt
Büsum nicht einmal 5000 Einwohner. Seit 1585 ist der Ort mit
dem Festland verbunden, bis dahin war Büsum eine Insel. Doch
selbst der schützende Damm konnte nicht verhindern, dass 168
Büsumer während der zweiten Groten Mandränke im Jahr 1634
ums Leben kamen. Die letzte Sturmflut, der die Deiche nicht stand-
hielten, war die Februarflut von 1825. Seit fast 200 Jahren hat die
Nordsee seither die Büsumer verschont. Was nicht heißt, dass es
nicht wieder zur Katastrophe kommen kann. So konnte bei der
Sturmflut von 1962 ein Deichbruch nur knapp verhindert werden.

Genug Geschichte getankt. Das Büsum von heute steht vor
allem für Spiel und Spaß, Sonne und Meer. Wer möchte, kann
»Wattenlaufen mit Musik« – und das schon seit über einhundert
Jahren. Der Nachwuchs lässt sich derweil von kundigen Führern
die heimische Fauna erklären, wozu das fachgerechte Hochheben
eines Krebses genauso gehört wie das Ausbuddeln eines tief im
Watt versteckten Wattwurms. Direkt hinterm Deich gibt es ein
Hallenbad mit dem schönen Namen »Piratenmeer«, es verfügt
über ein 29 Grad warmes Außenbecken und »echte« Nordseewellen, eine Kartbahn (»Nordseering Büsum«) und seit 2006
über die Sturmflutenwelt »Blanker Hans«.

Wer einmal – mehr oder minder – hautnah miterleben möchte, wie sich eine Sturmflut anfühlt, der sollte zum Kutterhafen

schlendern und sich auf eine Zeitreise ins Jahr 1962 entführen lassen, als die Wellen gegen die Deiche schlugen. Mit einer »Rettungskapsel« geht es hinein in die wogende See und auf Entdeckungsreise in die moderne Welt der Wetterforschung.

Doch nicht nur für Spaßurlauber ist Büsum ein Traumziel. Asthmatiker können hier kuren. Es gibt Erholungsheime für gestresste Mütter und Wellnesstempel wie das Vitamaris. Aber am allerschönsten ist Büsum doch für die Kleinen – ein Abenteuerspielplatz auf Nordseeart.

GRUND NR. 45

WEIL BÜSUMER KRABBEN
EINE WELTMARKE SIND

Nein, ein Büsum-Kapitel reicht einfach nicht aus. Zu viel gibt es zu erzählen über den Ort meiner Kindheit. Zum Beispiel, wie viel Spaß das sommerliche Leben auf den Campingplätzen gleich hinter dem Nordseedeich macht. »Camping Nordsee« hieß einst unser Refugium – und den Platz gibt es heute noch. Der Morgen begann zwar stets mit einer Tortur, weil man sich schlaftrunken etliche Meter zum Gemeinschaftswaschraum schleppen musste, aber danach ging es rund. Frühstücken bei halb offenem Vorzelt – ein Hochgenuss. Drachen steigen lassen auf dem Deich bei Sturm – ein Kindertraum. Nachmittags wurde auf klapprigen Untersätzen gegrillt und abends bis in die Puppen mit Freunden und Nachbarn gefeiert. Wobei für mich Jungspund meist früher Schluss war. Schlafen konnte ich bei dem Lärm natürlich nicht. Und wenn doch, dann wurde ich spätestens geweckt, wenn ein nicht mehr ganz nüchterner Partygast über die Deichsel unseres Wohnwagens stolperte und laut fluchend von dannen humpelte.

Ich habe das Camperleben immer genossen. Und wenn meine Frau sich dafür erwärmen könnte, würde ich wohl heute noch meine Sommer auf »Camping Nordsee« verbringen. Doch die Zeiten werden moderner und die Menschen bequemer und so buchen immer mehr Leute lieber eine Wohnung oder ein Ferienhaus, statt in einem Wohnwagen Urlaub zu machen. Büsum hat unzählige derartige Herbergen anzubieten, und damit die Suche nicht in eine Odyssee ausartet, gibt es Urlaubsagenturen wie den AVC Büsum, die gleich Dutzende Unterkünfte im Programm haben. Ähnlich läuft es in allen größeren Tourismusorten an der Nordseeküste: Man schaut ins Internet, gibt Stichworte wie »Ferienhaus Büsum« ein und wird mit Angeboten förmlich überschwemmt. Von erstaunlich günstig bis sündhaft teuer reicht dabei die Spannweite – womit wir wieder beim Campen wären, denn Wohnwagen und Zelt bieten nicht nur ein intensiveres Naturerlebnis, sondern sie sind auch vergleichsweise billig. Aber wie schon gesagt: Es ist alles eine Sache des Geschmacks.

Das gilt auch für das Büsumer Wahrzeichen schlechthin – Büsumer Krabben. Dieses Markenzeichen hat sich republikweit einen Namen gemacht. Zu meiner Kindheit lagen hölzerne Krabbenkutter dicht gedrängt in Zweierreihen im Hafen. Heute sind die Schiffe aus Metall und ihre Zahl nimmt stetig ab. Krabbenfang ist längst kein Traumberuf mehr. Die harte Arbeit wird mehr schlecht als recht entlohnt, hinzu kommt ein Krabbenpreis, der noch heftiger variiert als der von Benzin und Diesel. In Jahren, in denen es in der Nordsee nur so von den kleinen Tieren wimmelt, sind die rosa Köstlichkeiten auch für den schmaleren Geldbeutel bezahlbar. Machen sich die Krabben aber rar, werden sie quasi in Gold aufgewogen. Kaufen kann man sie gepult (meist über den Umweg Nordafrika) oder »in Schale«. Das Krabbenpulen ist allerdings eine Wissenschaft für sich, man braucht viel Übung und Geduld und oft führt es trotzdem zu überraschend mickrigen Ergebnissen. Wer satt werden will und ein Krabben-Laie ist, sollte sich also lieber für die bereits gepulten entscheiden oder gleich den Büsumer Krabbensalat ordern.

Am frischesten sind die Tiere, wenn man sie direkt vom Kutter kauft. Die Chance dazu ergibt sich allerdings nicht immer. Auf sichereren Beutefang kann man sich mit der »Hauke« begeben. Den umgebauten Ausflugskutter gab es schon zu meiner Kindheit und noch heute lädt die Hauke Jung und Alt ein, mit ihr auf Fangfahrt zu gehen. An Bord werden die Krabben gekocht, wodurch die eigentlich fast durchsichtigen Tiere erst ihre rosa Färbung annehmen. Wer will, darf gleich anschließend probieren. Kleiner Tipp: Wem's nicht schmeckt, der sollte lieber den Mund halten. In Büsum hat man es nicht gern, wenn man sich abfällig über das Wahrzeichen schlechthin äußert.

GRUND NR. 46

WEIL DAS LAND HIER NOCH GANZ FRISCH IST

Wer Büsum von Meldorf aus ansteuert und sich dabei möglichst nah am Wasser hält, merkt meist gar nicht, dass er durch einen Koog fährt. Noch vor einigen Jahrzehnten hätten die heutigen Straßen weit unten auf dem Meeresgrund gelegen. Stattdessen erstrecken sich nun rechts und links Weiden und Wiesen, vereinzelt stehen sogar Häuser in der Koog-Landschaft. Je näher man der Küste kommt, desto weniger Anzeichen menschlicher Besiedlung gibt es, was daran liegt, dass ein Koog lange braucht, bis das flache Marschland zu Bauland wird. Außerdem ist nicht jeder Koog das Ergebnis einer kommerziellen Landgewinnung. Auch Küsten- und Naturschutz spielen eine Rolle.

Schon die Namen der Köge verraten oftmals die Zeit ihrer Entstehung. Es gibt einen Kaiser-Wilhelm-Koog und einen Kronprinzenkoog. Einige Köge mussten aufgrund des Verlaufs der Geschichte ihre Namen ändern. So etwa der ehemalige Hermann-Göring-Koog, der heute Friedrich-Wilhelm-Lübke-Koog heißt, oder der Horst-Wessel-Koog, der nach dem Naziterror in

Norderheverkoog umgetauft wurde. Die meisten Köge sind ihren Namensgebern aber bis heute treu geblieben. So auch der Kaiserin-Auguste-Viktoria-Koog. Für alle, die sich dafür interessieren, wer das denn war: Kaiserin Auguste Viktoria war die Gattin des letzten deutschen Kaisers Wilhelm II. Sie starb 1921.

Es ist also schon etliche Jahre her, dass der Landstrich zwischen Meldorf und dem südwestlich gelegenen Friedrichskoog dem Meer abgerungen wurde. Entsprechend zahlreich sind die Bauwerke. Ganz anders sieht es aus, wenn man sich den Speicherkoog zwischen Meldorf und Büsum ansieht. Statt auf Menschen trifft man hier vor allem auf Schafe und Vögel. Das Land ist von Wasseradern durchzogen und an der Küste kommen die Surfer auf ihre Kosten. Erst 1979 wurde das Areal komplett eingedeicht und dient heute als Naturschutz- und Naherholungsgebiet, lediglich ein kleiner Teil wurde für die Landwirtschaft freigegeben.

Spätestens seit die Nordsee weiträumig zum Nationalpark erklärt wurde, ist es schwierig, neue Köge zu erschließen. Der Friedrich-Wilhelm-Lübke-Koog in Nordfriesland von 1954 war der letzte zur Besiedlung eingedeichte Koog Schleswig-Holsteins. Benannt wurde er nach dem im gleichen Jahr verstorbenen Ministerpräsidenten. Heute leben knapp 200 Menschen in dem Landstrich südlich des Hindenburgdamms. Spätere Köge wie der Hauke-Haien-Koog oder der Beltringharder Koog wurden nur noch sporadisch oder gar nicht mehr besiedelt. Ihre Erschließung diente ausschließlich dem Küstenschutz.

Profiteure dieser Art der Landgewinnung sind die Ornithologen. An keinem anderen Küstenabschnitt bekommt man derart viele Vogelarten zu Gesicht. Allerdings sind nicht alle Köge für Autos zugänglich. Der Speicherkoog ist beispielsweise nur im Winter uneingeschränkt befahrbar. Im Sommerhalbjahr wird der Schlagbaum gesenkt und nur noch Fußgänger und Radfahrer haben entlang des Deiches freies Geleit.

Die Köge haben übrigens dazu geführt, dass einige Orte, die ehemals an der Küste lagen, heute kilometerweit im Landesinneren zu finden sind. Davon betroffen sind auch einige einstmals exklusive Feriensiedlungen, die auf diese Weise landeinwärts wanderten. Der daraus resultierende Verfall der Immobilienpreise hat nicht alle zu Freunden der Landgewinnung gemacht. Doch die Menschen, die ständig an der See leben, wissen nur zu genau, wie wichtig die Köge sind und wie viel Sicherheit sie ihnen zu verdanken haben.

GRUND NR. 47

WEIL HEIDE DEN GRÖSSTEN MARKTPLATZ DEUTSCHLANDS BESITZT

Heide besitzt den größten unbebauten Marktplatz Deutschlands. Wer Dithmarschens Kreisstadt besucht, sollte dies wissen, wenn er sich bei den Einheimischen beliebt machen will. Sätze wie »Ihr Marktplatz ist aber wirklich bemerkenswert« hören die Heider gern. 4,7 Hektar umfasst das Schmuckstück, lediglich die St.-Jürgen-Kirche von 1560 darf sich auf dem Platz breitmachen. Ansonsten: gähnende Leere.

An sechs Tagen in der Woche wird der Heider Marktplatz als Parkplatz genutzt, lediglich am Sonnabendvormittag wird die imposante Fläche mit Leben erfüllt. Dann ist Markttag. Während der Sommermonate scheint halb Deutschland nach billigen Jeans, großen Kartoffeln und süßem Naschkram Ausschau zu halten. Als ich noch mit meinen Eltern die Schulferien im benachbarten Büsum verbrachte, gehörte das Spektakel zu unseren festen Wochenendritualen. »Heute fahren wir nach Heide«, hieß nichts anderes als: »Heute kaufen wir den Markt leer.«

Von billigen Jeans und großen Kartoffeln hielt ich wenig, umso mehr faszinierte mich die lebende Ware. An der Südseite des Marktes werden seit Jahrzehnten Hühner, Gänseküken und Kaninchen feilgeboten. Wobei das Zielpublikum weniger Haustiere liebende Touristen sind, sondern in erster Linie Bauern aus der Region, die sich mit Nachschub für ihre Höfe eindecken wollen. Entsprechend rustikal geht es zur Sache. Die Tiere werden von allen Seiten gründlich inspiziert, bevor der Kauf vonstattengeht. Den Wochenmarkt gibt es übrigens schon seit über 500 Jahren. Gegen Mittag beginnt der Endspurt. Die Händler läuten lautstark die letzte Runde ein, und wer ein echtes Schnäppchen machen möchte, kommt zwischen 12 und 12.30 Uhr vollends auf seine Kosten. Tütenweise werden Obst und Gemüse zu Dumpingpreisen unters Volk gebracht.

Der Marktplatz war einst auch Tagungsort der Landesversammlung der freien Bauernrepublik Dithmarschen. Hier wurden Gesetze erlassen und Recht gesprochen. Heute erinnert der Heider Marktfrieden, der im Juli 2012 zum zwölften Mal stattfindet, an diese Vergangenheit. Doch statt der Juristerei steht dabei der Spaß im Vordergrund. Die Besucher müssen keine Angst haben, in Ketten gelegt zu werden. Stattdessen werden Freiwillige für eine echte »Dithmarscher Buernhochtied« gesucht, die sich nach alter Sitte mit Brautwerbung, Hochzeitszug, feierlicher plattdeutscher Trauung sowie Musik und Tanz das Jawort geben wollen.

Ich besuche den Heider Marktplatz am liebsten in der Adventszeit, wenn sich der Weihnachtsmarkt an der Südachse entlangschlängelt. Am rechten Ende lockt eine Kunsteisbahn, am linken lustige Kinderkarussells. Mittendrin werden Grünkohl und wärmende Getränke kredenzt.

Am Südermarkt findet man ein beliebtes Fotomotiv: den St.-Georg-Brunnen aus dem Jahr 1989. Auf seiner Spitze thront der heilige St. Georg, der den Drachen tötet.

Wer genug vom Marktplatz hat, kann den Wasserturm in Augenschein nehmen. Der wurde 1903 erbaut und 2004 vollständig restauriert. Seine Besonderheit: Er beherbergt ein Trauzimmer des Heider Standesamtes. Ebenfalls lohnenswert ist ein Besuch der Museumsinsel Lüttenheid, wo das Museum des Heimatdichters Klaus Groth zu finden ist. Erst im April 2004 wurde das Heider Heimatmuseum eröffnet, das in umgebauten Stallgebäuden eines Viehhändlers untergebracht ist, die zuletzt als Schmiede genutzt wurden.

WEIL VERWAISTE SEEHUNDE IN FRIEDRICHSKOOG EINE BLEIBE FINDEN

Die interessantesten Jobs an der gesamten Küste bietet die Seehundstation in Friedrichskoog – zumindest aus meiner Sicht. Schon als Volontär bin ich von Kiel aus an die Nordsee gefahren, um während eines Fortbildungskursus einen Fernsehbeitrag über die Heuleraufzucht zu drehen. Erst vor einigen Jahren ist die Seehundstation von Büsum hierher umgezogen. Gleich hinter dem Hafendeich ist eine komplett neue Anlage entstanden, die auch besichtigt werden kann. Hier werden junge Heuler abgegeben und aufgepäppelt.

Heuler sind verwaiste Seehundbabys, die ohne menschliche Hilfe nicht überlebensfähig wären. Jedes Jahr werden sie von Seeleuten, aber auch von Touristen auf dem Watt entdeckt. »Anfassen verboten«, heißt dann das Motto. Stattdessen sollte man sachkundige Hilfe alarmieren, die den Abtransport in die Aufzuchtstation übernimmt. Tiere, die aufgrund von Verletzungen nicht mehr in die Freiheit entlassen werden können, dürfen als Dauergäste dort bleiben. Sehr zur Freude der Besucher, die sich in Schaubecken an ihnen erfreuen.

Die Einheimischen haben zurzeit aber ganz andere Sorgen. Wird aus Friedrichskoog bald eine Geisterstadt?, fragen sich viele. Vor Kurzem haben die Politiker in der Landeshauptstadt

Kiel beschlossen, einige Häfen an der Küste zu privatisieren. Der Friedrichskooger Fischerhafen zählt dazu. Das Problem: Welcher private Investor kauft schon einen inflationären Hafen? Genau: keiner! Und weil weit und breit kein Käufer in Sicht ist, fürchten die Friedrichskooger, dass ihr Hafen bald geschlossen werden wird. Damit wären der Gemeinde quasi Herz und Seele entrissen. Was bliebe, wäre ein verschlafenes Nest fernab der Autobahn und aller wichtigen Handelsrouten. Eine Horrorvorstellung, gegen die die Einheimischen auf die Barrikaden gehen.

Der Friedrichskooger Hafen gehört zu den kleinsten an der Nordseeküste. Streng genommen besteht er aus kaum mehr als einem lang gezogenen Becken, an dessen Kaimauern die Kutter festmachen. Es gibt einen Fischhändler, der die – aus meiner Sicht – besten Krabbenbrötchen weit und breit zaubert, und den benachbarten »Wal«, ein Indoor-Spieleparadies in Form des Riesensäugers, das erst vor Kurzem gebaut wurde und seither regelmäßig von meinen Kindern in Beschlag genommen wird. Knapp 2500 Einwohner zählt Friedrichskoog, hinzu kommen 3000 Gästebetten. Besonders um deren Belegung sorgen sich die Einheimischen. Wer fährt schon dorthin zum Urlaub an der See, wo nicht einmal ein Hafen zu bestaunen ist? Zurzeit kommt man auf 300.000 Übernachtungen – doch wie lange noch? Das jährliche Hafen-Defizit von über 600.000 Euro bedeutet wenig, wenn es dabei doch um eine touristische Attraktion geht. Davon sind zumindest die Einheimischen überzeugt.

In Kiel wird das anders gesehen, die Landesregierung argumentiert statt mit Emotionen mit Zahlen. Der Hafen habe wirtschaftlich nahezu keine Bedeutung mehr, heißt es aus der Landeshauptstadt. Was bliebe, sei lediglich der Krabbenumschlag und der liege gerade einmal bei 100 Tonnen im Jahr. Die Friedrichskooger lassen sich aber nicht entmutigen, sie kämpfen unverdrossen weiter für den Erhalt ihres Hafens. Ich drücke ihnen beide Daumen, da mich Emotionen schon immer mehr berührten als nackte Zahlen. Die Region Süderdithmarschen ist ohnehin nicht gerade eine Jobhochburg, und wer Friedrichstadt und sein Umland einmal besucht hat, weiß, dass hier jeder Arbeitsplatz zählt.

WEIL MARNE EINE KARNEVALSHOCHBURG IST

Was hat Marne mit Köln und Mainz gemeinsam? Genau, alle drei Städte sind ausgewiesene Karnevalshochburgen. Nun ist der »typische« Norddeutsche nicht gerade als extrovertiert bekannt. Wie also kommt es, dass gerade das beschauliche Marne zur Dithmarscher Enklave rheinischen Frohsinns werden konnte?

Ich könnte natürlich behaupten, dass es Kölner waren, die in den hohen Norden gezogen sind und ihre geliebten heimatlichen Traditionen mitgebracht haben. Aber der Ehrlichkeit halber muss ich gestehen, dass ich keinen hieb- und stichfesten Beweis dafür gefunden habe. Nicht einmal der Internetauftritt der Marner Karnevalsgesellschaft konnte mir weiterhelfen. Aber vermutlich ist es den Jecken auch herzlich egal, warum sie am Rosenmontag den Ausnahmezustand erklären – Hauptsache, es macht Spaß.

Nachdem neun Jahre in Marne kein Rosenmontagsumzug stattgefunden hatte, formierten sich die Karnevalisten 1978 neu. Seitdem findet der Aufmarsch jedes Jahr statt. Über dreißig Wagen und dreißig Gruppen ziehen dabei durch das Städtchen im Südwesten Dithmarschens. Bei gutem Wetter verfolgen 20.000 Schaulustige das Spektakel und 4000 Kilo Bonbons, Schokolade und Popkorn werden unters Volk gebracht. Wahrhaft kölsche Zahlen! Wobei sich der Marner Umzug durchaus seine Eigenheiten gönnt. Was den Kölnern ihr »Alaaf« und den Mainzern ihr »Helau«, ist den Marnern ihr »Marn'hol fast«. Der Ablauf der Rosenmontagssause ist strikt geregelt. Erst wird das Rathaus gestürmt, anschließend bewegt sich die Karnevalsgesellschaft durch die Straßen und Gassen. Ach ja: Eine Prunksitzung gibt es natürlich auch.

Wenn nicht gerade die Jecken los sind, ist Marne ein ruhiger Ort. Gelegen an der Bundesstraße 5, verbindet er Brunsbüttel mit Meldorf. Die Gegend befindet sich »weitab vom Schuss«, wie wir Holsteiner sagen. Keine Autobahn weit und breit, wenig Industrie und Gewerbe und auch der Nordseetourismus ist zu fern, als dass viel Geld im Portemonnaie des Stadtkämmerers hängen bleiben würde. Marne ist immobilientechnisch gesehen eine Art Gegenentwurf zu Sylt. Was auf der Promi-Insel schier unerschwinglich ist, kostet hier erstaunlich wenig. Schon für 100.000 Euro gibt es schmucke Häuser, wer etwas mehr ausgeben kann, darf in eine stattliche Villa einziehen. Marne ist der ideale Platz für alle, die ihr Job nicht an einen bestimmten Ort fesselt. Denn außer an Arbeitsplätzen mangelt es in Marne quasi an nichts. Die Nordsee ist nur einen Katzensprung entfernt – bis zum Friedrichskooger Außendeich sind es gerade mal zehn Autominuten. Die Menschen sind freundlich und bodenständig und der Ortskern hat Charme.

Würde Marne ein paar Kilometer weiter westlich und somit direkt am Meer liegen, wäre es wahrscheinlich eine Urlauberhochburg. So aber muss man sich mit Attraktionen wie der Marschbahn-Draisine begnügen, die Eisenbahnfreunde knappe zehn Kilometer von Marne bis St. Michaelisdonn per Muskelkraft bewegen können. Außerdem gibt es ein Skatclub-Museum und den benachbarten Windenergiepark Westküste. Was bleibt, sind der Rosenmontag und die Erkenntnis, dass Nordsee nur direkt an der Küste wirklich Nordsee ist. Schon ein paar Kilometer landeinwärts beginnt das touristisch wenig erforschte Binnenland.

WEIL ES IN DITHMARSCHEN
»GEHEIME« PLÄTZE ZU ENTDECKEN GIBT

Wer das unbekannte Dithmarschen entdecken möchte, muss sich abseits der Touristenzentren halten. Burg am Nord-Ostsee-Kanal gehört zu diesen »geheimen« Plätzen. Als »Perle der Westküste« bezeichnet sich der 4500-Seelen-Ort selbst. Das ist vielleicht ein wenig hochtrabend, aber Burg mit seiner Wasser- und Waldlandschaft hat wirklich etwas zu bieten. Vor allem das Waldmuseum, das aus der Schulwaldarbeit der örtlichen Realschule hervorgegangen ist. Zu bestaunen sind Exponate zur Burger Heimatgeschichte, Fossilfunde, Bernstein-, Mooreichen- und Trophäensammlungen. »Ganz nebenbei« vermittelt das Waldmuseum Einblicke in die Themen Natur- und Artenschutz und informiert über den Nationalpark Wattenmeer.

Weiter geht es in die »Grüne Lunge der Region«, nach Albersdorf. Zu erreichen ist der Ort bequem über die A 23. Es gibt einen Kurpark, einen Mühlenteich mit Wassermühle und ein Freizeitbad samt 77-Meter-Riesenrutsche. Doch das wahre Highlight ist der Steinzeitpark Dithmarschen samt einem vierzig Hektar großen Freigelände, auf dem sich neun originale archäologische Denkmäler aus der Jungsteinzeit und aus der Bronzezeit befinden. Fast alle Schulen der Umgebung fahren regelmäßig nach Albersdorf, um sich anzusehen, wie die Menschen vor 3000 bis 5000 Jahren gelebt haben. Natürlich war auch mein Sohn schon mit seinen Klassenkameraden da – und kam begeistert zurück. Die Großsteingräber und Grabhügel haben augenscheinlich mächtig Eindruck auf ihn gemacht.

In einem »Steinzeitdorf« werden obendrein die Lebensverhältnisse der ersten Ackerbauern und Viehzüchter an der schleswig-holsteinischen Westküste auf praktische Weise erfahrbar gemacht. Im Mitmach-Angebot: Flintschlagen, Bogenschießen und Feuermachen.

Nördlich von Heide liegt Lunden, ein alter Kirchspielort. Ein Kirchspiel kennzeichnete einst den Beritt, der dem Pfarrer einer Kirche unterstellt war. Wer sich genauer in die Kirchspielhistorie einlesen möchte, dem sei der entsprechende Eintrag auf Wikipedia empfohlen. Doch nicht die Geschichte ist das Spannendste an Lunden, sondern der Geschlechterfriedhof rund um die St.-Laurentius-Kirche. 66 Grabsteine erzählen vom Leben der einstigen Dithmarscher Regenten. Und mit etwas Glück darf man sogar in eine Gruft hinabsteigen. Ich hatte einmal das Vergnügen und erinnere mich vor allem an die modrige Luft in dem engen Gewölbe. Für Spielfilme der gruseligen Art wäre der Ort geradezu prädestiniert.

Es bleibt schon wieder viel zu wenig Platz für all die kleinen Anekdoten, die ich gern erzählen würde. Aber auf Wesselburen muss ich unbedingt noch hinweisen. Nicht weit von Büsum entfernt gelegen, wurde hier 1813 Friedrich Hebbel geboren. Im Hebbel-Museum wird heute an das Leben des Schriftstellers erinnert. Zu den bekanntesten Werken des Dichters und Dramatikers gehören »Judith«, »Maria Magdalena« und »Die Nibelungen«. Geschrieben hat er all diese Werke allerdings in der Fremde. Wesselburen verließ er 1835, nicht zuletzt, weil sein Vater schon 1819 sein Geburtshaus infolge einer leichtfertig eingegangenen Bürgschaft verloren hatte.

KAPITEL 6

HELGOLAND, INSEL AUF HOHER SEE

Grün ist das Land,
rot ist die Kant',
weiß ist der Sand ...

WEIL HELGOLAND DEUTSCHLANDS
EINZIGE HOCHSEEINSEL IST

Für die Friesen war Helgoland einst »heiliges Land«. Die Felseninsel ist schon aufgrund ihrer Lage ein Unikum. Weit draußen in
der Deutschen Bucht aus dem Meer ragend, ist sie Deutschlands
einzige Hochseeinsel. Streng genommen, besteht Helgoland aus
zwei Inseln. Zum einen gibt es die Hauptinsel mit Unter- und
Oberland, zum anderen die benachbarte Düne samt Flugplatz.

Verwaltungstechnisch gehört Helgoland übrigens zum Kreis
Pinneberg. Was dazu führt, dass sich auch gern einmal Kommu-
nalpolitiker auf dem Eiland blicken lassen. Offiziell natürlich, um
Präsenz zu zeigen, inoffiziell – so wird gemunkelt –, um sich einen
netten Tag zu machen. Die Zugehörigkeit zu Pinneberg sorgt für
eine skurrile Besonderheit: Der Pinneberg auf dem Helgoländer
Oberland ist mit seinen 61,3 Metern der höchste »Berg« des
Kreises. Es gibt sogar ein eisernes Gipfelkreuz.

Im Zweiten Weltkrieg wurde Helgoland durch alliierte Luftan-
griffe fast vollständig zerstört. Der Wiederaufbau begann 1952
und führte zu einem architektonischen Einheitsstil, an dem sich
seither die Geister scheiden. Heute steht quasi die ganze Insel
unter Denkmalschutz, ein »Aufhübschen« ist damit faktisch un-
möglich geworden. Genau 1127 Menschen hatten Ende 2010
ihren Hauptwohnsitz auf Helgoland. Die Insel ist also eigentlich
nur ein kleines Dorf. Gewohnt wird auf der Hauptinsel, die Düne
ist für die Tierwelt, für Camper und Badefreunde reserviert.

Das Oberland erreicht man über eine Treppe mit exakt 181
Stufen. Wer schlecht zu Fuß ist oder – wie ich – einfach nur
zu faul, kann sich mit einem Fahrstuhl vom Unter- aufs Oberland befördern lassen. Die meisten Touristen kommen nur für
einen Tag mit einem der weißen Seebäderschiffe auf die Insel

und erlaufen sich den 2,8 Kilometer langen Klippenpfad auf dem Oberland. Von hier aus hat man einen guten Blick auf die »Lange Anna«, das Wahrzeichen Helgolands. Seit ich klein war, wird schon darüber spekuliert, wann der meerumspülte Felsen in sich zusammenfallen wird. Bis heute steht er aber wie eine Eins, auch dank unzähliger Stabilisierungsmaßnahmen. In Sichtweite zur Langen Anna liegt der Lummenfelsen, auf dem die seltene Vogelart brütet. Im Sommer kann man vom Klippenrundweg aus gut beobachten, wie die Vögel ihren Jungen das Fliegen und Schwimmen beibringen.

Ein weiteres Wahrzeichen Helgolands sind die sogenannten »Hummerbuden«. Kunterbunte kleine Häuser, die die architektonische Einöde zumindest ein wenig auflockern. 41 der bunt gestrichenen Holzhäuschen stehen in Reih und Glied entlang der Promenade am Binnenhafen. Einst dienten sie Fischern als Lager für deren Netze und Hummerkörbe. Inzwischen sind Kunsthandwerker eingezogen, die hier Schmuck und Antiquitäten feilbieten. Natürlich gibt es auch Imbissstände, die Fangfrisches aus dem Meer verkaufen. Da die meisten Tagestouristen an den Hummerbuden entlangflanieren, sind die kleinen Hütten wahre Goldgruben.

Wo wir schon beim Shoppen sind: Fast alle Touristen nutzen die Fahrt nach Helgoland, um zollfrei einzukaufen. Schon an Bord bietet sich die Möglichkeit und auch auf der Insel lebt ein Großteil der Bevölkerung von der zollbefreiten Hochseelage. Von Spirituosen über Tabakwaren bis hin zu Kameras – auf Helgoland ist (fast) alles etwas günstiger zu haben. Schon beim Kauf sollte man allerdings die Einfuhrbestimmungen des Zolls im Auge haben. Schließlich geht es für jeden Touristen irgendwann einmal zurück aufs Festland.

WEIL HELGOLANDS FAHNE
SO BUNT IST WIE DIE INSEL

Helgolands Flagge ist dreigeteilt und präsentiert sich von oben nach unten in den Farben Grün, Rot und Weiß. Wofür die Farben stehen, lässt sich in einem Reim zusammenfassen, den auf der Insel jedes Kind kennt: »Grün ist das Land, rot ist die Kant', weiß ist der Sand, das sind die Farben von Helgoland.« Wobei es bei den Einheimischen meist so klingt: »Grön is dat Land, rot is de Kant, witt is de Sand. Dat sünd de Farven vun't hillige Land.« Das grüne Oberland, die roten Felsenkanten und der weiße Sand der Düne – kaum eine Fahne versinnbildlicht ihr Land treffender. Helgoland, das ist gleichzeitig eine schroffe Felseninsel, ein plattes Weideland und ein mit Sandstränden gesegnetes Badeparadies. Extreme Vielfalt auf engstem Raum, wie sie selbst Sylt oder Amrum nicht bieten können.

Anfang der 1990er Jahre strömten 150.000 Tagesgäste in nur einer Saison auf das kleine Eiland, um die Wunder der Natur in Augenschein zu nehmen. Seither sinkt die Zahl mehr oder minder kontinuierlich. Helgoland ist nicht en vogue – völlig zu Unrecht, wie ich finde. Die Insel hat mehr zu bieten als zollfreien Einkauf, fangfrischen Fisch und die Lange Anna. Ein Besuch des Aquariums ist ebenso lohnenswert wie ein Abstecher ins Meerwasser-Schwimmbad. In der Vogelwarte auf dem Oberland werden jährlich zigtausende Vögel gefangen und beringt. Und eine echte Rarität für vergleichbare Breiten ist der Maulbeerbaum, der auf dem Oberland nahe der St.-Nikolai-Kirche steht. Auch das Gotteshaus lohnt einen Abstecher, vor allem wegen seiner Taufschale aus dem Jahr 1783 sowie der Grabplatten aus dem 17. Jahrhundert.

Da Helgoland im Zweiten Weltkrieg weitgehend zerstört wurde, lassen sich ansonsten kaum Spuren aus vergangenen Zeiten entdecken. Was nach dem alliierten Bombenhagel blieb, war vor allem geistiges Gedankengut. Am bekanntesten ist das Deutschlandlied, das Hoffmann von Fallersleben 1841 auf Helgoland schrieb. 1922 erklärte Reichspräsident Friedrich Ebert das »Lied der Deutschen« zur Nationalhymne. Während der Nazizeit hat man nur die erste Strophe gesungen. »Deutschland, Deutschland über alles« passte perfekt zum braunen Gedankengut. Nach Kriegsende war lange unklar, ob das Deutschlandlied Nationalhymne bleiben sollte. Man einigte sich schließlich, nur noch die dritte Strophe anzustimmen. Seither heißt es bei Staatsakten und vor Fußballländerspielen: »Einigkeit und Recht und Freiheit / Für das deutsche Vaterland! / Danach lasst uns alle streben / Brüderlich mit Herz und Hand! / Einigkeit und Recht und Freiheit / Sind des Glückes Unterpfand – / Blüh im Glanze dieses Glückes, / Blühe, deutsches Vaterland!« Uraufgeführt wurde das Lied im Oktober 1841 auf dem Hamburger Jungfernstieg.

WEIL SCHON DIE ÜBERFAHRT EIN ERLEBNIS IST

Meine erste Helgolanderfahrung war die Hölle. Anders kann man es nicht sagen. Als Möchtegernseebär war ich mir sicher, nie seekrank zu werden. Doch seit ich als Zehnjähriger bei Windstärke acht zum ersten Mal den roten Felsen ansteuerte, weiß ich es besser. Meine Eltern kauften die Karten ein paar Tage, bevor wir mit der »Funny Girl« von Büsum aus in See stechen wollten. Da war es noch warm und sonnig. Doch kurz vor der geplanten Fahrt schlug das Wetter um. Sturm zog auf und die Vorhersage ließ Schlimmes erahnen. Windstärke sieben bis acht wurde prognostiziert. Meine Mutter rief bei der Reederei an und fragte nach, ob das Schiff überhaupt ablegen würde. »Bei Windstärke sieben wird es eng«, bekam sie zur Antwort. Aber wir sollten auf alle

Fälle zur Ablegestelle kommen, vielleicht ändere sich das Wetter ja noch.

Am nächsten Morgen ließ der Wind tatsächlich etwas nach. Nicht viel, aber doch genug, damit der Kapitän das Kommando »Leinen los« geben konnte. Ein waghalsiger Entschluss, wie sich bald zeigen sollte. Kaum hatten wir die Hafenschleuse passiert, nahm der Sturm wieder zu. Ich war zwar vorher schon unzählige Male auf dem Meer gewesen, aber noch nie auf hoher See. Dass das eine mit dem anderen wenig gemein hat, bekam ich rasch zu spüren. Die Wellen an der Küste sind kein Vergleich mit den Wellen auf freiem Meer. Die Nordsee bäumte sich auf und das Schiff legte sich quer in die Wogen. Hoch und runter ging es, der Bug schoss in die Höhe, bevor er Sekunden später in der See zu versinken drohte. Ein Gefühl wie in einer Achterbahn, nur dass eben nicht nach ein paar Minuten alles vorbei war. Die Fahrt nach Helgoland dauerte fahrplanmäßig etwa zweieinhalb Stunden. Man kann sich nicht vorstellen, wie elend lang zweieinhalb Stunden auf wogender See sein können.

Eigentlich heißt es ja, dass geteiltes Leid halbes Leid ist. Aber es half mir herzlich wenig, dass es fast allen Passagieren genauso dreckig ging wie mir. Eimer und Spucktüten waren die begehrtesten Utensilien an Bord. Nur ein paar ganz Harte gönnten sich auch bei meterhohen Wellen noch ein Bier und eine deftige Ochsenschwanzsuppe. Mir verging schon bei dem Geruch der Appetit. Mein Magen rumorte und kam nicht mehr zur Ruhe, bis die Küste Helgolands in Sicht kam. Was war ich froh, endlich die rote Felsenküste des Eilands zu sehen! Ich sehnte mich nach festem Boden unter den Füßen und wollte schnellstmöglich runter vom Schiff. Dabei hatte ich aber eine Sorge: die Rückfahrt. Noch einmal wollte ich nicht durch diese Hölle gehen – doch es gab kein Entkommen.

Zu meinem großen Erstaunen war die Rückfahrt gar nicht schlimm. Der Wind blies unvermindert, doch Fachleute erklärten mir, dass es am Wellenschlag liegt, ob man seekrank wird oder nicht. Ich lernte: Wogen von achtern, also von hinten, sind für den Magen kein Problem. So entspannte ich mich langsam wieder, genoss die Tour und wusste schon im Büsumer Hafen, dass ich nicht das letzte Mal auf Helgoland war.

Wenn einer eine Seefahrt macht, dann kann er was erzählen. Fürwahr, vor allem, wenn es bei Windstärke acht auf die Hochseeinsel geht. Und da die Erinnerung vieles verklärt, war ich seither ein gutes Dutzend Mal auf Helgoland zu Gast. Meist erlebte ich ruhige Touren bei bestem Wetter. Zum Vergessen langweilig! Doch die erste Überfahrt, die wird mir auf ewig im Gedächtnis bleiben. Mensch, war das ein Abenteuer!

GRUND NR. 54

WEIL DAS AUSBOOTEN SPANNUNG VERSPRICHT

Runter vom Boot und rauf aufs Land. Nein, so einfach macht man es sich auf Helgoland nicht. Vor dem Landgang steht eine echte Gleichgewichtsprüfung an. Egal, ob Flaute oder Windstärke acht: Bevor es auf Helgoländer Grund und Boden geht, wird umgebootet. Vom großen Schiff aufs kleine. Aufs sehr kleine, um genau zu sein. Die Schiffe, mit denen die Touristen »ausgebootet« werden, wie es korrekt heißt, sind bessere Nussschalen. Ein Spaß für die einen, der blanke Horror für die anderen. Denn die kleinen Holzboote sehen so aus, als könnte man sich mit ihnen bestenfalls auf einen ruhigen Binnensee trauen, nicht aber aufs wogende Meer. Außerdem werden die Boote ziemlich vollgestopft. Ganz nach der Devise: Einer passt immer noch rauf.

»Ausbooten vor Helgoland gehört dazu wie Krabben zum Brötchen«, habe ich irgendwo im Internet gelesen. Wahrscheinlich ist das so. Zumindest aber ist es eine bundesweit einmalige Touristenattraktion. Und da alle Welt nach Alleinstellungsmerkmalen sucht, wird sich am Ausbooten wohl auch zukünftig nichts ändern.

Das Prozedere läuft immer nach dem gleichen Strickmuster ab. Die großen Schiffe gehen draußen auf offener See vor Anker, dann werden die »Börteboote« – noch so ein Fachausdruck – angefordert. Vierzig bis fünfzig Personen finden auf jedem der offenen Eichenschiffchen Platz. Die Bootsform ist ein Überbleibsel aus der Zeit, als Helgoland noch vom Fischfang und vom Lotsengeschäft lebte. Da die Insel bis zum Bau eines Marinehafens kurz vor dem Ersten Weltkrieg über keinen eigenen Hafen verfügte, landeten die Boote mit ihrem geringen Tiefgang einfach am Südstrand der Hauptinsel.

Bereits 1826 wurde das Ausbooten »erfunden«. Damals wie heute gilt: Wer bei Windstärke acht vor Helgoland vor Anker geht, muss darauf gefasst sein, dass das Umbooten zu einer wackligen Angelegenheit gerät. Vor allem ältere Damen stehen minutenlang unschlüssig an der Bootskante, bis sie den entscheidenden Schritt wagen. Starke Männerarme geben ihnen Halt und ziehen sie förmlich in das Börteboot. Geht es nach mir, dann wird es das Ausbooten noch lange geben, denn ohne diesen speziellen Nervenkitzel ist eine Helgolandfahrt nur halb so aufregend. Außerdem ergäbe ohne Börteboote mein Helgoländer Lieblingsspruch keinen Sinn mehr. »Ausbooten, ausnehmen, einbooten«, heißt das – nicht ganz ernst gemeinte – Motto auf der Insel. Soll heißen: Her mit den Tagestouristen, kräftig an ihnen verdienen und möglichst schnell wieder ab mit den Besuchern auf die Boote.

Dass sich bis heute an der Tradition des Ausbootens nichts geändert hat, liegt übrigens nicht nur am touristischen Alleinstellungsmerkmal. Der Helgoländer Hafen ist schlichtweg zu klein, um allen Seebäderschiffen eine Heimat bieten zu können. Auch ist das Hafenbecken nicht sonderlich tief, sodass einige der größeren Schiffe auf Grund laufen würden. Dennoch mehren sich kritische Stimmen, die das Ausbooten gern abschaffen würden. Ihr Argument: Wenn das langwierige Prozedere wegfallen würde, hätte man die Touristen rund eine Stunde länger auf der Insel. Entsprechend würden sich die Einnahmen der heimischen Geschäfte und Restaurants erhöhen. Doch noch halten die politisch Verantwortlichen an der guten alten Börteboottradition fest. Mittlerweile haben sich rund fünfzig Millionen Menschen seit der Wiederbesiedlung Helgolands im Jahre 1952 ausbooten lassen.

WEIL ES GLEICH MEHRERE LINIENFLUGROUTEN GIBT

Wer Helgoland mit dem Schiff ansteuern möchte, kann dies nicht nur von Büsum aus tun. Es gibt Verbindungen von den Nordfriesischen Inseln, von Cuxhaven, Wedel oder Hamburg aus. Die meisten Schiffe tuckern gemächlich über die Nordsee, sodass genügend Zeit bleibt, die Überfahrt zu genießen. Mit einem der neumodischen Hochgeschwindigkeitskatamarane vergeht die Minikreuzfahrt hingegen fast wie im Flug. Aber eben nur fast. Die schnellste Verbindung vom Festland auf die Insel ist immer noch der Luftweg. Und tatsächlich gibt es gleich mehrere Linienflugrouten. Neben Bremerhaven, Hamburg und Cuxhaven/ Nordholz kann man sich auch vom Flugplatz Heide/Büsum aus nach Helgoland fliegen lassen. Die Flugzeit beträgt gerade einmal zwanzig Minuten, gestartet wird täglich um 9 und 16.30 Uhr. Die einfache Tour kostet aktuell gut 100 Euro, wer umgehend aufs Festland zurück möchte, zahlt knapp 200 Euro. Es gibt sogar eine Zehnerkarte, die bei rund 900 Euro liegt.

Ich habe mir schon als Jugendlicher vorgenommen, irgendwann einmal mit dem Flugzeug von Büsum aus Helgoland anzusteuern. Allein schon, um die Insel aus der Luft fotografieren zu können. Doch bis heute ist es nicht dazu gekommen. Irgendwie bin ich letztlich doch stets wieder auf dem Schiff gelandet. »Landung« ist ein gutes Stichwort. Gelandet wird auf der Helgoländer Düne. Geflogen wird zwischen Büsum und der Insel mit zweimotorigen Maschinen, die Platz für neun Passagiere samt Gepäck bieten. Zwischen der Düne und der Hauptinsel pendelt halbstündig eine Fähre, die ihre Fahrgäste binnen fünf Minuten übersetzt. Flugpassagiere müssen dabei nicht zum Fähranleger laufen. Stilecht steht am Hangar ein Taxi für sie bereit. Wer es ganz genau wissen möchte, kann sich im Internet auf der Seite www.flughafen-helgoland.de schlau machen.

Wie lange die Fährverbindung von der Düne auf die Hauptinsel noch erforderlich sein wird, ist übrigens fraglich. Es gibt ernsthafte Pläne, die beiden Inseln zu einer einzigen zu verschmelzen. Nachzulesen waren entsprechende Gedankenspiele schon 2008 im »Spiegel« unter der Überschrift »Helgoland im Dubai-Wahn«. Berichtet wurde von einem Hamburger Investor, der eine Landverbindung zwischen Düne und Hauptinsel schaffen wollte. Eine Studienarbeit der TU Hamburg-Harburg habe die Machbarkeit belegt. Der Unternehmer schätzte die Kosten für die Aufschüttung auf unter 100 Euro pro Quadratmeter. Hintergrund für die Überlegung einer Inselzusammenführung war die Ankurbelung des Tourismus. Seit Jahren schon stagnieren die Besucherzahlen auf der Insel, fällt eine Saison wie 2011 sprichwörtlich ins Wasser, gehen die Besucherzahlen spürbar zurück. Doch die Pläne von der Dünen-Anbindung treffen nicht überall auf Zustimmung. Vor allem Umweltschützer warnen vor einem Eingriff in Flora und Fauna. So könnte sich beispielsweise Deutschlands größte Kegelrobbenkolonie gestört fühlen.

Am 26. Juni 2011 stimmten die Helgoländer über die Pläne ab – und entschieden sich gegen ein Zusammenfügen von Insel und Düne. Wobei das Ergebnis knapp ausfiel: 583 Helgoländer (55 Prozent) sprachen sich dagegen aus, 482 stimmten dafür. Die

Vergangenheit lehrt mich, dass es bei so fragilen Mehrheitsverhältnissen nur eine Frage der Zeit ist, wann die Pläne wieder auf den Tisch kommen. Völlig utopisch sind sie übrigens nicht, denn Helgoland bestand die längste Zeit seiner Geschichte aus einem einzigen Eiland. Erst im Zuge der Sturmflut von 1720 wurde die gut einen Kilometer lange Düne vom Rest getrennt. Damals zerstörte die zürnende See den Woal, eine natürliche Landzunge zwischen der Hauptinsel und der heutigen Düne.

GRUND NR. 56

WEIL DER TAUSCH MIT SANSIBAR
EIN ERSTKLASSIGES GESCHÄFT WAR

Schon als Kind habe ich gelernt, dass wir (Deutschen) Helgoland einstmals den Engländern abgeluchst haben. »Im Tausch gegen Sansibar«, hieß es. Keine Ahnung, wer mir die Geschichte aufgetischt hat, denn ganz so einfach lief die Sache wohl nicht ab. Da den wenigsten Besuchern der Insel deren wechselvoller Werdegang bekannt ist, möchte ich ein wenig weiter ausholen. Noch zu Beginn der Jungsteinzeit (okay, ich hole sehr weit aus) war Helgoland Teil des Festlandes, erst vor etwa 6500 Jahren wurde die Landverbindung gekappt. Die Neuzeit hielt mit den Friesen Einzug. Später ließen sich Seeräuber auf der Insel nieder. Seine Lage machte Helgoland zu einem idealen Versteck für Piraten. Weit draußen auf offener See waren sie weitgehend sicher vor überraschenden Zugriffen durch die Obrigkeit. 1714 geriet Helgoland unter dänische Herrschaft – bis 1807 im Zuge der napoleonischen Kriege die Briten die Oberhand gewannen. Bis 1890 waren sie die Herren der Insel.

Unter britischer Ägide entwickelte sich Helgoland ab 1826 zu einem bedeutsamen Seebad. Unter den Urlaubern, die die frische Seeluft genossen, waren der Verleger Julius Campe und Heinrich

Heine. Hoffmann von Fallersleben schrieb während eines Ferienaufenthalts auf Helgoland 1841 das »Lied der Deutschen«, die Melodie steuerte Joseph Haydn bei. Unbestritten ist: Schon zur damaligen Zeit schlugen die Herzen der meisten Helgoländer für Deutschland. Zur Anbindung an das Deutsche Reich kam es aber erst Ende des 19. Jahrhunderts. Der Helgoland-Sansibar-Vertrag besiegelte am 1. Juli 1890 die Liebesheirat. Der Inhalt lässt sich – grob vereinfacht – auf folgenden Nenner bringen: Deutschland gab Sansibar an die Briten ab und bekam im Gegenzug Helgoland zugeschlagen.

Doch wie gesagt: Das ist grob vereinfacht. Sansibar war damals ein selbstständiges Sultanat, von dem die Deutschen lediglich einen schmalen Streifen der Küste gepachtet hatten. Den Briten ging es vielmehr um andere Gebiete in Afrika, die von den Deutschen beansprucht wurden, sowie um die Grenzlinien zwischen Togo und der Goldküste und zwischen Kamerun und Nigeria. Auf Sansibar übernahmen die Briten von den Deutschen lediglich die Position der Schutzmacht. Die ersten Reaktionen auf den Vertrag fielen höchst unterschiedlich aus. So war beispielsweise Reichskanzler Otto von Bismarck der Meinung, man habe für Helgoland einen zu hohen Preis gezahlt.

Am 9. August 1890 wurde Helgoland feierlich an das deutsche Kaiserreich übergeben. In der Folge entwickelte sich die Legende vom gelungenen Tauschgeschäft. Was ja im Rückblick auch irgendwie stimmt – schließlich gehört Helgoland noch heute zu Deutschland, während Sansibar seit 1963 nicht mehr Teil des Britischen Empires ist. Deutschland hätte seinen Schutzmachtstatus vermutlich noch weitaus früher abgeben müssen, nämlich spätestens nach dem verlorenen Ersten Weltkrieg, als sich das Reich von seinen Weltmachtträumen verabschieden musste und alle Kolonien verlor. Doch ich bezweifle stark, dass die Unterzeichner des Vertrages derart weitblickend waren. In der Blütezeit des Kolonialismus ging es Deutschland vor allem um gute Beziehungen zum Britischen Empire und die militärstrategische Bedeutung Helgolands. Das Reich wollte seine Flotte aufrüsten und die Insel zur uneinnehmbaren Seefestung ausbauen. Ein Plan, der nicht gelang, wie der Zweite Weltkrieg zeigen sollte.

WEIL DIESE INSEL SCHLICHTWEG UNZERSTÖRBAR IST

Nur mit Schaudern denken ältere Helgoländer an den Zweiten Weltkrieg zurück. Die Insel wurde zum Ziel alliierter Bombenangriffe. Und selbst mit der Kapitulation Nazideutschlands hatte der Schrecken kein Ende. Wenn man aus dieser Zeit eine positive Erkenntnis mitnehmen möchte, dann bestenfalls diese: Helgoland ist schlichtweg unzerstörbar.

Nur diesem Umstand ist es zu verdanken, dass die Felseninsel überhaupt wieder bewohnbar wurde. Bis 1952 blieb Helgoland militärisches Sperrgebiet, erst in der Folgezeit kehrte menschliches Leben auf das Hochsee-Eiland zurück. Für die britischen Soldaten, die Helgoland bis dahin als Zielgebiet für Bombenabwürfe genutzt hatten, hieß der Felsen schlicht: »Hell-goland« – das Land, das zur Hölle geht.

Im Ersten Weltkrieg war Helgoland noch glimpflich davongekommen. Nachdem die Insel 1890 Deutschland zugesprochen worden war, baute das Kaiserreich das Eiland zur Seefestung aus. Wegen der starken Befestigungsanlagen wagten die alliierten Truppen nur sporadische Angriffe. Es gab zwei Seegefechte. Die Bevölkerung war schon kurz nach Kriegsausbruch evakuiert worden. Im Versailler Vertrag wurde nach Kriegsende die Zerstörung der Militäranlagen festgeschrieben. Während der Nazizeit folgte zwar der Wiederaufbau, doch ein zweites Mal konnten Betonbunker und Kanonenrohre Helgoland nicht schützen. Vielleicht waren es sogar die U-Boot-Bunker und der Luftwaffen-Flugplatz, die Helgoland aus Sicht der Alliierten zu einem lohnenswerten militärischen Ziel machten.

Der Zweite Weltkrieg begann für die Helgoländer vergleichsweise friedlich. Erst kurz vor Kriegsende änderte sich die Lage. An einem einzigen Tag ging das trügerisch-beschauliche Leben der Einheimischen zu Ende. Am 18. April 1945, also nicht einmal einen Monat vor der bedingungslosen Kapitulation Nazideutschlands, griffen über eintausend britische Flugzeuge die Insel an. Innerhalb von zwei Stunden wurden rund 7000 Bomben abgeworfen. Mit einem Schlag war Helgoland unbewohnbar geworden. Wer in den Luftschutzbunkern überlebt hatte, wurde evakuiert. Ein gutes Dutzend Helgoländer hatte noch kurz zuvor versucht, mit den Briten Kontakt aufzunehmen, um den Angriff zu verhindern. Doch der Plan flog auf.

Wer gehofft hatte, gleich nach Kriegsende wieder nach Helgoland zurückkehren zu können, sah sich getäuscht. Die Insel blieb für Zivilisten eine Tabuzone. Am 18. April 1947 wollten die Briten die Bunkeranlagen aus der Nazizeit endgültig zerstören. Insgesamt knapp 7000 Tonnen Sprengstoff wurden an verschiedenen Stellen positioniert. Der Kabelleger »Lasso« löste um 13 Uhr die Explosion aus. Das Ergebnis war ein kilometerhoher Rauchpilz, der über der Insel stand. Teile des roten Sandsteinmassivs stürzten ins Meer. Doch selbst diese ungeheure Sprengkraft konnte das kleine Eiland nicht zerstören.

Außerhalb von Helgoland kaum bekannt, aber wahre Inselhelden sind der Hochschuldozent Hubertus Prinz zu Löwenstein und seine Studenten René Leudesdorff und Georg von Hatzfeld, die das Eiland im Dezember 1950 besetzten. Helgoland war noch fünf Jahre nach dem Ende des Zweiten Weltkriegs unbewohnt und seine Rechtslage ungeklärt. Mit ihrem Protest löste das Trio eine hitzige Diskussion über die Rückgabe der Insel an Deutschland aus. Die Geschichte ist nachzulesen im Buch von René Leudesdorff mit dem Titel »Wir befreiten Helgoland – die friedliche Invasion 1950/51«.

Nach heftigen Diskussionen übergaben die Briten am 1. März 1952 Helgoland an die Bundesrepublik und die Bevölkerung erhielt die Erlaubnis, auf ihre Insel zurückzukehren. Der 1. März ist auf Helgoland bis heute ein Feiertag.

WEIL ES NIRGENDWO WÄRMER IST

Helgoland liegt weit draußen auf offener See. Eigentlich müsste es auf der Insel also besonders kalt sein. Doch das Gegenteil ist der Fall. Obwohl das Eiland Wind und Wetter ungeschützt ausgesetzt ist, hat Helgoland mit durchschnittlich zwei Grad Celsius bundesweit das mildeste Winterklima zu bieten. Schnee und Eis sind eine Seltenheit, und wenn es einmal schneit, dann taut die weiße Pracht zumeist binnen Stunden oder Tagen wieder weg. »Schuld« an diesem Wetterphänomen ist die Nordsee. Auf Helgoland herrscht ein typisches Hochseeklima, wobei dem Meer die Rolle des Temperaturreglers zufällt. Ziehen ungewöhnlich warme Luftmassen heran, kühlt die See. Ist die Luft außergewöhnlich kalt, übernimmt das Meer die Funktion einer Heizung. Dies ist besonders im Winter der Fall, wenn der Golfstrom die Nordsee warm hält. Temperaturen unter dem Gefrierpunkt sind deshalb die Ausnahme. Die Jahresdurchschnittstemperatur liegt bei neun Grad, die jährlichen Niederschläge bei etwa 700 Millimeter.

Aufgrund seiner exponierten Lage verfügt Helgoland über eine Art Mikroklima. Wenn das Thermometer im winterlichen Hamburg unter null sinkt, kann es auf der nur rund 150 Kilometer entfernten Insel schon einmal zehn Grad wärmer sein. Weil Dauerfrost quasi nicht vorkommt, wachsen auf Helgoland auch Pflanzen, die auf vergleichbaren Breitengraden sonst nicht vorkommen. Schon Anfang des 20. Jahrhunderts fanden sich hier einige Feigenbäume. Auch Anpflanzversuche mit verschiedenen Palmen und anderen subtropischen Gewächsen verliefen – zumindest teilweise – erfolgreich. Somit ist Helgoland eine Vegetationsoase, die sich mit den britischen Kanalinseln vergleichen lässt. Auch dort können Pflanzen ganzjährig im Freien gedeihen, die auf dem benachbarten Festland nur in einem wärmenden Treibhaus den Winter überstehen. Generell weist Helgoland mehr Sonnenstunden auf als die übrige Nordseeküste.

Sonnenanbeter, die nun glauben, den idealen Ort zum Leben gefunden zu haben, muss ich leider enttäuschen: Der winterliche Wärmevorsprung wird bereits im Frühjahr wieder verspielt. Erst im Mai steigen die Temperaturen auf Helgoland spürbar an. Grund ist wiederum die Nordsee, die jetzt die Funktion einer Klimaanlage übernimmt. Das kühlere Wasser sorgt dafür, dass die Luft sich nicht so schnell erwärmt wie an der Küste oder gar im Binnenland. Dafür ist der Sommer auf der Hochseeinsel angenehm mild. Zwanzig Grad Celsius sind der Schnitt, nachts kühlt es sich auf circa 14 Grad ab. Fast noch schöner ist der Frühherbst, der auf Helgoland eher einem verlängerten Spätsommer gleicht. Der September ist meist noch angenehm warm – aber leider ziemlich verregnet. 15 bis 20 Regentage sind normal.

Um gleich allen Regressansprüchen einen Riegel vorzuschieben: Die genannten Zahlen sind Durchschnittswerte. Ich habe schon Hochsommertage auf Helgoland erlebt, die eher nach finsterstem Herbst aussahen. Regen satt und maue zwölf Grad ließen den Kurzurlaub sprichwörtlich ins Wasser fallen. Apropos Wasser: Wer auf Helgoland schwimmen gehen möchte, muss schon reichlich abgehärtet sein. Selbst im August steigen die Wassertemperaturen selten über 17 Grad. Im Winter gehen die Werte auf fünf Grad runter. Wohlig warm fühlt sich anders an. Wer ein Badeparadies für die ganze Familie sucht, ist also an der Küste deutlich besser aufgehoben.

WEIL AUF DER DÜNE ROBBEN IN FREIER WILDBAHN ZU BEOBACHTEN SIND

Ich hab's gern warm und muss gestehen, dass ich aus diesem Grund auf Helgoland noch nie den Sprung in die Fluten gewagt habe. Wer mutiger ist und ein kühlendes Bad nehmen möchte, ist auf der Düne am richtigen Platz. Gleich zwei weiße Sandstrände machen »die Düne zu einem Badeparadies, in dem bei Badewetter karibische Verhältnisse herrschen«. So verspricht es zumindest die Internetseite www.helgoland.de.

Auf etwa eintausend Meter Länge und 700 Meter Breite stehen den Gästen rund 130.000 Quadratmeter feinster Strand zur Verfügung. Der Südstrand präsentiert sich familienfreundlich mit ruhigem Wasser, er ist ein Tummelplatz für die kleinen Besucher. Der Nordstrand lockt mit seiner Brandung eher die Freunde des Wassersports an – und die Tierfreunde. Die Seehunde, die hier beheimatet sind, kennen keine Scheu und wirken fast handzahm.

Wer Robben in freier Wildbahn beobachten möchte, für den ist Helgoland ein wahres Paradies. In den Wintermonaten November/Dezember bringen die Weibchen an den Stränden ihre Babys zur Welt. Die Kleinen wiegen nur 10 bis 14 Kilogramm, werden aber schon ab der Geburt von einem dichten Fell vor Kälte und Wind geschützt. Die folgenden Wochen sind für das Überleben der Tiere entscheidend. Es gilt, so viel wie möglich von der extrem fetthaltigen Muttermilch zu trinken und sich eine dicke Speckschicht anzufuttern. Nach nicht einmal einem Monat schaffen es die Jungtiere schon auf ein Gewicht von rund fünfzig Kilo. Nach dem ersten Fellwechsel folgen sie ihren Eltern ins Meer. Am Strand der Helgoländer Badedüne habe ich selbst schon miterlebt, dass man sich den Tieren in dieser Zeit auf bis zu dreißig Meter nähern kann.

Doch nicht nur Seehunde und Robben machen Helgoland zu einem Naturerlebnis. Ornithologen können auf dem Eiland Meeresvögel wie Austernfischer oder Steinwälzer beobachten. Nicht zu vergessen die Lummen. Wer die Chance hat, sollte im Juni den sogenannten »Lummensprung«, bei dem sich die Jungtiere von den Felsen des Oberlandes ins Meer stürzen, unter fachkundiger Begleitung beobachten. Die kleinen Vögel sind dann erst drei Wochen alt und noch flugunfähig. Bis zu vierzig Meter stürzen sich die Küken in die Tiefe. Ich kann aus eigener Erfahrung nur raten, sich dieses Schauspiel nicht entgehen zu lassen. Es ist wirklich unglaublich, dass fast alle Tiere unverletzt im Meer landen. Zu verdanken haben sie dies vor allem ihren V-förmig ausgebildeten Rippen sowie den körpereigenen Luftsäcken.

Eine weltweit einmalige geologische Besonderheit ist der rote Feuerstein, den man nur auf der Düne findet. Kenner der Materie nennen ihn den »roten Diamanten«. Auch Fossiliensammler kommen auf Helgoland auf ihre Kosten. Versteinerte Seeigel lassen sich ebenso finden wie Ammoniten und Belemniten. Wer den Begriff noch nie gehört hat: Belemniten sind »Donnerkeile«, fossile Kopffüßler, die vor 65 bis 350 Millionen Jahren unseren Planeten bevölkerten. Leichter zu finden sind Muscheln in den verschiedensten Formen und Farben. Hier noch ein kleiner Tipp: Naturliebhaber sollten auf der Düne den naturkundlichen Rundweg nutzen. Er führt zu den interessantesten und schönsten Plätzen. Wem das noch immer nicht ausreicht, der kann eine Patenschaft für eine Kegelrobbe übernehmen. Infos hierzu gibt es unter www.jordsand.eu.

WEIL TAUCHER SOGAR RIESENHAIE
BEOBACHTEN KÖNNEN

Vor zwei oder drei Jahren habe ich im Fernsehen einen Film gesehen, der »Riesenhaie vor Helgoland« hieß. Ich wusste bis dahin
gar nicht, dass diese gigantischen Fische in der Nordsee beheimatet sind. Bis zu zehn Meter lang können die Tiere werden. Dabei
erreichen sie ein Gewicht von vier Tonnen. Ich war der Meinung,
dass einem in der Nordsee bestenfalls ein Katzenhai über den
Weg schwimmen kann. Die zierlichen Kreaturen werden maximal
einen Meter lang und sind für den Menschen völlig ungefährlich.

Gleiches gilt übrigens auch für den Riesenhai. Er ernährt sich
ausschließlich von Plankton. Tauchern, die dem Giganten zum
ersten Mal begegnen, dürfte dennoch der Schrecken in die Glieder
fahren. Der Riesenhai schwimmt mit weit aufgerissenem Maul
und lässt auf diese Weise das Wasser durch seine Kiemen strömen,
um Nahrungspartikel herauszufiltern. Ein wahrhaft monströser
Anblick, wenn man sich die Dimensionen des Tieres vor Augen
führt. Noch vor 100 Jahren hielten Fischer die Riesenhaie für
Seedrachen oder Meeresungeheuer.

Helgolands Unterwasserlandschaft ist das geheime Paradies
der Insel. Die wenigsten Urlauber gehen dieser verborgenen Welt
wortwörtlich auf den Grund. Dabei muss man kein erfahrener
Taucher sein, um Überraschungen zu erleben. Wer sich bei Ebbe
aufs Felswatt hinauswagt, kann diverse Algen und Tange bestaunen. Blasentang, Meersalat und Sägetang sind hier ebenso
zu finden wie die weißlichen Seepocken, die ihre Öffnungen bei
Niedrigwasser verschließen, um nicht auszutrocknen. Wer bar-
fuß unterwegs ist, sollte aufpassen, wohin er tritt, denn Seeigel
kommen an der Helgoländer Küste nicht nur in versteinerter
Form vor. Es gibt Purpurrosen zu entdecken und Röhrenwürmer,

Strandkrabben und Flohkrebse. Bei meinen Kindern besonders beliebt sind die bräunlichen Sandschnecken, die man mit einiger Geduld aus ihren Gehäusen locken kann. In den Spalten und Vertiefungen, die auch bei Ebbe mit Wasser gefüllt sind, lassen sich Aalmuttern und Seestichlinge finden. Und mit etwas Glück stößt man sogar auf einen Seeskorpion. Der plumpe Fisch mit seinem dicken gezackten Kopf und den großen stachligen Flossen ist ein nachtaktiver Räuber, der sich von Krebsen und anderen Fischen ernährt.

Wer sich weiter in die Tiefe wagt, stößt auf farbenfrohe Seerosen und kecke Einsiedlerkrebse. Der berühmteste Bewohner des Felsengrundes ist allerdings der Helgoländer Hummer. Das Tier ist nicht nur hübsch anzusehen, sondern auch eine begehrte Delikatesse. Das hat leider dazu geführt, dass die Tiere inzwischen Seltenheitswert besitzen. In den 1930er Jahren wurden bis zu 80.000 Hummer pro Saison aus dem Meer gezogen. Heute sind es im Jahr nur noch wenige Hundert, die das vorgeschriebene Fanggewicht aufweisen. Schuld daran sind aber nicht nur die Gourmets. Auch veränderte Umweltbedingungen, insbesondere wärmeres und verschmutztes Wasser, machen dem Helgoländer Hummer zu schaffen. Zu bewundern sind einzelne Exemplare im Helgoländer Aquarium an der Kurpromenade. In einem 11.000-Liter-Becken leben die Hummer zusammen mit Wärme liebenden Einwanderern wie Streifenbarbe und Wolfsbarsch. Das Aquarium ist eine Art Bindeglied zwischen Wissenschaft und Öffentlichkeit. Das Forschungs-, Lehr- und Schauaquarium der Biologischen Anstalt Helgoland (BAH) steht auch für Laien offen. In 19 großen Becken sind Haie, Rochen, Plattfische und Krebse zu beobachten. Eine besondere Attraktion ist einer der letzten noch verbliebenen Nordseestöre.

KAPITEL 7

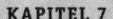

WO DIE ELBE DIE NORDSEEKÜSTE IN ZWEI HÄLFTEN SPALTET

Eine Stippvisite ins Reich der Hanseaten

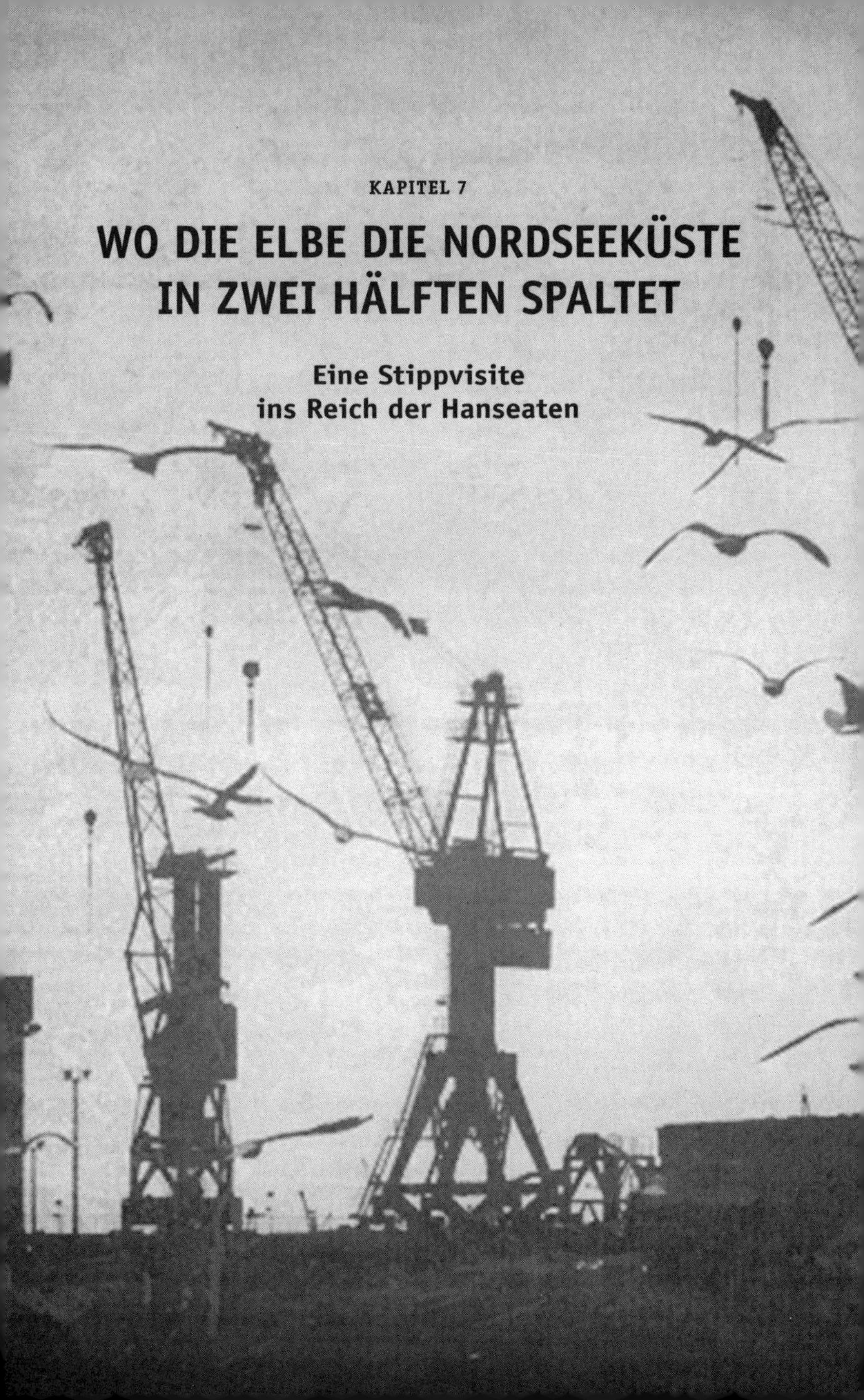

WEIL DIE ELBE EINE GUT SICHTBARE
GRENZE BILDET

Wer von Süden kommend an Schleswig-Holsteins Nordseeküste
gelangen möchte, muss irgendwo den Nord-Ostsee-Kanal kreu-
zen. Wobei es heute kein großes Problem mehr ist, das Hindernis
ohne Zeitverlust zu meistern. Früher war das anders. Ich sage nur
ein Wort: Hochdonn. Keine Ahnung, wie viele Stunden meines
Lebens ich auf die dortige Kanalfähre wartend verbracht habe.
Es müssen Hunderte gewesen sein. Bis bei Brunsbüttel eine Brücke den Kanal überspannte, war Hochdonn die kürzeste Verbindung von Krempe, dem Ort meiner Kindheit, nach Büsum,
dem Wochenendziel meiner Eltern. Gleich nach dem Start wurde
der Verkehrsfunk eingeschaltet. »Eine gute Stunde Wartezeit an
der Kanalfähre in Hochdonn«, war der Standardsatz, den man
mit gelassenem Schulterzucken vernahm. Es konnten aber auch
zwei oder drei Stunden werden, vor allem am Freitagnachmittag,
wenn sich die Autokolonne in Richtung Nordsee schob, oder
am Sonntagabend, wenn alle wieder gleichzeitig gen Heimat
aufbrachen.

An der Fähre verkauften fliegende Händler Eis für die Kleinen,
heiße Getränke für die Großen und allerhand Tand für Touristen
jeden Alters. Die Toilettenhäuschen am Kanal waren ständig be-
setzt, und wie meine Eltern mein Nörgeln ertragen haben, ist mir
ein Rätsel. Heute sind die fliegenden Händler verschwunden, und
wer auf die Fähre eine Überfahrtszeit lang warten muss, hat schon
einen ungewöhnlich betriebsamen Tag erwischt. Seit es nicht nur
bei Brunsbüttel bequem per Brücke über den Nord-Ostsee-Kanal
geht, sondern auch ein paar Kilometer weiter östlich im Zuge
der Autobahn 23, sind die Fähren in Brunsbüttel, Hochdonn
und Burg zum Auslaufmodell verkommen. Es ist wahrscheinlich

mehr der Tradition geschuldet, dass es sie nach wie vor gibt, als dass sie wirklich noch gebraucht würden.

Der Nord-Ostsee-Kanal beginnt in Brunsbüttel an der Elbe und mündet in Kiel in die Ostsee. Die Elbe wiederum bildet eine natürliche Trennlinie zwischen der Nordseeküste Schleswig-Holsteins und der Niedersachsens. Weil der Fluss im Mündungsbereich beachtlich breit ist, gibt es über diesen Elbabschnitt bislang noch keine Brücken und auch der seit Längerem geplante Tunnel bei Glückstadt ist bislang Fiktion geblieben. Zu teuer erscheint das Bauwerk angesichts chronisch leerer Staatskassen. Geplant ist, dass der Tunnel als Fortsetzung der im Bau befindlichen Ostseeautobahn A 20 das westliche Schleswig-Holstein mit Nord-Niedersachsen verbinden soll. Doch wie gesagt: Bislang gibt es weder Brücke noch Tunnel über die Elbe westlich von Hamburg. Und so haben die Fähren Hochkonjunktur.

Meine Lieblingsverbindung auf die südliche Elbseite ist die Fähre Glückstadt-Wischhafen – vermutlich aus reiner Nostalgie, denn schon als Kleinkind habe ich die rund halbstündige Überfahrt genossen. Immer gab es unter Deck eine Bockwurst und anschließend ließen wir uns den Fahrtwind um die Nasen wehen.

Im Herbst 2011 war ich wieder einmal an Bord, dieses Mal mit Frau und Kindern. Es ging nach Ostfriesland, wo ich mir nach der Frankfurter Buchmesse eine Recherchewoche für dieses Buch gönnte. Erstaunt hat mich dabei erneut, wie unterschiedlich sich die Nordseeküste in Schleswig-Holstein und in Niedersachsen präsentiert.

WEIL BRUNSBÜTTELS KANALSCHLEUSEN
EINEN BESUCH LOHNEN

Wer mit der Fähre die Elbe überquert, muss dafür zahlen. Wer sich samt Auto über den Nord-Ostsee-Kanal setzen lassen möchte, kann dies kostenlos tun. Das klingt auf den ersten Blick nach reiner Willkür, es kann aber durchaus plausibel begründet werden. Die Elbe ist ein natürlich entstandener Fluss. Der Nord-Ostsee-Kanal wurde im 19. Jahrhundert von Menschenhand ausgehoben. Und künstlich geschaffene Wasserwege dürfen einer alten Regel zufolge nicht zum Abkassieren missbraucht werden.

Schließlich war das Hindernis ursprünglich nicht vorhanden und so will man zumindest so tun, als sei alles wie früher. Für viele Anwohner ist es schon schlimm genug, wenn ihre Gemeinden und Städte unter dem Kanal leiden müssen. Bestes Beispiel hierfür ist Brunsbüttel. Die Stadt mit ihren gut 13.000 Einwohnern wurde durch den Bau des Nord-Ostsee-Kanals geradewegs in zwei Teile zerschnitten. Nördlich liegt seither das Zentrum mitsamt der städtischen Infrastruktur, am Südufer des Kanals winden sich einige Straßenzüge, die wie von der Zeit vergessen aussehen. Hier entstand in den 1970er Jahren ein weitläufiges Industriegebiet, das sich vor allem durch seine schwer identifizierbaren Duftwolken auszeichnet.

Wer sich von Süden her Brunsbüttel nähert und die Brücke rechts liegen lässt, weil die Fähre einfach mehr Flair hat, der bekommt einen eher bedrückenden Eindruck von der Stadt. Immerhin wurde das örtliche Kernkraftwerk im Zuge der Fukushima-Katastrophe stillgelegt. Doch Brokdorf mit seinem Kraftwerk liegt nur einen Katzensprung entfernt. Ich kann mich noch gut daran erinnern, wie in den 1980er Jahren wahre Horden von Atomkraftgegnern im Sternmarsch auf Brokdorf zu marschierten. Auch unser Garten im rund zehn Kilometer entfernten Krempe diente einigen als Nachtquartier.

Doch zurück nach Brunsbüttel. Wer dem ersten Eindruck vertraut und schon vor der Fähre wieder kehrtmacht, verpasst einiges. Es gibt ein Hallenspaßbad, in dem meine Familie im Winterhalbjahr gern ihre Sonntagvormittage verbringt, und ein Freibad, das direkt am Kanal liegt und einen 1-A-Blick auf die vorbeifahrenden Schiffe gewährt. Man kann am Wasser flanieren und auch die Innenstadt lohnt einen Bummel. Hauptattraktion des Ortes sind jedoch die Schleusen des Nord-Ostsee-Kanals samt einem kleinen Museum, das den Werdegang des Kanals Revue passieren lässt.

Gebaut in den Jahren von 1887 bis 1895, wurde er auf den Namen Kaiser-Wilhelm-Kanal getauft. Wohlgemerkt nicht nach dem damaligen Regenten und späteren Kriegskaiser Wilhelm II., sondern nach dessen angesehenem Großvater. Das war wohl auch der Grund, warum der Name die deutschen Kapitulationen nach dem Ersten und dem Zweiten Weltkrieg überstand. Erst 1948 wurde der Kaiser-Wilhelm-Kanal in Nord-Ostsee-Kanal umbenannt. Der Wasserlauf ist knappe einhundert Kilometer lang und bis zu elf Meter tief. Mit etwas Glück lassen sich heute an den Schleusen riesige Containerfrachter oder Passagierschiffe beobachten. Wenn ein besonders großes Schiff seine Ankunft ankündigt, pilgern bei gutem Wetter wahre Heerscharen zum Kanal, um mitzuerleben, wie sich die schwimmenden Hochhäuser an ihnen vorbeischieben. Die Schaulustigen machen es sich dann samt Picknickkörben an der Uferböschung bequem. Es gibt sogar Schiffe, die haben ihren eigenen Nord-Ostsee-Kanal-Fanklub. Wer jetzt glaubt, dass das Schifferlatein ist, der irrt. Zweiflern sei ein Blick auf die Homepage www.norwegiandreamfanclub.de empfohlen, wo die Freunde des gleichnamigen Passagierdampfers ihre Aktionen abstimmen.

WEIL GLÜCKSTADT DEN DÄNEN
KEIN GLÜCK BRACHTE

Glückstadt. Kann es einen schöneren Namen für eine Ansiedlung geben? Nein, dachte sich einst Dänenkönig Christian IV. und beschloss im Jahr 1617, eine Metropole an der Elbe entstehen zu lassen, die größer und prachtvoller werden sollte als das benachbarte Hamburg. Damals gehörten die Herzogtümer Schleswig und Holstein noch zu Dänemark, was sich erst im Zuge des deutsch-dänischen Krieges von 1864 änderte.

Ich habe in Glückstadt neun gymnasiale Jahre verbringen dürfen. Ein Großteil des Geschichtsunterrichts ging für die Erläuterungen zum Deichbau drauf. Ich lernte, dass Dänen und Niederländer wahre Meister darin sind und dass wir Christian IV. so ziemlich alles zu verdanken haben, was heute in Glückstadt touristisch von Interesse ist. »Dat schall glücken und dat mutt glücken, und denn schall se ok Glückstadt heten!«, hatte der Dänenkönig einst ausgerufen und gehofft, durch zugesicherte Religionsfreiheit die Bürger in Scharen anzulocken. Zwar folgten 1619 einige sephardische Juden aus Portugal dem Ruf und auch aus Holland geflohene Reformierte siedelten sich ab 1620 an, doch so recht wollte der Plan nicht aufgehen und der dänische Regent musste einsehen, dass man Glück nicht über die Namensgebung erzwingen kann.

Wäre Glückstadt größer und mächtiger als Hamburg geworden, hätte es vielleicht die europäische Geschichte verändert. Wer gibt schon gern eine Großstadt aus der Hand? Doch das Vorhaben scheiterte kläglich. Lykstad, so der dänische Name, beherbergt heute gerade einmal 11.500 Einwohner. Zum Glück, zumindest aus meiner Sicht. Denn so konnte die Stadt ihren ursprünglichen Charakter bewahren. Selbst bei den nordischen

Nachbarn gibt es kaum eine »dänischere« Stadt. Der Marktplatz bildet das Zentrum, von dem strahlenförmig die Straßen der Innenstadt abgehen. Der annähernd sechseckige Grundriss des Städtchens lockt heute sogar unzählige Dänen an, die sich über die Architektur ihrer Vorväter informieren wollen. Ansonsten sind es vor allem Segler, die gern in Glückstadt Station machen. Die Häuserzeile am Binnenhafen ist malerisch und vom Boot zum Markt, der mit diversen Lokalitäten lockt, ist es allenfalls ein fünfminütiger Fußmarsch.

Nordseeurlauber sollten Glückstadt zumindest für einen Halbtagesausflug einplanen. Bei Sonnenschein ist ein kühles Weizen beim Dänen am Markt ein Traum. Auch am Außenhafen kann man im »Molenkieker« – samt Blick auf die Elbe – vortrefflich seinen Durst stillen. Oder wie wäre es mit einem Glückstädter Matjesgericht im »Kandelaber«? Der Chef des Hauses heißt Henning Plotz und besitzt eine Art Urheberschaft auf diese kulinarische Köstlichkeit der regionalen Art. Der Glückstädter Matjes ist zarter als der »normale« Matjes und es gibt ihn in den verschiedensten Geschmacksrichtungen. Wer ihn testen möchte, sollte am besten zur Matjeswoche anreisen, die jeweils am dritten Donnerstag im Juni mit dem Matjesanbiss startet und Tausende Besucher anlockt.

Ein Tipp bei typisch norddeutschem Schmuddelwetter ist ein Besuch des Detlefsen-Museums, das Suchende am Fleth entdecken werden. Dieser Fleth zieht sich durch die gesamte Innenstadt und wurde einst zeitgeistgemäß zugeschüttet – nur um ihn später im Sinne eines neuen Zeitgeistes wieder aufzubuddeln. Seit den späten 1980er Jahren fließt das Bächlein wieder oberirdisch und prägt zumindest ein Stück weit das Antlitz der kleinen Elbmetropole. Das Detlefsen-Museum ist seit 1969 im schmucken Brockdorff-Palais beheimatet. Zu bestaunen gibt es eine Zeitreise in ein Glückstadt, das einstmals größer und prächtiger werden sollte als Hamburg.

WEIL EINE TAGESTOUR
AUF DER ELBE EIN MUSS IST

Für mich war die Elbe seit jeher Teil der Nordsee. Zumindest der Abschnitt von Hamburg bis Cuxhaven. Zu meiner Jugend galt der Strom als verdreckt. Kaum ein Fisch konnte darin überleben und essen durfte man die Tiere schon gar nicht. Schwermetalle und Gifte aller Art schoben sich gen Mündung. Das Baden in der Elbe war verboten und schon das Waten im Schlick galt als gefährlich. Ich kann mich an einen Elbausflug mit meiner Schulklasse erinnern, bei dem wir notgedrungen bis zu den Knien ins Wasser steigen mussten. »Das ist ja mal ein richtiges Abenteuer«, freute sich ein Schulfreund. Mir war eher mulmig zumute.

Heute ist aus dem Dreckbach wieder ein Fluss mit Erholungspotenzial geworden. Seit die ehemaligen Ostblockstaaten nicht mehr ihren Müll in den Fluss entsorgen, ist die Elbe wieder »in«. Die zahllosen Elbstrände sind fast immer gut besucht und nicht nur Todesmutige trauen sich in die Fluten. Der eine oder andere Fischer wirft wieder seine Netze aus – und der Fang schmeckt tatsächlich, wie ich guten Gewissens versichern kann.

Am besten lässt sich die Elbe vom Wasser aus erkunden. Meine Mutter hatte zu ihrem 65. Geburtstag ein kleines Ausflugsschiff gechartert, mit dem es von Glückstadt aus gen Hamburg und zurück ging. Es war Mitte März, es schneite und die Tour zog sich hin. Doch langweilig wurde es keinem. Vor allem die Hamburger Vororte sind vom Wasser aus sehenswert: Blankenese mit seinen weißen Kapitänsvillen; die Hafeneinfahrt samt Landungsbrücken und Werften; die Silhouette der Hansestadt. All das sollte man sich einmal gönnen, wenn man an der Nordseeküste seine Zelte aufgeschlagen hat.

Wem eine Bootstour zu langweilig ist, der kann sich aber auch aufs Fahrrad schwingen. Es gibt einen Elberadweg (www.elberadweg.de), über den ich allerdings nur aus zweiter Hand Informationen weitergeben kann, weil ich selbst zu faul bin, auf einem Drahtesel fünfzig Kilometer und mehr pro Tag zurückzulegen. Gestartet wird in Cuxhaven, wo es per Fähre über die Elbe geht. Dann wird bis Brokdorf in die Pedale getreten. Teil zwei der Tour führt weiter bis Wedel (Kreis Pinneberg) vor die westlichen Tore Hamburgs. Auf dem Weg liegen Glückstadt, die Haseldorfer Marsch mit ihren Obstplantagen und Kronsnest, wo im Sommerhalbjahr Deutschlands kleinste handbetriebene Fähre maximal sechs Personen (und keine Autos) über die Krückau setzt.

Eine Radtour hat den Vorteil, dass man mehr vom Hinterland sieht. Dafür spürt man deutlich weniger von der Magie des Stromes. Bei Brunsbüttel ist die Elbe rund 2,5 Kilometer breit und erscheint einem fast wie ein kleines Meer. Es gibt Inseln, von denen einige sogar bewohnt sind – Krautsand beispielsweise. Das kleine Eiland ist seit 1620 besiedelt und heute ein Geheimtipp für Urlauber. Es gibt einen langen Sandstrand, idyllische Häuschen, die auf Erdhügeln, sogenannten Wurten, errichtet sind, und eine Aussicht, wie sie nur die Elbe zu bieten hat. Rund 80.000 Schiffe ziehen Jahr für Jahr fast zum Greifen nah vorbei. Wer es maritim mag und gern Frachter, Öltanker, Segelboote und Luxusliner beobachtet, ist nirgendwo besser aufgehoben. Infos zur Insel gibt es im Netz unter www.krautsand.org. Die Insel hat übrigens noch eine Besonderheit zu bieten: Seit 1997 wird auf Krautsand die Rasenmähertrecker-Weltmeisterschaft ausgetragen. Ich habe das Spektakel bislang nur im Fernsehen bewundert, aber ein Freund, der schon mehrfach live dabei war, versicherte mir, dass sich ein Besuch »absolut lohnt«.

WEIL DAS HOLSTEINER HINTERLAND
ZUM »KNASTESSEN« EINLÄDT

Direkt an der Nordseeküste findet man vor jedem zweiten Haus ein Hinweisschild mit der Aufschrift »Ferienwohnung« und dem Zusatz »frei« oder »belegt«. Ein paar Kilometer landeinwärts muss man lange suchen, um auch nur ein einziges dieser Schilder zu finden. Als Ferienregion betrachten die meisten Urlauber nur einen winzigen Streifen Land, der sich an der Küste entlangzieht.

Wer so denkt, verpasst zwangsläufig viel Sehenswertes. Touristisch geradezu noch jungfräulich sind weite Gebiete der Kreise Steinburg und Pinneberg, die zwischen Dithmarschen im Norden und Hamburg im Süden liegen. Als Steinburger Jung ärgere ich mich immer wieder, wenn in den Sommerferien »unsere« A 23 von Autos geradezu verstopft wird, aber kaum jemand die Chance nutzt, mal einen Abstecher ins Hinterland zu unternehmen. Rein in die Blechkiste und möglichst schnell an die See, heißt das Motto der Urlauberkarawane – ganz so, als breite sich dazwischen gähnende Leere aus.

Das ist falsch. Steinburg und Pinneberg sind keine weißen Flecken auf der Landkarte, sondern ein Eldorado verschiedener Kleinode. Wie wäre es beispielsweise mit einem stilechten »Knastessen«? Möglich macht es das alte Schlossgefängnis auf der Barmstedter Schlossinsel – ein sehenswertes Fleckchen Erde samt Tretbootverleih, Wanderstrecke um den See und einem Essen hinter ehemals schwedischen Gardinen. Zur Einweisung gibt es frisches Wasser im Krug und selbst gebackene Brotstücke. Anschließend wird heißes und gewürztes Wasser in Blechnäpfen ausgeteilt. Danach gibt es gebackene Nageknochen und Erdäpfel. Was sich dahinter verbirgt, erfahren Interessierte auf der Internetseite www.schlossgefaengnis.de. Wer nicht aufmuckt, darf sich zum Abschluss übrigens ein Knast-Dessert an der Küchen-klappe abholen.

Barmstedt gehört zweifellos zu den schmucksten Städtchen im Holsteiner Hinterland. Städte wie Elmshorn, Pinneberg und meine Wahlheimat Itzehoe sind dagegen auf den ersten Blick – wie sage ich es freundlich? – unscheinbar. Aber mit einem erfahrenen Führer lassen sich auch hier Ecken finden, die die Suche lohnen. In Itzehoe gehe ich mit Freunden gern in den Klosterhof gleich hinter der Hauptkirche. Schlagartig ist man raus aus dem Gewühl der etwas zu weitläufig geratenen Fußgängerzone und mitten drin in einer Idylle wie zu Großvaters Zeiten.

Nur ein paar Kilometer außerhalb der Kreisstadt liegt Schloss Breitenburg. Die Heimat der Rantzauer Grafen ist optisch wie historisch einen Besuch wert. Die Geschichte des alten Rittergeschlechts weist alle Attribute eines Thrillers auf – samt Mord und Brandschatzung. Überall in der Region ist der Name Rantzau allgegenwärtig. Auf der Barmstedter Schlossinsel befindet sich das Museum der Grafschaft Rantzau, das allerdings nur am Wochenende und nach Vereinbarung geöffnet hat.

Wer sich abseits der Autobahn gen Hamburg bewegt, kann in Uetersen Station machen. Die Rosenstadt samt Rosarium lohnt vor allem zur Rosenblüte einen Besuch. Fast direkt an der A 23 (Abfahrt Tornesch) liegt in der Gemeinde Ellerhoop das Arboretum, eine gut 17 Hektar große Parklandschaft, die mit viel Liebe zum Detail gestaltet wurde. Die ganze Gegend ist eine Baumschulregion, und wer Pflanzen zu günstigen Preisen mit nach Hause nehmen möchte, ist hier genau richtig. Zumindest erwähnen möchte ich auch noch Wedel samt Willkomm-Höft, wo die Schiffe, die Hamburg über die Elbe ansteuern, mit ihrer jeweiligen Landeshymne und gehisster Heimatflagge begrüßt werden.

WEIL DIE GRÜNE KÜSTENSTRASSE DIE FRIESEN VERBINDET

Sie ist das Band, das alle Teile Frieslands miteinander verbindet: die Grüne Küstenstraße. Auf einer Länge von insgesamt 1750 Kilometern schlängelt sie sich die Nordseeküste entlang. Der deutsche Teil beginnt bei Böglum an der dänischen Grenze und führt bis zum niederländischen Grenzübergang Bad Nieuweschans.

Wer wie ich in Nordseenähe aufwächst, hat zumindest schon einmal von der Küstenstraße gehört, aber selbst von den Einheimischen wissen die wenigsten, wo genau die Strecke verläuft. Was schade ist, denn es lohnt sich, die Grüne Küstenstraße zum Gegenstand einer Erkundungstour zu machen. Wer möchte, kann seine Reise gleich noch um die Länder Norwegen, Dänemark und Holland erweitern, wo die Grüne Küstenstraße ebenfalls hinführt.

In Schleswig-Holstein ist die Küstenstraße weitgehend identisch mit der Bundesstraße 5, die vor dem Ausbau der A 23 als Lebensader der Westküste galt. Von der dänischen Grenze geht es nach Niebüll und weiter über Bredstedt und Husum bis nach Heide. Wer jetzt auf der Karte die Route nachvollzieht, wird feststellen, dass der Name Küstenstraße ein wenig irreführend ist, denn die Küste liegt meist etliche Kilometer entfernt. Das ist wohl auch der Grund, warum die Strecke keinen Kultfaktor besitzt und ein bedauerliches Schattendasein fristet. Selbst die amerikanische Route 66 ist vielen Friesen geläufiger.

Ich habe kräftig recherchiert, ob es einen Führer für die Grüne Küstenstraße gibt. Fündig geworden bin ich nicht. Dabei streift sie viele sehenswerte Orte wie Meldorf und Marne. Bei Glückstadt überquert sie die Elbe. Von Wischhafen auf der niedersächsischen Elbseite geht es durchs Alte Land nach Stade – ein Abschnitt, der zur Obstblüte an Farbenpracht kaum zu überbieten ist. Bei Stade knickt die Strecke Richtung Binnenland ab und führt über Bremervörde nach Osterholz-Scharmbeck.

Meine Familie und ich haben diese Route gewählt, als wir im Herbst 2011 nach Ostfriesland unterwegs waren. Weiter geht es über Oldenburg bis nach Leer an der holländischen Grenze. Weil uns das zu langweilig erschien, machten wir an der Weser einen kleinen Umweg und schlugen uns gen Norden durch. Nachahmern möchte ich aber dringend raten, sich vor einer derartigen Fahrt aktuelles Kartenmaterial anzuschaffen. Ich tat es nicht und wunderte mich über die Ausschilderung eines Wesertunnels, der auf meiner Karte nicht verzeichnet war. Weil ich Verkehrsschildern aber nur bedingt traue, suchten wir uns bei Brake lieber eine Fähre, die uns übersetzte. Irgendwo in der Wildnis wurden wir fündig, zahlten zwölf Euro samt Auto und hatten das Gefühl, die einzigen Fahrgäste des Tages gewesen zu sein.

Von Brake aus fuhren wir Richtung Wilhelmshaven, wo wir auf die Störtebekerstraße umschwenkten. Anders als die Grüne Küstenstraße führt diese Strecke tatsächlich die Nordseeküste entlang und lässt schon vom Auto aus erste Rückschlüsse auf die Landschaft zu. Neuharlingersiel liegt ebenso auf ihrem Weg wie Norddeich oder Greetsiel, die »Perle Ostfrieslands«. Bei Leer vereinen sich Störtebekerstraße und Grüne Küstenstraße, die als »De Groene Kustweg« durch Holland weiterführt. Eine Reise quer durch alle Teile der friesischen Erdkugel also, angefangen bei den Nordfriesen über die Ostfriesen bis hin zu den niederländischen Friesen. Schon aufgrund dieses völkerverbindenden Charakters würde ich mir wünschen, dass die Grüne Küstenstraße endlich aus ihrem Dornröschenschlaf wach geküsst wird.

WEIL HAMBURG DIE HEIMLICHE HAUPTSTADT
DER NORDSEEKÜSTE IST

Husum, Heide, Cuxhaven und Wilhelmshaven. Schon bei dieser Aufzählung wird klar, dass selbst die größten Orte an der deutschen Nordseeküste nicht gerade Weltstadtcharme versprühen. Weil aber jede Region eine identifikationsstiftende Metropole braucht, haben sich die meisten Nordseeaner still und heimlich auf eine »Hauptstadt« geeinigt, die ein ganzes Stück von der Küste entfernt liegt. Nein, Bremen ist es nicht, wobei das einige Ostfriesen begrüßen würden. Doch die Mehrheit der Küstenbewohner würde wohl genau wie ich eine andere Hansestadt vorziehen: Hamburg, die Elbmetropole samt Hafen, Reeperbahn und Alstervergnügen.

Dass Hamburg in den Köpfen von uns Nordsee-Anrainern eine derart prägnante Rolle spielt, liegt wohl an der simplen Tatsache, dass die Stadt nicht ganz grundlos als Tor zur Welt gilt. Die Ortschaften an der Küste wirken stets ein wenig provinziell. Wir alle sehnen uns jedoch von Zeit zu Zeit danach, den Duft der großen weiten Welt zu atmen. Dann ist es Zeit für einen Hamburg-Ausflug mit Shopping auf der Mönckebergstraße, Kaffeetrinken unter den Alsterarkaden oder Fußballgucken beim HSV oder beim FC St. Pauli.

Ich habe mir ernsthaft überlegt, das Kapitel Hamburg in diesem Buch auszublenden und stattdessen auf das Werk »111 Gründe, Hamburg zu lieben« zu verweisen. Die Autoren Ann-Christin Zilling und Torsten Lindner setzen »meine« Hansestadt in ein so schönes Licht, dass ich es kaum toppen kann. Doch ganz verzichten möchte ich auf Hamburg in diesem Buch dann doch nicht. Die heimliche Hauptstadt der Nordseeküste hat schließlich den ihr gebührenden Respekt verdient.

Wegen des Fischmarkts beispielsweise, den ich schon viel zu lange nicht mehr besucht habe, weil man sehr früh aufstehen muss, um die dicksten Aale zu ergattern. In wilden Jugendzeiten war es leichter, da machten wir die Nacht zum Tag und ließen die Party mit einem Matjesbrötchen auf dem Fischmarkt ausklingen. Wir saßen dann an der Elbe, starrten müde auf den Fluss und waren uns einig: »Schöner kann es nirgends sein!«

Wir wussten nicht, dass die inzwischen restaurierte Fischauktionshalle Ende des 19. Jahrhunderts gebaut wurde und seit 1984 unter Denkmalschutz steht. Zuvor drohte ihr mehrfach der Abriss, weil die Lage an der Elbe kaum besser sein könnte, sodass der eine oder andere Immobilienhai das Grundstück gern eingeebnet hätte, um darauf einen seelenlosen Wohnklotz zu errichten. Wir wussten auch nicht, dass es zu einem Gutteil dem Verein Volkshaus Fischmarkt zu verdanken ist, dass die Halle heute noch steht. 1973 gründeten ausgerechnet Münchner Theaterleute den Verein, um die Halle in ein Kulturzentrum samt Volkstheater, Kino, Fischrestaurants und Biergarten umzugestalten. Wir freuten uns einfach, diese wirklich sehenswerte Konstruktion als Kulisse genießen zu dürfen. Heute bietet die Fischauktionshalle Platz für bis zu 3500 Gäste und wird gern für Firmenfeiern genutzt. Oder eben als Ausnüchterungsort für Nachtschwärmer und Aufwärmgelegenheit für Frühaufsteher, die ihre Einkäufe auf dem benachbarten Fischmarkt erledigt haben. Hier noch ein kleiner Tipp für heiße Sommertage: Nur ein paar Meter weiter gibt es seit einigen Jahren einen künstlich geschaffenen Strandabschnitt samt Beachclub, der sich ideal eignet, um im Liegestuhl mit Blick auf die Elbeschifffahrt den Tag ausklingen zu lassen.

WEIL HAMBURGS HAFEN
DAS TOR ZUR WELT IST

Hamburg bedeutet für mich vor allem Hafen. Noch weit vor Reeperbahn, HSV, Michel und Hagenbecks Tierpark sind Containerschiffe und Köhlbrandbrücke das Symbol der Hansestadt. Ich kann mich noch daran erinnern, wie die fast vier Kilometer lange Brücke Anfang der 1970er Jahre gebaut wurde. Als Dreikäsehoch hörte ich immer wieder, wie sich meine Eltern über den Bau unterhielten. Meine Schlussfolgerung: Was bei uns zu Hause so oft zum Thema wird, muss einfach enorm wichtig sein. Als der Bau Konturen annahm, fuhren wir mehrfach nach Hamburg, um »Brücke zu gucken«. Vermutlich gehörten wir 1974 auch zu den Ersten, die die Köhlbrandbrücke mit dem Auto überquerten. Für mich war das ein faszinierendes Erlebnis, dessen Erinnerungswert noch gesteigert wurde, als wir am Fuß der Brücke von Zöllnern angehalten wurden, die unsere Pässe sehen wollten. Waren wir etwa wie durch Zauberei in ein fernes Land gereist? »Nein«, erklärte mir mein Vater, »aber die Brücke führt in den Hamburger Freihafen und der gehört zwar zu Deutschland, ist aber quasi Ausland.«

So recht verstanden habe ich das damals nicht. Was blieb, war der Hauch von Abenteuer, der die Brücke umweht. Die Zollkontrollen sind zwar seither weitgehend weggefallen, doch die Fahrt über die Köhlbrandbrücke in den Freihafen lohnt sich noch immer. Er ist ein Areal mit ganz eigenen Spielregeln und stets neuen Fotomotiven. Riesige Kräne bewegen sich wie von Geisterhand gelenkt, Container stapeln sich bis in die Wolken, und wer die Nase aufsperrt, der riecht diesen einzigartigen Duft, der nur im Hamburger Hafen zu finden ist. Zu erreichen ist die Brücke von der A7 aus über die Abfahrt Waltershof. Und wie ist der Name zu erklären? Viele Touristen fragen nach der »Köhlbandbrücke«, weil sie denken, der Name habe etwas mit den Tragseilen zu tun, die der Brücke ihre schmucken Konturen verleihen. Dem ist nicht so. Vielmehr leitet sich der Name vom Mündungsarm der Süderelbe ab, den sie überspannt. Und der heißt schlicht und ergreifend »Köhlbrand«.

Zu übersehen ist die Brücke übrigens nicht. Schon von der Autobahn aus genießt man auf sie einen prima Blick. Doch wem verwackelte Fotos nicht ausreichen, der muss sich irgendwo abseits einen stillen Winkel suchen. Was nicht ganz einfach ist, denn der Freihafen ist auch heute noch ein Arbeitsort, der Touristen allenfalls duldet.

Anders sieht es in der benachbarten Speicherstadt aus. Das einstige Kaffee- und Gewürzlager ist heute größtenteils umgenutzt und Anziehungspunkt fast aller Gäste, die die Hansestadt besuchen. Einen ersten Eindruck sollte man sich von einer der unzähligen Hafenbarkassen aus verschaffen. Eine Fahrt durch die Speicherstadt mit ihren typischen Rotklinkerbauten gehört zum Standardprogramm jeder Stadtbesichtigung. Nirgendwo anders wird es fühlbarer: Hamburg ist wahrhaft das Tor zur Welt.

Beim Stichwort »Hafen« fallen einem nun noch die Landungsbrücken im Stadtteil St. Pauli und die neue Hafencity samt Elbphilharmonie ein. Letztere ist das aktuelle Prestigeobjekt der Stadt und somit eine Art Nachfolger der Köhlbrandbrücke. Wir besichtigen mit unseren Kindern regelmäßig die Baufortschritte der Philharmonie – genauso, wie es meine Eltern einst mit mir gemacht haben, als die Brücke im Bau war.

WEIL MAN DIE HANSESTADT
AUCH ZU FUSS ENTDECKEN KANN

In Hamburg leben fast 1,8 Millionen Menschen. Ein Moloch also, eine Megacity, die man nur mit dem Auto erkunden kann? Das könnte man denken. Doch Hamburgs Innenstadt lässt sich problemlos zu Fuß erwandern und mit U- und S-Bahn kommt man auch in die Nähe (fast) aller Sehenswürdigkeiten. Ich lasse mein Auto regelmäßig bei Hagenbeck stehen und fahre mit der Bahn weiter, weil ich auf die Staus in der Innenstadt genauso gut verzichten kann wie auf die lästige Parkplatzsuche.

Über Altona und die Landungsbrücken geht es mitten hinein in die City. Wer sich auf Entdeckungstour begeben möchte, startet am besten am Jungfernstieg. Auf der einen Seite liegt die Binnenalster mit ihren Ausflugsschiffen, auf der anderen fließt der Alsterfleet. Parallel dazu verlaufen die Alsterarkaden, die auf den Rathausmarkt zu führen. Das Rathaus ist Sitz der Bürgerschaft und des Senats und damit politisches Zentrum der Freien und Hansestadt Hamburg. Der Bau mit seinem charakteristischen Turm und dem für Hamburg typischen Kupferdach wurde Ende des 19. Jahrhunderts vollendet – nachdem man über vierzig Jahre um Aussehen und Ausmaße gerungen hatte.

Auf der gegenüberliegenden Seite vom Rathausmarkt beginnt die Mönckebergstraße. Sie ist das Einkaufsparadies für alle Shopping-Süchtigen und erstreckt sich bis zum Hauptbahnhof. Mein Tipp: Auch mal in die Nebenstraßen schauen, dem Portemonnaie wird es guttun. Weiter geht es mit dem Zug zum nur eine Station entfernten Bahnhof Dammtor. Wie wäre es mit einem Bummel den Mittelweg oder die schicke Rothenbaumchaussee hinauf? Ich liebe die elegante Architektur des späten 19. Jahrhunderts. Der ideale Rückweg verläuft dann direkt am Wasser über das Alsterufer. Die Gärten der benachbarten Villen grenzten einst direkt an die Außenalster. Erst nach dem Zweiten Weltkrieg wurden die Besitzer enteignet und der Uferstreifen öffentlich zugänglich gemacht. Seither zieht sich eine Parklandschaft kilometerweit am linken Alsterufer entlang.

Wenn es so etwas wie einen »klassischen« Blick auf Hamburgs City gibt, dann ist es jener von der Lombardsbrücke aus, die Außen- und Binnenalster trennt. Auch der Zug nimmt auf seinem Weg vom Hauptbahnhof zum Dammtor diese Route, sodass für einen Augenblick Hamburgs wohl schickste Panoramafront an einem vorbeigleitet. Wenn ich Freunden Hamburg zeige, ist diese kurze Bahnfahrt ein absolutes Muss. Nicht zu übersehen ist dabei der riesige Springbrunnen mitten auf der Binnenalster. Um ihn herum gruppieren sich prachtvolle Bauten, die bis heute Hamburgs Image als reiche Kaufmannsstadt prägen. Westlich vom Dammtorbahnhof erstreckt sich der Botanische Garten und »Planten un Blomen«, ein Park, den viele Einheimische vor allem im Sommer als Freilichtbühne und zum Relaxen in der Natur nutzen. Gleich neben dem Park befinden sich das Messegelände und der fast 300 Meter hohe Fernsehturm. Den gilt es zu erklimmen – zum Glück per Fahrstuhl. Ich liebe die Aussichtsplattform in luftigen 150 Metern Höhe. Sie bietet den atemberaubendsten Blick von oben auf die Hansestadt.

Nächster Haltepunkt ist die Reeperbahn. Mit dem Zug wird man bequem mitten auf der »sündigen Meile« abgesetzt und kann ohne lästiges Parkplatzsuchen gleich mit dem Flanieren beginnen. Natürlich muss Mann (für Frau ist der Zutritt verboten – aber unter uns: rechtlich bindend ist das nicht) einen Blick in die Herbertstraße werfen. Rund 250 Prostituierte gehen hier ihrem Gewerbe nach. Ich war schon seit Jahren nicht mehr auf der Reeperbahn. Mit kleinen Kindern gibt es eben andere Ziele. Vor allem nachts lohnt sich der Besuch, wenn »Musikschuppen« wie der »Kaiserkeller« oder das »Grünspan« (beide liegen an der »Großen Freiheit«, die von der Reeperbahn abzweigt) aufmachen. Ich habe im »Kaiserkeller« Mitte der 1990er Jahre ein legendär gutes Reggaekonzert erlebt, das erst weit nach Mitternacht begann. Ach ja: Das Stadion des FC St. Pauli liegt auch nicht weit entfernt am Heiligengeistfeld. Für mich als HSVer ist das zwar ein »No-Go«, aber ich bin ja tolerant …

WEIL HAMBURGS MUSEEN UND THEATER SCHLICHTWEG GROSSARTIG SIND

Schauspielhaus, Staatsoper, Schmidts Tivoli, Ernst-Deutsch-Theater, Kammerspiele und und und. Wer nach Kultur sucht, wird in Hamburg unter Garantie fündig. Ich habe in Berlin gelebt und in München – was die Theaterlandschaft angeht, ist für mich die Hansestadt unumstritten Deutschlands Nummer eins. Wobei nicht nur hohe Kunst geboten wird, sondern auch Trash und Amateurhaftes. Ich kann mich noch lebhaft an eine abendliche Klassenfahrt in irgendein Kellertheater erinnern, wo Shakespeares »Ein Sommernachtstraum« auf dem Spielplan stand. Die Akteure rasten auf Rollschuhen über die Bühne und das Stück hatte jeden Handlungsfaden eingebüßt. Vielleicht waren wir auch einfach noch zu jung, um den subtilen Geist dieses Underground-Werkes zu verstehen. Jedenfalls waren wir erst gelangweilt, dann zornig. Wir rächten uns auf Schülerart, indem wir die Schauspieler nach der Vorstellung so oft hinter ihrem Vorhang hervorklatschten, bis sie keine Lust mehr hatten und das Licht ausging.

Wenn ich es mir recht überlege, war das mein einziges Horrorerlebnis in Bezug auf Hamburgs Bühnenkunst. Ich habe einige mittelmäßige Stücke gesehen, aber meistens war der Besuch eines Hamburger Theaters ein Erlebnis. Der Jacques-Brel-Abend in den

Kammerspielen bleibt unvergessen, ebenso die Edgar-Allan-Poe-Revue von Theatermagier Robert Wilson und das Konzert von Rockpoet Lou Reed. Ich habe Brecht modern und konventionell erleben dürfen, Schiller und Goethe, Hochdeutsches und Niederdeutsches. Apropos niederdeutsch: In meiner Theateraufzählung hätte ich doch das Ohnsorg-Theater fast vergessen. Als ich 2003 an einer Heidi-Kabel-Biografie arbeitete, durfte ich dort tagelang das Archiv durchforsten. Ab und an schauten freundliche Menschen aus dem Ensemble vorbei und fragten mich, ob ich noch einen Kaffee wollte. Hinter der Bühne war es fast noch aufregender als im Saal. Und manchmal auch genauso lustig.

Wer in Hamburg einen Theaterabend plant, sollte dies rechtzeitig tun. Für viele Stücke sind die Karten meist lange vor den Vorführungen ausverkauft. Der Hanseat liebt Kultur und geht gern in »sein Haus«. Fast jeder Hamburger, der auch nur ansatzweise kulturbeflissen ist, ist stolzer Besitzer einer Dauerkarte. Den einen zieht es ins Winterhuder Fährhaus, eins der »klassischen« Komödien-Häuser der Stadt. Der andere bevorzugt die schwere Kost, er ist dann Stammgast im Thalia-Theater. Auf »seine« Kunsttempel lässt der Hanseat nichts kommen und so gehört es einfach dazu, dass man sich schick macht, ehe man das Theater besucht. Ich habe mir in früher Jugend einmal den Fauxpas erlaubt, in Jeans und Schlabberpulli ins Schauspielhaus zu gehen. Es hat mich zwar niemand zurechtgewiesen, denn der Hamburger lässt statt Worte lieber Blicke sprechen, die waren dann aber deutlich genug. So deutlich, dass ich mich beim nächsten Mal brav in meinen Konfirmationsanzug gezwängt habe, um nicht unangenehm aufzufallen.

Wie die Theater ist auch Hamburgs Museenlandschaft ein Paradies für Laien, Fachleute und solche, die sich dafür halten. Weil der Platz in diesem Buch einfach nicht ausreicht, auch nur ansatzweise einen Überblick zu geben, sei auf die Internetseite www.hamburg.de/museum-hamburg verwiesen. Dort sind fast alle Ausstellungsorte in der Hansestadt zu finden – angefangen bei der Kunsthalle (ein absolutes Muss für Kunstfreunde) über das Maritime Museum (wirklich lohnenswert, nicht nur für bekennende Seebären), die Deichtorhallen (großartige wechselnde Ausstellungen), das Hamburgmuseum (Stadtgeschichte pur) bis hin zum Miniatur-Wunderland (ein Modellbahnparadies für alle Generationen) und das Beatles-Museum »Beatlemania Hamburg«. Schließlich hat die Geschichte der erfolgreichsten Rockband der Musikgeschichte in Hamburg ihren Anfang genommen.

KAPITEL 8

BREMERHAVEN UND DER TRAUM VOM GLÜCK

Von Neuwerk bis an den Jadebusen

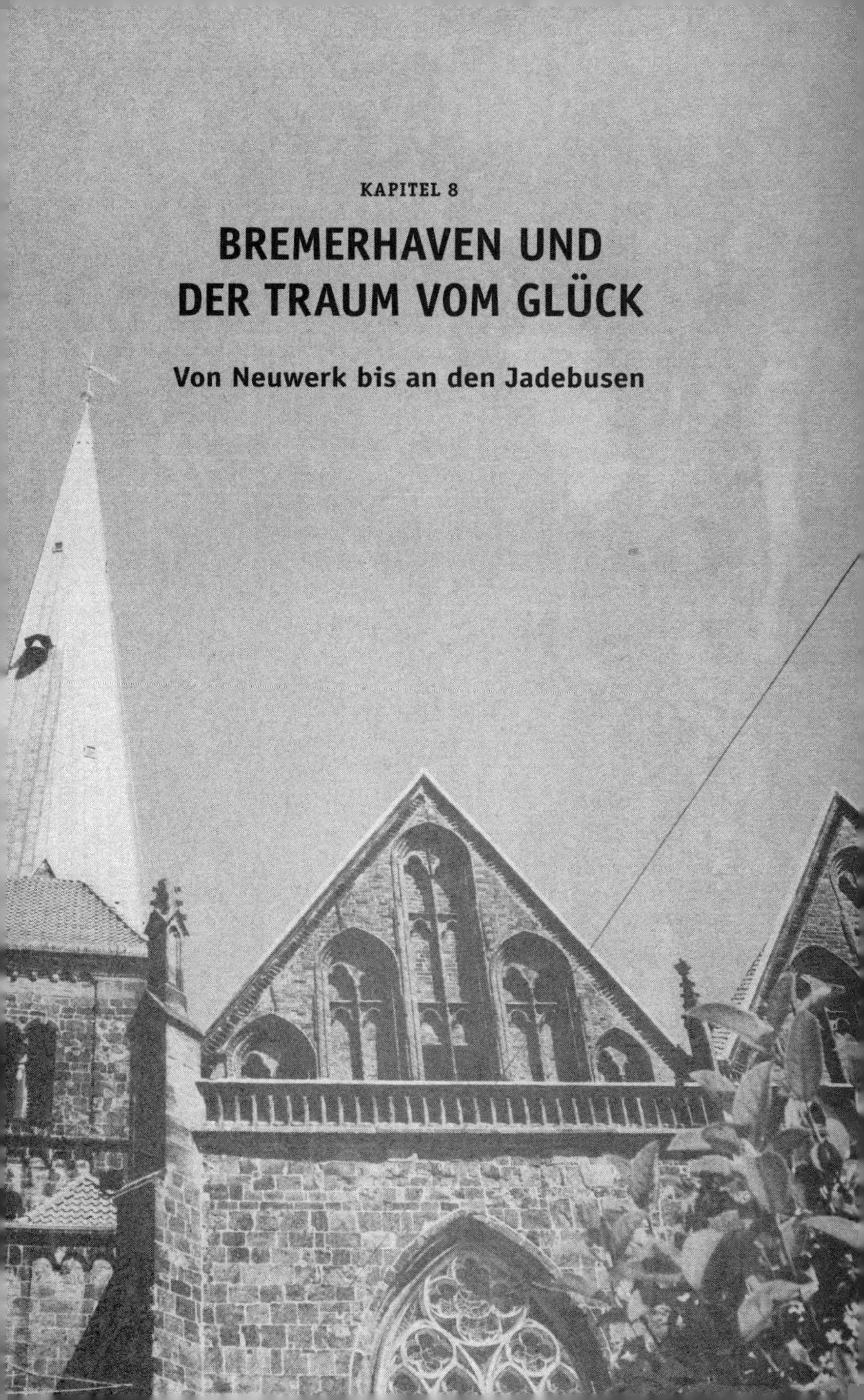

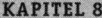

WEIL HAMBURG MIT NEUWERK
EINE »HAUSINSEL« BESITZT

Dass Hamburg nicht an der Nordsee liegt, ist offensichtlich und doch nicht ganz richtig. Ein Teil der Hansestadt liegt sogar mitten in der Nordsee. Mit Neuwerk verfügt Hamburg über so etwas wie eine Hausinsel. Der Elbe vorgelagert, misst das kleine Eiland gerade einmal 3,3 Quadratkilometer. Beim Stichwort »Neuwerk« fällt mir spontan eine Anekdote ein. Die Kernaussage: Der Handy-Empfang auf der Insel ist verbesserungswürdig. Doch der Reihe nach. Vor Kurzem erzählte mir eine Freundin von einer Kollegin, die mit Kind, Kegel und Freunden ihren Geburtstag auf der Insel feiern wollte. Sie ging mit den Kleinen voran durchs Watt, die faulen Freunde wollten per Wattwagen folgen. Doch plötzlich wurde gemeldet, dass der Wind ungünstig stand und die Flut früher einsetzen würde. »Heute fährt kein Wagen mehr«, hieß die Konsequenz. Die Freunde wollten das Geburtstagskind per Mobiltelefon informieren – doch es blieb unerreichbar. Es kam, was kommen musste: Das arme Mädel musste ihren Geburtstag auf Neuwerk allein mit einer Horde Kinder feiern und anschließend auch noch mit ihnen die Nacht auf der Insel verbringen.

Ich weiß nicht, womit sich die Gruppe auf Neuwerk die Zeit vertrieben hat. Vielleicht ja mit der Suche nach Bernstein. Der honigfarbene Stein wird häufig an die Küsten des Eilands geschwemmt. In der Regel sind Bernsteinsucher an der Ostsee besser aufgehoben, doch Neuwerk bildet eine Ausnahme. Vor allem nach heftigen Weststürmen können Sammler das fossile Harz im Watt finden. Wer jetzt glaubt, auf diese Weise reich werden zu können, täuscht sich leider. Der aktuelle Marktwert für unbearbeiteten Bernstein liegt gerade einmal bei 0,50 bis 2,50 Euro pro

Gramm. Wer ins Detail gehen möchte, dem lege ich den Besuch des Hauses Bernstein auf Neuwerk ans Herz.

Dass die Insel zu Hamburg gehört, haben die Hansestädter bereits 1310 potenziellen Neidhammeln weithin sichtbar deutlich gemacht, indem sie einen imposanten Leuchtturm errichteten. Dieser ist heute das älteste noch erhaltene Bauwerk Hamburgs. Etwa vierzig Menschen leben zurzeit auf Neuwerk. Das kleine Eiland ist problemlos per pedes in einer Stunde zu umrunden. Selbst fußmüde Gesellen wie ich brauchen kaum länger. »Klein Hamburg«, wie die Insel spöttisch und liebevoll zugleich genannt wird, besuchen Jahr für Jahr rund 120.000 Touristen. Wer Glück hat, kann im Sommer in einer der wenigen Pensionen übernachten. Wer es rustikaler mag, nächtigt auf Heu in einem Heuhotel. Geschlafen wird dabei übrigens nicht auf Heu, sondern auf Stroh, wie ich einmal belehrt wurde. Der Grund sei das geringere Allergierisiko.

Wer Neuwerk auf der Karte sucht, muss von Cuxhaven aus nordwestlich steuern. Zu erreichen ist die Insel am rustikalsten per Fußmarsch. Das geht allerdings nur bei Ebbe. Wem das Watt zu watschig ist, der kann auf ein Pferd wechseln oder den Wattwagen besteigen. Angst, sich zu verlaufen, muss übrigens niemand haben. Wer den knapp dreistündigen Fußmarsch in Angriff nehmen möchte, kann sich problemlos an den gut sichtbaren Wegmarkierungen orientieren. Wen doch einmal die Flut überraschen sollte, dem bleibt die Flucht auf eine der Rettungsbaken, die auch bei Hochwasser noch aus der See ragen und teilweise sogar gegen Blitzschlag gesichert sind. Natürlich ist Neuwerk auch per Boot erreichbar. Die Schiffe der Reederei Cassen Eils setzen ebenfalls von Cuxhaven aus über. Eineinhalb Stunden dauert der Spaß.

WEIL STADE ENDLICH
WIEDER ZUR HANSE GEHÖRT

Neben Glückstadt ist für mich Stade die schönste Stadt an der Unterelbe. Wer sich von Hamburg aus am südlichen Ufer des Flusses gen Nordsee aufmacht, kann das schmucke Örtchen gar nicht verfehlen. Mit dem Slogan »Frischer Wind im Norden« wirbt die Internetseite www.stade.de für die Stadt, die nur 45 Kilometer von Hamburg entfernt liegt. »Hanse in Reinkultur« hätte ich passender gefunden, denn Stade glänzt vor allem mit seinen historischen Bauten. Nicht zu Unrecht trägt das Städtchen mit seinen knapp 50.000 Einwohnern den Beinamen »Rothenburg Norddeutschlands«. Ins Auge springt vor allem die Fachwerkarchitektur in Kombination mit maritimem Flair. Der Hafen liegt zwar heute in einer Art musealem Dauerschlaf, aber es gehört nicht viel Fantasie dazu, sich vorzustellen, wie hier einst das Leben pulsierte. Ich sitze für mein Leben gern in einem der Straßenlokale und gucke mir stundenlang die vorbeiflanierenden Passanten an. Dabei versuche ich zu erraten, wer Einheimischer ist und wer »nur mal kurz« als Gast aus Hamburg angereist ist. Meine Unterscheidungskriterien sind zugegebenermaßen arg klischeehaft. Kleidung und Slang stehen an erster Stelle, es folgen Gestik und Mimik. Vermutlich liege ich mit meinen Vermutungen oft falsch, aber es macht Spaß.

Ein Wahrzeichen Stades ist der Holztretkran am Hansehafen, der zwar alt aussieht, aber erst 1977 errichtet wurde. Das baufällige Original aus dem Jahr 1661 wurde 1898 abgerissen. Gleich hinter dem Kran liegt die alte Stadtwaage. Der Schwedenspeicher dient heute als Museum. Ebenfalls sehenswert: das Rathaus mit einem der ältesten Ratskeller Deutschlands, die Innenstadtkirche und das Zeughaus am Pferdemarkt. Wem bei einem Bummel durch das Zentrum der einheitliche Baustil auffällt – dafür gibt es eine plausible Erklärung. Der große Stadtbrand von 1659 bildete eine architektonische Zäsur.

Doch Stade ist weit mehr als eine schmucke Kleinstadt mit gut erhaltenem Altstadtkern. Auch die Geschichte des Ortes ist eine Entdeckungsreise wert. Die ersten Siedler kamen bereits um 1000 vor Christus in die Gegend, später war der Ort ein Treffpunkt wichtiger Handelsrouten. Noch im 12. Jahrhundert war der Stader Hafen bedeutsamer als der der Nachbarstadt Hamburg. Die Glanzzeit Stades endete erst in den Wirren des Dreißigjährigen Krieges. Der katholische Kriegsherr Tilly eroberte 1628 die Stadt, später zogen die protestantischen Schweden ein. Es folgten Dänen, Hannoveraner und Preußen.

Das spannendste Kapitel Stader Geschichte schrieb jedoch die Hansezeit. 1209 erhielt Stade das Stadtrecht verliehen und gehörte ab dem 13. Jahrhundert dem Hansebündnis an. Das vorläufige Ende kam, als sich die Stader 1587 entschlossen, englische Tuchkaufleute der »Merchant Adventurer« aufzunehmen. Die Handelskompanie war eine Art Konkurrenzunternehmen zur Hanse. Diese rächte sich rigoros und schloss Stade 1601 aus ihrem Bündnis aus. Zwar verstanden sich die Stader auch in der Folgezeit als Hanseaten, doch erst 2008 bekamen sie offiziell wieder das Privileg zugestanden, sich »Hansestadt« nennen zu dürfen. »Stade verfügt mit dem Seehafen über ein Alleinstellungsmerkmal, das die Stadt signifikant von allen anderen ehemaligen Hansestädten in Niedersachsen unterscheidet«, begründete Niedersachsens Innenminister Uwe Schünemann diesen Schritt. Überreicht bekamen die Stader die »Hanse-Urkunde« im Rahmen der Feiern zum 800. Stadtjubiläum am 29. April 2009 durch den damaligen niedersächsischen Ministerpräsidenten Christian Wulff.

WEIL DIE OBSTBLÜTE
IM ALTEN LAND EIN TRAUM IST

Stade ist nicht nur eine schmucke Stadt mit wechselvoller Geschichte, sondern auch die heimliche Hauptstadt des Alten Landes. Das so bezeichnete Gebiet erstreckt sich von Stade aus nordwestlich die Elbe entlang und südöstlich bis hinein in die Stadtmauern Hamburgs. Am schönsten ist das Alte Land während der Obstblüte.

Für mich ist es seit frühester Kindheit zum Ritual geworden, dass es im Frühjahr mit der Fähre von Glückstadt rüber nach Wischhafen geht und weiter Richtung Stade. Die ganze Familie sitzt dann wie gebannt und schaut und staunt und schaut. Kilometerweit erstreckt sich ein Blütenteppich in den Farben Weiß, Pink und Rosa. Obstfeld reiht sich an Obstfeld und schon das Herunterkurbeln der Autofenster reicht aus, um von dem unvergleichlichen Duft »eine Nase voll« einzuatmen. Es gibt sogar eine Altländer Blütenkönigin, die am ersten Maiwochenende gekürt wird. Wo wir schon bei Besonderheiten der Region sind: Eine echte Spezialität des Alten Landes sind die sogenannten »Brauttüren«, die sich nur von innen öffnen lassen. Sie führten früher in die Schatzkammer des Hauses, in der die Familie ihre größten Kostbarkeiten aufbewahrte.

Bereits im 17. Jahrhundert wurde im Alten Land großflächig Obst angebaut. Heute wachsen auf fast 11.000 Hektar Birnen-, Kirsch- und vor allem Apfelbäume. Da verwundert es nicht, dass jedes Jahr zwischen September und November die Altländer Apfeltage ausgerufen werden. Es gibt »Tage des offenen Hofes« und Apfelfeste. Klar, solche Feste sind vor allem dazu da, Touristen und Urlauber anzulocken.

Für mich hat das Alte Land das ganze Jahr über seine Reize. Immer und überall weisen an der Straße Schilder auf kleine

Verkaufsstände hin. Marmelade und leckere Liköre sind hier zu haben. Hofläden bieten das Obst zum Schnäppchenpreis an, wobei nur allerbeste Qualität auf den Tisch kommt. Der Apfel des Alten Landes wird ganz vorsichtig behandelt und jedes Stück wird per Hand geerntet. Das hat mir zumindest mal ein Landwirt versichert. Wichtigste Helfer sind die Bienen, die die Blüten bestäuben. Wobei man im Alten Land auch auf Hightech setzt. In kalten Nächten werden viele Bäume neuerdings mit Wasser besprüht. Klingt komisch, macht aber durchaus Sinn, denn die beim Gefriervorgang freigesetzte Wärme schützt die Blüte vor dem Erfrieren.

Auch gegen diebische Vögel ist man gewappnet. Vor allem die Kirschbäume werden gern von Staren geräubert. Einst wehrten sich die Obstbauern gegen die ungebetenen Gäste mit handbetriebenen »Klappermühlen«. Doch seit den 1980er Jahren kommen immer mehr »Knallapparate« zum Einsatz. Diese »Kirschböller« genannten Geräte sollen die Tiere mit lautstarken Explosionen verscheuchen. Ob's hilft? Ein Landwirt aus der nahen Haseldorfer Marsch hat mal zu mir gesagt: »Herr Wittmaack, am Ende ist alles eine Sache des Glaubens.« Eine andere Technik ist deutlich leiser. Vogelschutznetze werden über die Bäume gespannt und lassen die Vögel erst gar nicht an die Kirschen gelangen.

Apropos Kirschen: Natürlich gibt es im Frühsommer im Alten Land auch »Kirschenwochen«. Höhepunkt ist der Kirschmarkt mit Künstlern, Handwerkern und Trachtengruppe. Vor allem beim Nachwuchs hoch im Kurs steht das Kirschkernweitspucken. Ach ja, ich muss dringend noch erklären, woher das Alte Land seinen Namen hat: Niederländische Kolonisten machten den oft überfluteten Landstrich einst Stück für Stück bewohnbar. Das »fertige« Land wurde »Altes Land« genannt, das noch feuchte Land »Neues Land«.

WEIL BEI CUXHAVEN
NIEDERSACHSENS NORDSEE BEGINNT

Hamburg, Stade, das Alte Land – alles schön und gut. Aber nach so viel Binnenland wird es Zeit, wieder frische Nordseeluft zu schnuppern. Wo genau die Elbe endet und die niedersächsische Nordseeküste beginnt, darüber streiten sich die Gelehrten. Für mich ist Cuxhaven die Richtmarke. Das alte »Koogshaven« ist der letzte Elbevorposten und zugleich der erste Anlaufpunkt für Nordseeurlauber. Hier wird noch einmal kräftig eingekauft, ehe es in die kleinen (und meist etwas teureren) Badeorte entlang der Küste geht. Von Cuxhaven aus kann man Helgoland ansteuern und die Hamburger Hausinsel Neuwerk. Lange waren Cuxhaven und Hamburg aufs Innigste miteinander verbunden. Von Schloss Ritzebüttel aus ließ die benachbarte Hansestadt das Gebiet verwalten. Erst 1937 ging Cuxhaven von Hamburg an die preußische Provinz Hannover über. Heute zählt die Stadt rund 50.000 Einwohner und lebt ein gutes Stück weit von ihrer Vergangenheit.

Wenn ich an Cuxhaven denke, dann habe ich zuerst die vielen Segler im Kopf, die hier auf ihrem Weg von der Elbe auf die offene Nordsee Station machen. Der moderne Yachthafen ist im Sommerhalbjahr ein Eldorado für Segelfreunde. In Cuxhaven ist übrigens auch der Verein Trans-Ocean zu Hause, in dem sich 6000 begeisterte Segler zusammengeschlossen haben. Viele von ihnen dürfen sich »Weltumsegler« nennen. Weil auch die großen Pötte auf ihrem Weg nach Hamburg an Cuxhaven vorbeikommen, lohnt sich der Besuch des Hafens für alle, die gern »Schiffe gucken« gehen. An den Kaimauern des alten Fischereihafens löschen noch immer Kutter ihren Fang und natürlich gibt es den Fisch »gleich um die Ecke« in den Lokalitäten frisch auf den

Tisch. Was viele gar nicht wissen: Cuxhaven ist auch für einen Strandurlaub bestens geeignet. Entlang des gesamten Duhner Strandabschnittes findet man feinsten weißen Sand. Und die einheimischen Tourismusexperten weisen gern darauf hin, dass in ganz Niedersachsen kein derartig langer Sandstrand zu finden ist – und das alles noch garniert mit einem Traumblick auf die Insel Neuwerk.

Wahrzeichen der Stadt ist die Kugelbake, ein hölzernes Seezeichen, das stattliche dreißig Meter in den Himmel ragt. 1913 hielt das Motiv sogar Einzug ins Wappen der Stadt. Ich steuere in Cuxhaven immer zuerst die »Alte Liebe« an, weil man von hier aus den besten Blick aufs Wasser hat. Gebaut wurde der historische Anleger bereits 1733. Wer es morbider mag, kommt rings um Cuxhaven auf seine Kosten, wo mehrere Grabhügel aus vorchristlicher Zeit zu bestaunen sind.

Ich bin bei meiner Recherche für dieses Buch auf ein fast schon vergessenes Kapitel der Stadtgeschichte gestoßen. Von 1933 bis 1964 wurden in Cuxhaven Raketenexperimente durchgeführt. Viel scheint davon zwar nicht übrig geblieben zu sein, doch ich habe mir fest vorgenommen, bei meinem nächsten Cuxhaven-Ausflug die Reste in Augenschein zu nehmen. Das Thema dürfte vor allem meinen Sohn begeistern, den mit seinen knapp neun Jahren alles fasziniert, was fliegt und kräftig Krach macht.

GRUND NR. 75

WEIL KRABBEN HIER GRANAT HEISSEN

Ich weiß noch, wie ich vor einigen Jahren in ein niedersächsisches Fischgeschäft ging und auf einem Schild an der Wand las: »Granat, endlich fangfrisch eingetroffen!« Ich stutzte und las noch mal. Granat? Was sollte das denn sein? Als ich die Verkäuferin fragte, bekam ich zur Antwort: »Sie kommen wohl nicht von hier, was?« Von hier nicht, aber von richtig weit weg auch nicht gerade. Jedenfalls war ich mir bis dahin sicher gewesen, dass mich mit maritimen Fachausdrücken niemand übertölpeln konnte. Doch von Granat hatte ich bis dahin noch nie etwas gehört. Was zwar nicht ganz stimmt, aber bislang verstand ich unter Granat einen rot glänzenden Edelstein. Um den konnte es in einem Fischfachgeschäft ja wohl schlecht gehen. »Wollen Sie nicht wenigstens mal raten?«, setzte die Verkäuferin nach. Ich zuckte mit den Schultern. »Na gut, dann sage ich es Ihnen: Granat sind Krabben«, klärte mich die Dame auf. Ich muss ziemlich dumm aus der Wäsche geguckt haben. Ausdrücke wie Garnelen oder Baby-Shrimps als Synonym für Nordseekrabben hatte ich ja schon gehört, aber Granat? »Sie verschaukeln mich nicht, oder?«, fragte ich vorsichtig nach, woraufhin die Verkäuferin richtig böse wurde. »Dann fragen Sie doch meine Kollegin!«

Bis zu diesem Erlebnis war ich überzeugt gewesen, dass sich die Nordseebewohner in Schleswig-Holstein und Niedersachsen glichen wie ein Ei dem anderen. So kann man sich irren! Die niedersächsische Nordseeküste wird auch »Costa Granata« genannt, wie ich später erfuhr. In Schleswig-Holstein habe ich bisher keinen Nordfriesen oder Dithmarscher getroffen, der dieses Wortkonstrukt verwendet hätte.

In den vergangenen Jahren war ich mehrfach an Niedersachsens Küste unterwegs und stellte mit Erstaunen fest, dass die Unterschiede nicht beim Granat enden. Schon auf den ersten Blick wird klar, dass die Nordsee zwischen Cuxhaven und Leer einen anderen Charakter besitzt als zwischen dänischer Grenze und Elbemündung. Vor allem in Ostfriesland gibt es gewachsene Strukturen, die an Schleswig-Holsteins Küste häufig fehlen. Touristenorte wie Greetsiel oder Carolinensiel sind organisch entstanden und wurden nicht einfach »aus der Landschaft gestampft«. Auch gibt es im Westen Niedersachsens deutlich mehr

Wald als an der Westküste Schleswig-Holsteins. Ebenso auffällig: die vielen Sielhäfen, die zahlreichen Ortschaften ihren Namen gaben. Ein Siel ist laut Definition ein verschließbarer Gewässerdurchlass in einem Deich und meist Teil eines Entwässerungssystems. Diese künstlichen kleinen Flussläufe wurden in ihrem Mündungsbereich einstmals von den Niedersachsen einfach zu kleinen Häfen ausgebaut, an deren Flanken sich malerische Fischerhäuser schmiegen.

Was ist sonst noch anders? In Niedersachsen gibt es mehr Sandstrände, wobei auch hier nicht jeder Badeort mit weißem Traumsand aufwarten kann. Einige halfen der Natur künstlich auf die Sprünge, etwa Neuharlingersiel, wo gemahlene Muscheln einen Tropenstrand vortäuschen. Was unterscheidet sich noch? Natürlich die Geschichte. Wir wissen ja inzwischen, dass Ostfriese nicht gleich Nordfriese ist. Die Menschen sind sich aber sehr ähnlich. Ob man nun in Emden oder Husum einkaufen geht, das ist eigentlich egal. Ein wenig mundfaul, schlagfertig und ehrlich, so sind sowohl die Friesen in Schleswig-Holstein als auch die in Niedersachsen. Und ob Krabben nun Granat heißen oder Garnelen, macht den Kohl letztlich auch nicht fett.

GRUND NR. 76

WEIL DAS SCHIFFFAHRTSMUSEUM DIE SEELE DER SEE VERKÖRPERT

Es gibt Regionen, über die selten Gutes berichtet wird. Bremerhaven gehört dazu. Die Arbeitslosigkeit sei im Bundesvergleich katastrophal, heißt es in den Medien. Kein Ort also, in dem man leben möchte. Ich war bislang dreimal in Bremerhaven und habe jedes Mal einen ganz anderen Eindruck gewonnen. Beim ersten Besuch war ich noch ein kleiner Steppke, der mit seinen Eltern auf Entdeckungsreise ging.

Wir besuchten das Deutsche Schifffahrtsmuseum – und ich war begeistert. Am liebsten wäre ich eine ganze Woche geblieben, um mir all die alten Pötte anzusehen, doch ein Tag musste ausreichen. Seither steht für mich fest: Wer sich auch nur einen Funken für Maritimes interessiert, muss den Museumshafen gesehen haben. Er bildet das Prunkstück des Freilichtmuseums und wartet mit einer wohl einmaligen »Museumsflotte« auf. Die Baujahre der Schiffe erstrecken sich von der zweiten Hälfte des 19. über das komplette 20. Jahrhundert. Zu sehen gibt es Frachtschlepper, Bergungsschlepper, Walfangdampfer und vieles mehr. Fast alle Schiffe können (außer in den Wintermonaten) besichtigt werden.

Am meisten beeindruckt hat mich als Junge das Feuerschiff »Elbe 3«. Gebaut wurde es einst von der »Königlichen Wasserbau-Inspektion« als Stationsschiff »Eider« für die Eidermündung. Im Ersten Weltkrieg diente es als Feuerschiff an den Minenfeldern der Nordsee, später kam es als Leuchtfeuer und Lotsenstation in der Deutschen Bucht zum Einsatz. Im Notfall konnte »Elbe 3« mit Hilfe einer Sturmbesegelung manövriert werden. Seit 1967 liegt das Schiff im Hafen des Deutschen Schifffahrtsmuseums.

Genau wie die »Elbe 3« hat jedes Schiff seine ganz individuelle Geschichte. Nachzulesen sind sie alle auf den Internetseiten des Museums unter www.dsm.museum.de. Für mich ist das Schifffahrtsmuseum der ideale Ort, um zu erfahren, wie der Mensch die See nutzt und seit jeher versucht hat, sie in den Griff zu bekommen. Der dafür notwendige technische Aufwand lässt sich nirgendwo besser besichtigen als in Bremerhaven. Es gibt aber nicht nur im Wasser viel zu bestaunen, auch an Land hält das Museum spannende Exponate bereit: Wasserstandsanzeiger, historische Handkurbelkräne, den Nachbau des Walter-Antriebs für U-Boote und das »Unterfeuer Sandstedt« beispielsweise. Letzteres ist ein Seezeichen, das 1898 gebaut wurde und bis 1981 auf dem Deich bei Sandstedt seinen Dienst verrichtete. Ein echtes

Unikat ist der Schornstein der »Otto Hahn«, des einzigen deutschen Handelsschiffes mit Atomantrieb.

Vor zwei Jahren war ich zum bislang letzten Mal in Bremerhaven zu Gast – und natürlich ging es wieder zuerst ans Wasser. Die kindliche Euphorie war zwar verschwunden, doch das Deutsche Schifffahrtsmuseum gehört nach wie vor zu meinen Lieblingsmuseen. Wobei ich mich heute eher für die Dauerausstellung begeistern kann – für die Hansekogge von 1380 zum Beispiel, die einst im Schlamm der Weser wiederentdeckt wurde. Auch die Navigationsinstrumente, Bordwaffen und maritimen Gemälde sind sehenswert. Meinem damals erst sechsjährigen Sohn war das alles »zu tot«, ihn zog es gleich zum Miniport, einem »Binnenhafen« für Modellbaufreunde. Wer möchte, kann in einem Becken sein Talent als Kapitän unter Beweis stellen und einen Miniatur-Hochseeschlepper oder ein Fischereischutzboot steuern. Nach mehreren Beinahe-Zusammenstößen mit anderen Möchtegern-Kapitänen war auch für meinen Großen klar: Das Schifffahrtsmuseum in Bremerhaven ist »echt klasse«.

GRUND NR. 77

WEIL AUF BREMERHAVEN DIE HOFFNUNGEN DER AUSWANDERER RUHTEN

Heute gilt Bremerhaven als rückständig, weil es trotz gewaltiger Investitionen nicht gelingt, die hohe Arbeitslosigkeit in den Griff zu bekommen. Ich habe vor einem oder zwei Jahren einen bedrückenden Dokumentarfilm über Bremerhaven gesehen, der kaum auf bessere Zeiten hoffen lässt.

Früher haftete der Stadt ein ganz anderes Image an. Sie gab Tausenden Menschen Hoffnung, die der Armut in weiten Teilen Deutschlands entfliehen wollten. Die Hafenstadt galt als Ausgangspunkt für ein besseres Leben in den USA. Die Vereinigten

Staaten waren im 19. Jahrhundert für viele arme Einheimische das gelobte Land, das Arbeit und Eigentum versprach. Zwischen 1821 und 1914 verließen 44 Millionen Europäer ihre Heimat, um in Übersee ihr Glück zu finden. 7,2 Millionen Menschen stachen zwischen 1830 und 1974 von Bremerhaven aus in See. Damit war Bremerhaven der größte deutsche Auswandererhafen.

Ausführlich nachzuerleben ist die Geschichte im Deutschen Auswandererhaus, das sich intensiv mit dem Schicksal jener Menschen beschäftigt, denen ihre alte Heimat keine Zukunft mehr bot. Das 2005 eröffnete Museum steht auf historischem Grund und Boden. Es befindet sich im Neuen Hafen, von dem aus einst 1,2 Millionen Menschen in die Neue Welt aufbrachen. Inhaltlich wird das Auswandererhaus von drei Säulen getragen: der Dauerausstellung zur historischen Auswanderung, dem aktuellen »Forum Migration« sowie Sonderausstellungen und Veranstaltungen. Im Herbst 2011 war ich Gast einer Sonderschau zum Thema »Aus- und Rückwanderer von Amrum und Föhr«. Dabei standen Einzelschicksale im Mittelpunkt, die zeigten, dass sich längst nicht alle Hoffnungen der Auswanderer in der neuen Heimat erfüllten. Als 1848 in Kalifornien der Goldrausch ausbrach, suchten auch zahlreiche Deutsche dort ihr Glück. In New York angekommen, stellten viele von ihnen jedoch ernüchtert fest, wie schwer es war, die Neue Welt ohne entsprechende Kontakte zu erobern.

Bis tief hinein ins 20. Jahrhundert blieben die USA ein Magnet für Glückssucher. Bevor die nordfriesischen Inseln zu beliebten Ferienzielen wurden, wanderten in den 1950er und 1960er Jahren auch viele Amrumer und Föhrer nach New York aus. Dort ließ sich zwar gutes Geld in einem der vielen kleinen Lebensmittelgeschäfte verdienen, doch der Wettbewerb war immens und die Chefs oft gnadenlos. »Get out, sink or swim« (»Los, schwimm oder geh unter«) hieß die Devise. Viele Friesen trotzten den Schwierigkeiten und schafften es, sich durchzusetzen. Und nicht jeder, der später wieder heimkehrte, war ein Gescheiterter. Auch darüber informierte die Ausstellung im Auswandererhaus. Einige Inselfriesen sahen sich von Anfang an als »Auswanderer auf Zeit« und kamen nach einigen Jahren wieder nach Hause, etwa um den elterlichen Hof zu übernehmen. 22 Prozent der Insel-Auswanderer kehrten im 20. Jahrhundert nach Amrum und Föhr zurück. Deutschlandweit lag der Schnitt nur bei 18 Prozent. Ein Indiz, dass Friesen ihrer Heimat besonders stark verbunden sind? Deuten könnte man es zumindest so.

GRUND NR. 78

WEIL DIE WESER DIE LEBENSADER DER REGION IST

Für uns Schleswig-Holsteiner steht fest, dass die Elbe uns gehört. Die Niedersachsen können schließlich andere Flüsse für sich beanspruchen. Die Weser beispielsweise, die bei Bremerhaven in die Nordsee mündet und die natürliche Grenze für die Region darstellt. Rund 450 Kilometer legt der Fluss zurück, zu dem sich in Hannoversch Münden Fulda und Werra zusammenschließen. Mit dem Weserbergland gibt der Strom einer ganzen Region ihren Namen.

Meinem Gefühl nach gehört die Weser etwa ab Bremen zur Nordseeküste. Spätestens hier wird sie zu einem »echten« Fluss und ist kein Flüsschen mehr, das sich durch die Landschaft schlängelt. Weil die Weser auf ihren letzten Kilometern eine beachtliche Breite erreicht, sind Brücken in diesem Bereich Fehlanzeige. Lange waren die kleinen Fähren die einzige Verbindung von einer Uferseite auf die andere. Erst 2004 wurde der Wesertunnel in Betrieb genommen. Er verbindet seither die Landkreise Wesermarsch und Cuxhaven miteinander. Schon seine Ausmaße machen deutlich, dass eine Brücke an dieser Stelle viel Geld gekostet hätte: Stattliche 1,6 Kilometer lang, ist der Wesertunnel bis heute die einzige feste Querung der Weser nördlich des Großraums Bremen.

Zwischen Cuxhaven und Weser liegt das Land Wursten. Wer einen solchen Namen trägt, darf sich nicht wundern, wenn Touristen mit einem Grinsen im Gesicht nach dem richtigen Weg fragen. Mit Wurst hat der Begriff allerdings nichts zu tun. Er leitet sich vielmehr von »Wurtsassen« oder »Wursaten« ab, was so viel heißt wie »Wurten-Bewohner«. Viele Einheimische bauten ihre Häuser auf Wurten, künstliche Erdhügel, die vor dem Deichbau oft der einzige Schutz vor Sturmfluten waren. Die Gegend wird bis heute von der Landwirtschaft und vom Meer geprägt. Kleine Fischerhäfen wie Dorum, Spieka und Wremen locken Urlauber an und sorgen dafür, dass der Tourismus die Einnahmequelle Nummer eins ist.

Richtig reich war die Region jedoch nie. Bestes Indiz hierfür ist ein weit verbreiteter mittelalterlicher »Berufszweig«, der immer dann an der Küste Hochkonjunktur hatte, wenn legales Arbeiten zu wenig einbrachte: 1444 wurde ganz Wursten wegen Strandraubes an Hamburger Besitztümern vom Erzbischof für sieben Jahre mit dem Kirchenbann belegt.

Die Weser kenne ich vor allem aus dem Weserbergland. Die Familie meiner Frau stammt aus Hameln und so sind wir des Öfteren in der Rattenfängerstadt zu Gast. Wursten hingegen ist auch für mich noch ein weitgehend weißer Fleck auf der Landkarte. Ich kenne zwar fast jeden Quadratmeter Nordseeküste persönlich, aber zwischen Cuxhaven und Wilhelmshaven hat es mich bislang selten ans Meer gezogen. Meist waren es nur kurze Durchgangsstopps. Aber was nicht ist, kann ja noch werden.

Links der Weser beginnt für viele Ortsunkundige bereits Ostfriesland. Mit einem derartigen Halbwissen macht man sich bei den Einheimischen allerdings nicht gerade beliebt. Friesisch ja, ostfriesisch nein – so etwa lässt sich die Gemütslage in Butjadingen und Stadland auf einen Nenner bringen. Zu bieten hat die östliche Seite des Jadebusens vor allem Ruhe. Mich erinnern die kleinen Ortschaften immer an mein geliebtes Friedrichskoog, wo ich meinen inneren Akku wieder auflade, indem ich einfach nur am Deich sitze und aufs Wasser starre.

GRUND NR. 79

WEIL OLDENBURG NIEDERSACHSENS NORDSEEKÜSTE PRÄGTE

Ich habe Oldenburg als beschauliches Städtchen mit gerade einmal 160.000 Einwohnern kennengelernt. Wenig deutet noch auf die große Geschichte des Ortes hin, dessen Herrscher einstmals die Region prägten. In direkter Nachbarschaft zu Bremen gelegen, befand sich Oldenburg lange Zeit mit der Hansestadt im Wettstreit um die Vorherrschaft an der niedersächsischen Nordseeküste. Einige Persönlichkeiten wurden über die Landesgrenzen hinaus bekannt. Erster Herrscher von internationalem Ruf war Graf Christian von Oldenburg, der 1448 König von Dänemark wurde. Später stieg er auch noch zum König von Norwegen, zum König von Schweden, zum Herzog von Schleswig und zum Grafen von Holstein auf. Das kleine Oldenburger Grafenhaus war plötzlich wer im »Who is Who« der Weltgeschichte.

Obwohl Oldenburg von meiner Schulheimat Glückstadt nicht wirklich weit entfernt liegt, ist die Oldenburger Geschichte weitgehend an mir vorbeigegangen. Einzig Graf Anton Günther war mir vor der Recherche zu diesem Buch ein Begriff. Seinem taktischen Geschick war es zu verdanken, dass Oldenburg nicht in den Wirren des Dreißigjährigen Krieges unterging. Seine Neutralitätspolitik (und seine wertvollen Geschenke) ließen der Legende nach den katholischen Feldherrn Tilly wieder abrücken, was den Oldenburger zu einem wahren Volkshelden machte. Weniger beliebt war der Graf bei den Händlern, die mit ihren Waren die Weser befahren mussten. Der Oldenburger verlangte Weserzoll, was nicht nur die Bremer Nachbarn erzürnte. 1647 erbte Oldenburg die Grafschaft Delmenhorst – und erreichte somit unter Graf Anton Günter seine größte Ausdehnung. Dumm nur, dass der Graf keine ehelichen Nachkommen hatte. So fiel Oldenburg nach seinem Tod an den nächsten männlichen Verwandten, den König von Dänemark.

Heute ist Oldenburg sicherlich nicht die prächtigste Stadt auf Erden, aber es gibt viele schöne Ecken zu entdecken. 1773 übernahm das Haus Holstein-Gottorp die Grafschaft, die dadurch Herzogtum wurde. In einer Residenzstadt musste natürlich auch aufs Äußere geschaut werden. Eindrucksvolle Häuserzeilen entstanden, ebenso die Infanteriekaserne am Pferdemarkt und das Prinzenpalais am Damm. Was mir gar nicht bewusst war: Oldenburg ist die viertgrößte Stadt Niedersachsens nach Hannover, Braunschweig und Osnabrück.

Die Fehden mit dem Nachbarn Bremen sind Vergangenheit, im April 2005 hat man sich sogar zur europäischen Metropolregion Bremen/Oldenburg zusammengetan. Von der einstigen Bedeutung kann man dennoch nur träumen. Doch die alte Zeit ist nicht vergessen – auch nicht in den Köpfen der »Umländer«. Ich habe im Herbst 2011 eine Stadtrundfahrt durch Jever gemacht und dabei eindringlich eingetrichtert bekommen, dass die Bierstadt nie zu Ostfriesland gehörte, sondern Teil des einstigen Oldenburger Herrschaftsbereiches war.

Auf feine Unterschiede dieser Art sind die Menschen an der niedersächsischen Nordseeküste durchaus stolz. Zwar spielen die alten Trennlinien im Alltagsleben längst keine Rolle mehr, aber man weist dennoch gern darauf hin, zu welchem Lager man sich rechnet. Auf »ihr« Oldenburg lassen die wenigsten etwas kommen, wohl auch, weil die einstige Grafschaft eher für pragmatische Weitsicht als für die Ausbeutung ihres Volkes bekannt war.

Wer heute als Auswärtiger an Oldenburger denkt, hat meist die bekannte Pferderasse im Kopf. Die Anfänge der Pferdezucht gehen ebenfalls auf Graf Anton Günther zurück, der wegen seiner Liebe zu den rassigen Vierbeinern auch gern als »Stallmeister des Heiligen Römischen Reiches« tituliert wurde. Gestört haben soll ihn das übrigens nicht.

GRUND NR. 80

WEIL AUCH BREMEN
DIE KÜSTENGESCHICHTE MITSCHRIEB

Wer Oldenburg sagt, muss auch Bremen sagen. Zumindest historisch betrachtet. Genau wie Oldenburg liegt Bremen etliche Kilometer im Landesinneren, doch als reiche Hansestadt prägte sie die Geschichte der niedersächsischen Nordseeküste maßgeblich mit. Dank der Weser war die See ja nie weit weg. 1260 trat Bremen der Hanse bei und mit wachsendem Wohlstand forderten die Bremer Kaufleute weitreichende Rechte ein. Als die Handelsvereinigung im 17. Jahrhundert langsam zerfiel, gehörten die Bremer aber zu den letzten Aufrechten, die das Bündnis unterstützten. Genau wie »meine« Hamburger haben es die Bremer noch immer nicht gern, wenn ihnen die Politik etwas vorschreibt. Wer als Bürgermeister überleben will, der muss die Geschichte der Stadt sehr genau kennen. Kaufleute sind freie Leute. Diese alte Hanseweisheit wirkt bis heute nach.

Wahrzeichen Bremens ist der Roland, ein gut zehn Meter hohes Standbild, das die bürgerliche Freiheit symbolisiert. Wer sich die Statue genauer ansieht, wird zu ihren Füßen eine kleine Gestalt entdecken, die von Forschern als unterworfener Friesenhäuptling interpretiert wird. Selbst hier lassen sich also Verbindungen zur Nordseeküste knüpfen. (Bei Häuptlingen denken wir spontan an Indianer. Die waren natürlich nie an der Nordsee zu Hause. Die ostfriesischen Häuptlinge trugen keinen Federschmuck, sondern waren meist kernige Gesellen, die sich bestenfalls dem Willen des Kaisers beugten. Wehrhafte Provinzfürsten, die mit Seeräubern paktierten und regelmäßig mit ihren direkten Nachbarn im Streit lagen.) Der 1404 errichtete Roland steht direkt vor dem Bremer Rathaus und mahnt die Politiker Tag für Tag, nicht über das Ziel hinauszuschießen. Mindestens ebenso bekannt wie der Roland sind die Bremer Stadtmusikanten, jene frech-fröhliche Tierschar, die sich einst aufmachte, ihrem Schicksal ein Schnippchen zu schlagen. Erst seit ich das Märchen vor einiger Zeit meinen Kindern vorgelesen habe, weiß ich wieder, dass Esel, Hund, Katze und Hahn nie Bremer Boden betreten haben. Das Räuberquartier, das sie in Beschlag nahmen, lag irgendwo auf halbem Weg in die Stadt. Doch wen interessieren schon solche Details? Und so wurde auch den tierischen Stadtmusikanten ein Denkmal auf dem Rathausplatz gesetzt.

Unbedingt noch erwähnen muss ich den SV Werder Bremen, jenen Fußballverein, der »meinem« HSV in den vergangenen Jahren unvergessliche Niederlagen zugefügt hat und somit nicht gerade zu meinen persönlichen Lieblingen gehört. Neidvoll muss ich aber anerkennen, dass das kleine Bremen seit etlichen Jahren die erfolgreichere Mannschaft stellt als das große Hamburg. Über zwei Jahrzehnte dauert dieses Missverhältnis nun schon an und ein Ende scheint nicht in Sicht zu sein.

Womit kann ich die Bremer sonst noch glücklich machen? Vielleicht mit einem Hinweis auf den Dom. Der romanische Kirchenbau heißt im vollen Wortlaut St.-Petri-Dom und ist knappe 1000 Jahre alt. Sein Alter erklärt auch seine stattliche Größe, denn später wurde Bremen evangelisch und hätte einem katholischen Dombau dieses Ausmaßes wohl nicht mehr zugestimmt.

Wer es malerisch mag, sollte das Schnoorviertel mit seinem mittelalterlichen Gängegewirr besuchen, und geradezu ein Muss ist die Schlachte, Bremens Uferpromenade an der Weser. Ebenfalls eine Pflicht für Freunde deftiger Küche – das Bremer Nationalgericht: Grünkohl mit Pinkel (Grützwurst), Kassler und Speck. Jetzt habe ich leider gar keinen Platz mehr für einen Abstecher ins Teufelsmoor und nach Worpswede. Dabei hätte die Künstlerkolonie fraglos ein eigenes Kapitel verdient.

KAPITEL 9

IRGENDWO HIER BEGINNT OSTFRIESLAND

Ein Loblied auf das Reich der Teetrinker

WEIL DER JADEBUSEN
DAS OSTFRIESISCHE EINFALLSTOR IST

Die Nordsee ist Ostfriesland. Und Windmühlen sind Ostfriesland. Und Friesenwitze sind Ostfriesland. Und Tee ist Ostfriesland. So weit, so unbestritten. Doch dann beginnen sie auch schon, die Definitionsprobleme. Sie fangen schon bei der geografischen Lage Ostfrieslands an. Wo genau liegt seine Ostgrenze? Am Jadebusen? Oder zwischen Jever und Wittmund? Nimmt man die Südspitze des Jadebusens als Ausgangspunkt und zieht bis zum Dollart eine gerade Linie, so hat man fraglos ein großes Stück Friesland markiert.

Doch Friese ist nicht gleich Ostfriese, wie wir noch erfahren werden. Und so gehören Wilhelmshaven und Jever keinesfalls zu Ostfriesland, dafür erstreckt sich das ostfriesische Territorium weit die Ems hinauf bis nach Papenburg, wo die Meyer Werft ihre schmucken Ozeanliner vom Stapel lässt. Weiter geht die Reise bis tief hinein nach Holland. Die deutsch-niederländische Grenze trennt zwar zwei Staaten, doch Friesen leben diesseits und jenseits der Grenze.

Zurück nach Osten an den Jadebusen. Den Namen hätten selbst moderne PR-Manager nicht besser wählen können. Er klingt für mich nach Meer, Sonne und Erholung pur. Die Wahrheit sieht natürlich ein wenig anders aus. Die 190 Quadratkilometer umfassende Bucht ist zu einem Großteil das Ergebnis der mittelalterlichen Sturmfluten. Das Kirchspiel Arngast musste während der Clemensflut 1334 verlassen werden, 1511 riss während einer weiteren Flut die Landverbindung gänzlich ab. Anfang des 20. Jahrhunderts versanken die letzten Reste des Eilandes im Meer, zurück blieb eine Sandbank. Die zerstörerische Kraft der See hat aber auch eine gute Seite. Weil das Wasser im Jadebusen während des Wechsels von Ebbe und Flut zwischen Wilhelmshaven und dem benachbarten Eckwarderhörne quasi wie durch einen Flaschenhals gepresst wird, ist die Strömung so stark, dass die Fahrrinne vergleichsweise langsam versandet.

Fast 100.000 Menschen starben im Jadebusen-Gebiet in den vergangenen Jahrhunderten bei Sturmfluten. Sieben Kirchdörfer wurden ausradiert und erst umfangreiche Eindeichungen machten dem Spuk ein Ende.

Zum Glück gehören diese finsteren Zeiten der Vergangenheit an und heute lässt sich am Jadebusen prima Urlaub machen, beispielsweise im südlich von Wilhelmshaven gelegenen Dangast. Ich habe das kleine Dorf mit seinen gerade einmal 500 Einwohnern erst ein einziges Mal besucht und in Erinnerung geblieben ist mir vor allem ein überdimensionaler Phallus, der sich am Strand den Badegästen entgegenreckt. Bei Dangast mündet übrigens auch die Jade ins Meer, jenes Flüsschen, das dem Jadebusen seinen Namen gab.

»Hauptstadt« der Jadebusen-Anrainer ist fraglos Wilhelmshaven. Die Stadt hat gut 80.000 Einwohner und ist damit – gemessen mit Nordsee-Maßstäben – fast schon eine Metropole. Dabei ist Wilhelmshaven gerade einmal 150 Jahre alt. Am Reißbrett geplant als Marinequartier, ist die Stadt später zum größten Bundeswehrstandort in Deutschland aufgestiegen. Die Marinesoldaten sind gern gesehene Gäste in der Region, sichern sie doch Arbeitsplätze und kurbeln den Umsatz an. Doch Wilhelmshaven hat auch für Touristen viel zu bieten. So besitzt der Ort den einzigen Südstrand an der gesamten Nordseeküste und das schier endlose Hafenareal sucht ebenfalls seinesgleichen.

WEIL WILHELMSHAVEN
SEINEM NAMEN ALLE EHRE MACHT

Wilhelmshaven – der Name ist Programm. Wobei die Betonung auf »Haven« liegt, denn mit Häfen ist die Stadt gesegnet wie keine andere. Es gibt einen Arsenal-Hafen, einen Ausrüstungshafen, einen Handelshafen, einen Kanalhafen, einen Verbindungshafen, den Großen Hafen und den Nordhafen.

Neueste Errungenschaft ist der JadeWeserPort, an dem seit 2008 gebaut wird und der voraussichtlich noch 2012 seine Eröffnung erlebt. Der Container-Terminal in Deutschlands einzigem Tiefwasserhafen soll die Region für die Zukunft wirtschaftlich fit machen. Einen kleinen Haken hat das Projekt allerdings: Um Platz zu schaffen, wurde der bei den Einheimischen ausgesprochen beliebte Geniusstrand geopfert. Doch was tut man nicht alles, um für die modernen Schiffsriesen gewappnet zu sein. Die Giganten sind inzwischen bis zu 400 Meter lang und können 13.000 Container laden, was – aneinandergereiht – einer Wegstrecke von rund 80 Kilometern entspricht.

Als ausgewiesener Hafen-Fan zieht es mich in Küstenstädten eigentlich immer zuerst ans Wasser. Klar, dass ich mir auch den JadeWeserPort ansehen musste. Direkt an der Baustelle gibt es ein Info-Center unter dem Motto »Schifffahrt erleben – Zukunft begreifen«. Darin erfährt man, dass der JadeWeserPort tidenunabhängig und 18 Meter tief sein wird. Wie lange wird der Hafen wohl den Anforderungen der modernen Zeit genügen? Sieht man sich die Entwicklung der vergangenen Jahre an, dann dürfte es nur eine Frage der Zeit sein, wann auch die 18 Meter nicht mehr ausreichen werden. Schon jetzt haben einige Containerschiffe bis zu 16 Meter Tiefgang. Aber man kann ja ausbaggern. Das ist allerdings ein heikles Thema, das nicht nur bei Flüssen wie der Elbe und der Ems die Umweltschützer auf den Plan ruft.

Auch die größten Kritiker des neuen Containerhafens werden mit mir übereinstimmen, wenn ich behaupte: Wer Hafenatmosphäre mag, wird Wilhelmshaven lieben. Wobei das Erlebnis nicht an den Kaimauern endet. Sehenswert ist auch ein Besuch des Wattenmeerhauses, das über den Nationalpark Niedersächsisches Wattenmeer informiert.

Ebenfalls einen Abstecher lohnt das 3-D-Kino »Oceanics«, in dem Nautik und Nordsee medial-modern aufbereitet werden. In ein paar Jahren werde ich meine Kinder sicherlich kaum noch aus diesem Kino herausbekommen, momentan sind sie aber noch zu jung für die Multimedia-Show. Dafür habe ich mit den beiden im Herbst 2011 das am Südstrand gelegene Aquarium besucht. »Meer! Live! Erleben!« lautete das Motto und meine Kleinen waren begeistert von Haien, Pinguinen und bunten Tropenfischen.

Weil das Aquarium so »supertoll« war, schafften wir es nicht mehr ins »Piratenamüseum«. Ich hätte da gern vorbeigeschaut, schon, weil ich den Namen so niedlich finde. Der Besuch startet mit einem 150 Meter langen Störtebekerrundgang. Dabei kommt natürlich auch »Das goldene Zeitalter der Piraterie« nicht zu kurz. Kinder und Jugendliche bis 17 Jahre erhalten einen Kaperauftrag mit Erklärungen. Und wer alles richtig macht, bekommt das Tresorknackerpatent. Zumindest versprechen das die Betreiber. Wenn wir im kommenden Jahr zwei Sommerwochen in Ostfriesland verbringen, werde ich austesten, ob das auch stimmt ...

WEIL KLAUS STÖRTEBEKER
ALLGEGENWÄRTIG IST

Es gibt Mythen, die zur Nordsee gehören wie Wind und Wellen. Keine hat mich persönlich so begeistert und in ihren Bann gezogen wie jene vom legendären Klaus Störtebeker. Vor allem als Jugendlicher war ich dank ihm ein echter Piraten-Fan. An der gesamten Küste stößt man auf Spuren des Freibeuters, der mit seinen Liekedeelern (»Gleichteilern«) erst die Ostsee unsicher machte, bevor er die Nordsee zu seinem Revier erkor. Schon an der Kernfrage beißt sich die Wissenschaft die Zähne aus: Hat Klaus Störtebeker überhaupt gelebt oder ist er bloße Fiktion? Wahrscheinlich ist der Seeräuber eine Mischung aus beidem. Der aktuelle Stand der Forschung besagt, dass es einen Johann Störtebeker aus Danzig gegeben haben soll. Der lebte allerdings bis mindestens 1413, wohingegen der legendäre Freibeuter bereits 1401 in Hamburg einen Kopf kürzer gemacht worden sein soll.

Weitgehend einig ist man sich über die Herkunft des Namens. Störtebeker wird vermutlich für »Stürz den Becher« stehen und auf die Trinkfreudigkeit des Piraten hindeuten. Ebenso historisch belegt sind die Erbstreitigkeiten zwischen Dänen und Mecklenburgern ab dem Jahr 1375. Die Mecklenburger stellten Piraten daraufhin Kaperbriefe aus, die es ihnen erlaubten, dänische Schiffe zu überfallen und auszurauben und die erbeuteten Waren in Rostock und Wismar zu verkaufen. Einer dieser Piraten soll Klaus Störtebeker gewesen sein. Ob er auch mit dabei war, als Piraten versuchten, das belagerte Stockholm zu befreien und mit Lebensmitteln (Viktualien) zu versorgen, ist nicht belegt. Auf alle Fälle stammt daher die Bezeichnung »Vitalienbrüder«, die zum Synonym für Störtebeker und seine Mannen wurde. Die Hochzeit der Piraten fand 1395 ein jähes Ende. Dänen und Mecklenburger schlossen Frieden und plötzlich störten die oft eigenmächtig handelnden Freibeuter. Drei Jahre später soll Störtebeker von der Ostsee in die Nordsee gesegelt sein, um dort ungestört seinem Handwerk nachgehen zu können. Vor allem auf reich beladene Hansekoggen habe er es abgesehen, heißt es.

Da selbst der unbeugsamste Pirat Helfer braucht, suchte sich Störtebeker Unterstützung an Land. Fündig wurde er in Ostfriesland, das damals von mehreren Häuptlingen regiert wurde. Diese wollten die Kontrolle über den Nordseehandel zurückgewinnen und mussten jemanden finden, der bereit und fähig war, die Vormacht der Hanse zu brechen. Eine echte »Win-win-Situation« also. Die Verbindung ging so weit, dass Störtebeker in Marienhafe sogar eine Tochter des friesischen Häuptlings Keno ten Broke geheiratet haben soll. Unterschlupf wurde ihm angeblich in der Kirche St. Marien gewährt, weshalb der Kirchturm noch heute den Namen »Störtebekerturm« trägt.

So legendär wie sein Leben ist auch Störtebekers Ende. Eine Hamburger Flotte soll den Piraten vor Helgoland gefangen genommen haben. Das Todesurteil war schnell gefällt. Auf dem Grasbrook bei Hamburg hat sich der Sage nach der letzte Akt zugetragen. Störtebeker und seinen Gefährten soll der Kopf abgeschlagen werden. Er bat Bürgermeister Kersten Miles darum, als Erster enthauptet zu werden, und alle Männer, an denen er im wahrsten Sinn des Wortes kopflos vorbeilaufen konnte, sollten freigelassen werden. Miles stimmte zu und der Legende nach schaffte es Störtebeker bis zum elften Mann, ehe ihm der Henker einen Holzklotz vor die Füße warf.

WEIL DANGAST OHNE DEICH AUSKOMMT

Solange die Nordsee nicht durch Deiche gesichert war, mussten die Menschen an der Küste bei jedem Sturm um ihr Leben fürchten. Bis weit hinein ins Mittelalter blieb der »Blanke Hans« eine ewige Gefahr, erst ganz allmählich entwickelte die Wissenschaft Konzepte, wie die See gebändigt werden konnte. Während meiner Schulzeit in Glückstadt habe ich mindestens ein Jahr im Geschichtsunterricht lernen dürfen, wie man moderne Deiche baut – und dass es Holländer waren, die diese Technik einst perfektionierten.

Letzten Herbst habe ich mein Wissen in einem Museum in Carolinensiel aufgefrischt. Das älteste überlieferte Deichprofil stammt demnach aus Flandern und wird auf das Jahr 1244 datiert. Gerade mal drei Meter hoch war dieser »Ur-Deich« und an seiner breitesten Stelle maß er schmächtige zehn Meter. Die Außenböschung fiel steil ab, sodass der Deich von der Seeseite her eher einer Mauer glich.

Erst deutlich später erkannte man, dass die See diese »Mauern« rasch unterspülen konnte und dass ein anderes Deichprofil deutlich bessere Wirkung zeigte. Ein allmählich ansteigender Deich sorgt seitdem dafür, dass sich die Wellen geradezu »totlaufen«. Moderne Deiche sind knappe acht Meter hoch und an ihrer Basis bis zu 85 Meter breit. Von derart mächtigen Schutzwällen konnten die Menschen einstmals nur träumen. Als in der Nacht vom 24. auf den 25. Dezember 1717 die sogenannte »Weihnachtsflut« Ostfriesland heimsuchte, hielten die Deiche der Urgewalt der Nordsee nicht stand. Die Weihnachtsflut tötete von Dänemark bis nach Holland fast 12.000 Menschen. Rettung fanden nur diejenigen, die auf höher gelegene Flecken flüchten konnten. Eine dieser raren Erhebungen befindet sich an der Westseite des Jadebusens. In seinem Zentrum liegt der Badeort Dangast.

Dangast liegt erhöht auf einem Geestrücken. So versperrt kein Deich den Blick aufs Meer – was an der Nordsee Seltenheitswert besitzt. Es ist gewiss kein Zufall, dass gerade dieses beschauliche Dorf für sich in Anspruch nehmen kann, sich als erster Ort an der Nordseeküste zu einem Seebad entwickelt zu haben. Ein gewisser Graf Gustav Friedrich Wilhelm Bentinck erkannte schon Ende des 18. Jahrhunderts die günstige Lage und baute Dangast bis 1828 zum Kurbad aus. Anfang des 20. Jahrhunderts logierten in der 550-Seelen-Gemeinde Vertreter der Malergruppe »Die Brücke« und verliehen dem Ort den Hauch einer Künstlerkolonie. 1923 zog es den Maler Franz Radziwill, einen Vertreter des »Magischen Realismus«, nach Dangast. Sein Haus in der Sielstraße ist heute der Treffpunkt von Kunstliebhabern in der kleinen Gemeinde. Wer es markanter mag, der sollte an den Strand gehen. 1984 ließ der Bildhauer Eckart Grenzer dort einen 3,20 Meter hohen Phallus mit dem Titel »Begegnung der Geschlechter« entstehen. Ein echter »Hingucker«, wie ich aus eigener Anschauung versichern kann. Der gewaltige Granitklotz ist es allein schon wert, einen Abstecher nach Dangast zu unternehmen.

GRUND NR. 85

WEIL DER SKULPTURENPFAD »SEH-ZEICHEN« SETZT

Ich bin zwar nur ein Kunstlaie, aber wenn ich auf eine Galerie oder ein Museum mit Werken der Moderne treffe, dann zieht es mich geradezu magisch hinein. Vermutlich mag ich Dangast deshalb so sehr. Die Kunst spielt in dem kleinen Dorf eine nicht zu übersehende Rolle. In der Galerie Willy Hinck in der Strandvilla Irmenfried nahe dem Kurhaus sind Werke des 2002 verstorbenen

Kunstmalers zu sehen. Es gibt einen Kunstpfad, der an Erich Heckel, Max Pechstein und Karl Schmidt-Rottluff erinnert. Alle drei Mitglieder der Künstlergruppe »Die Brücke« logierten und malten einst in Dangast.

Sichtbarstes Kunst-Zeichen ist der Skulpturenpfad, der im Expo-Jahr 2000 eingeweiht wurde und der sich neun Kilometer von Dangast bis nach Mariensiel erstreckt. »Sieben Seh-Zeichen auf sieben See-Meilen« lautet das Motto der sieben Skulpturen, die sich auf die Schöpfungsgeschichte beziehen. Die Werke entstanden im Rahmen eines Bildhauersymposiums. Einen Monat lang arbeiteten die beteiligten Künstler unter freiem Himmel an ihren Skulpturen, bevor diese entlang eines Radwanderweges am Jadebusen aufgestellt wurden. Weil die Idee auf beachtliche Resonanz stieß, wurde sie im Sommer 2002 erneut aufgegriffen. Am östlichen Jadebusen entstanden weitere Kunstwerke zum Thema »Die Sintflut – Bewahrung der Schöpfung hinter dem Deich«, die im Herbst 2003 in Positur gebracht wurden. Seither können Radfahrer und Wanderer insgesamt 14 steinerne Sehenswürdigkeiten bestaunen.

Aus meiner Sicht künstlerisch mindestens ebenso wertvoll sind die »Stolpersteine« des heimischen Kurvereins, die an markanten Punkten des Badeortes aufgestellt wurden. Der bereits erwähnte Riesen-Phallus ist Teil dieser Konzeption. Auf der Website www.dangast.de heißt es zur Erklärung, dass das von Eckart Grenzer an der Flutkante am Kurhausstrand errichtete Kunstwerk die natürliche Begegnung der Geschlechter darstelle. Das Meer, das Grenzer als weiblich empfindet, »umarme« alle zwölf Stunden den Phallus. Ebenfalls von Grenzer geschaffen wurde die Skulptur »Das Tor zum Watt«, bestehend aus zwei Steinplatten, aufgestellt an der Kurhaus-Promenade. Der Blick des Betrachters wird in das offene Objekt hineingezogen und durch einen schmalen Spalt auf den Jadebusen und eine versunkene Kirche gelenkt. Andere Kunstwerke tragen Namen wie

»Friesendom«, »Fenster zur Marsch« oder »Das Dorf Dangast«. Letzteres gefällt mir besonders gut. Zu finden ist es im ursprünglichen Ortskern. Es ist ausgesprochen formschön und symbolisiert Gebäude und Kirche des einstigen Fischer- und Bauerndorfs durch kleine Steinquader.

Mir ist aufgefallen, dass Kunstprojekte dieser Art an meiner heimischen Nordseeküste in Schleswig-Holstein weitgehend fehlen. Das finde ich ausgesprochen schade, da sie nicht nur zum Nachdenken anregen, sondern auch wahre Touristenmagneten sein können. Kulturliebhaber kommen in Niedersachsen deutlich eher auf ihre Kosten, was wohl auch daran liegt, dass die niedersächsische Küste über größere Städte wie Wilhelmshaven, Emden oder Cuxhaven verfügt. An der schleswig-holsteinischen Nordseeküste gelten schon Kleinstädte wie Husum oder Heide als Metropolen. Dangast ist aber ein gutes Beispiel dafür, dass Kunst nicht nur im urbanen Raum gedeihen kann. Wichtiger als städtisches Flair ist der Wille, Kunstwerke zu schaffen und dieser Kunst dann auch Rahmen und Raum zu geben. Dabei muss es ja nicht immer »hohe Kunst« sein, auch die grandiose Natur der Küste lässt sich problemlos einbinden. Die »Stolpersteine« sind ein ausgesprochen gelungener Ansatz.

GRUND NR. 86

WEIL DER EMS-JADE-KANAL KEINE »KUHRINNE« IST

Der Ems-Jade-Kanal teilt Friesland in eine Nord- und eine Südseite. Was kein großes Problem ist, da der Kanal eher ein Kanälchen ist. Befahren werden kann er nur von Schiffen, die einen maximalen Tiefgang von 1,70 Meter haben. Heute hat der Kanal seine einstige Bedeutung für die Transportschifffahrt längst eingebüßt und ist vor allem eine Touristenattraktion. Kaum ein

Ostfrieslandurlauber lässt sich die Chance entgehen, in Aurich an Bord zu gehen. »Echt ostfriesisch!« heißt dabei das Motto auf der »MS Stadt Aurich«.

Natürlich genossen auch meine Familie und ich schon das Spektakel. Wobei »Spektakel« eher irreführend ist. Wir schipperten gemächlich im Schritttempo an vereinzelten Häusern vorbei, genossen die Landschaft und passierten »ganz nebenbei« einige der typisch friesischen Klappbrücken. Eine architektonische Besonderheit gab es auch noch zu bestaunen – die Emder Kesselschleuse von 1886. Sie verbindet gleich vier Wasserstraßen miteinander: den Ems-Jade-Kanal, den Emder Stadtgraben, das Fehntjer Tief und das Rote Siel.

Wasserläufe bildeten über Jahrhunderte hinweg die Lebensadern Frieslands. Weil natürlich entstandene Flüsse nicht immer den gewünschten Verlauf nehmen, half der Mensch mitunter nach. Der Ems-Jade-Kanal ist ein Ergebnis dieser Landschafts-Umgestaltung. Er verbindet die Ems bei Emden mit dem Jadebusen bei Wilhelmshaven und misst über 72 Kilometer Wegstrecke. Gebaut wurde der Kanal zwischen 1880 und 1888, also etwa zu der Zeit, als auch der Nord-Ostsee-Kanal Gestalt annahm. Das ist kein Zufall, es erklärt sich aus der Bedeutung von Wasserstraßen für die damalige Zeit. Preußen wollte seine Enklave, den Marinestützpunkt Wilhelmshaven, an seine ostfriesischen Besitztümer anbinden. Außerdem sollte der Handel in der Region angekurbelt werden und »ganz nebenbei« ließ sich mit Hilfe des Kanals das tief gelegene Ostfriesland auch noch entwässern.

Bereits ein knappes Jahrhundert vor dem Bau des Kanals hatte es zwischen Emden und Aurich mit dem »Treckschuitenfahrtskanal« eine Art Vorgänger gegeben, der allerdings so eng war, dass die Schiffe von Pferden gezogen werden mussten, weil sie nicht allein manövrieren konnten. Dieses »Treideln« genannte Verfahren war zeitaufwendig, aber aufgrund fehlender Alternativen lange Zeit auf fast allen Kanälen üblich. So gesehen war der Ems-Jade-Kanal auch von seiner Größe her ein echter Fortschritt. Für Aufsehen sorgte der künstliche Wasserweg schon, bevor er offiziell eingeweiht wurde. Die ganze Region war stolz auf das Bauwerk, weshalb zur Eröffnung Reichskanzler Otto von Bismarck eingeladen wurde. Doch der schmetterte der Überlieferung nach das Gesuch mit den Worten ab: »Wegen einer Kuhrinne begebe ich mich nicht ins unwirtliche Ostfriesland.« Wer die Friesen kennt, ahnt, welche Wirkung dieser Satz gehabt haben muss.

Schon aus diesem Grund möchte ich ausdrücklich versichern, dass der Ems-Jade-Kanal keine »Kuhrinne« ist, sondern ein idyllischer Wasserweg, den Wassersportler sogar kostenlos nutzen dürfen. Rund 5000 Boote aller Art befahren jährlich die Route. Ein optisches Phänomen muss ich ebenfalls unbedingt noch erwähnen: Zwischen der Kesselschleuse und der Schleuse Kukelorum in Aurich-Rahe verläuft der Ems-Jade-Kanal etwa zwei Meter höher als die ihn umgebende Landschaft. Dämme schützen ihn vor dem Auslaufen. Wer mit dem Auto vorbeifährt, hat den Eindruck, dass sich die Schiffe über Land bewegen würden. Vor allem für Kinder ist der Anblick »gigantomanisch«, wie es meine Tochter ausdrückte.

GRUND NR. 87

WEIL FEHNSCHIFFFAHRT NICHTS MIT FEEN ZU TUN HAT

Wer Ostfriesland entdecken möchte, der muss rauf aufs Wasser. Am beliebtesten sind Schiffe, die die Urlauber auf die ostfriesischen Inseln bringen. Alle Eilande werden mehrfach täglich angesteuert und die Überfahrt ist durchaus bezahlbar. Rund eine Stunde muss man einplanen, bevor man Inselboden betreten kann. »Ohne einen Inselbesuch war man nicht wirklich in Ostfriesland«, behaupten die Einheimischen – und das stimmt! Denn ein Flair wie auf den Inseln ist auf dem Festland nicht zu finden. Auf den meisten Inseln sind nicht einmal Autos erlaubt. Auf fast allen gibt es wahre Traumstrände.

Doch das Bootsvergnügen ist längst nicht auf Touren nach Norderney, Baltrum oder Langeoog begrenzt. Auch im ostfriesischen Binnenland sind Schiffe bis heute beliebte Fortbewegungsmittel geblieben.

Die Fahrt von Aurich nach Emden auf dem Ems-Jade-Kanal habe ich bereits erwähnt. Auch die Strecke von Aurich nach Wilhelmshaven lohnt sich. In Richtung Wiesmoor zweigt vom Hauptkanal der Nordgeorgsfehnkanal ab. Wer ihn befahren möchte, kann in Wiesmoor die »Moornixe« besteigen. Feen gibt es allerdings nicht zu sehen, denn das Wort »Fehn« kommt nicht aus der Märchenwelt, sondern es stammt aus dem Niederländischen und heißt schlicht »Moor«. Große Teile von Ostfriesland werden von Fehnkanälen durchzogen, was wiederum den Schluss zulässt, dass die Landschaft einstmals von ausgedehnten Moorflächen geprägt war. Etliche dieser Fehnkanäle sind bis heute schiffbar, so auch das Fehntjer Tief, ein Flusslauf, der von der Gemeinde Großefehn im Landkreis Aurich in westlicher Richtung bis nach Emden führt. Mit dem Wort »Tief« werden in Ostfriesland kleinere Flüsse bezeichnet.

Heute sind die Fehnkanäle eine Touristenattraktion. In früheren Zeiten waren sie für die Menschen der Region lebenswichtig. Die kleinen Wasserstraßen dienten nicht nur der Landentwässerung, sondern auch als Handelswege, auf denen der Torf zum Verbraucher gebracht wurde. Die Fehnschifffahrt nahm bereits im 19. Jahrhundert stattliche Ausmaße an. So war 1880 beispielsweise im beschaulichen Ostrhauderfehn eine Flotte von 74 Torfschiffen beheimatet. Die Zeit der Fehnsiedler zeichnet heute das Moormuseum Moordorf nach (der Ort liegt westlich von

Aurich). Die dortigen Mitmachangebote sind vor allem ein Spaß für Kinder. Während sich der Nachwuchs im Matsch vergnügt, können die Eltern in der gemütlichen Teestube »Kluntjehus« einkehren. Auf Wunsch wird hier auch eine original ostfriesische Teezeremonie angeboten.

Zurück aufs nasse Element. Nur ein paar Kilometer von Moordorf entfernt liegt das Große Meer mit seinen rund 460 Hektar Wasserfläche. Das »Meer« ist Ostfrieslands größter Binnensee und ein Paradies für Kanuten, Tretbootfahrer und Surfer. »Schiffe gucken« kann man mit etwas Glück etwas weiter südlich am Ufer der Ems, wenn die Meyer Werft in Papenburg einen ihrer Ozeanliner über den engen Fluss zum Dollart manövriert.

Ein Kapitel ganz anderer Art sind die Legenden und Geschichten von unzähligen Schiffen, die vor der Küste versunken sind. Zu den tragischsten gehört der Untergang der »Johanne«. Die hölzerne Bark befand sich am 6. November 1854 auf Jungfernfahrt von Bremerhaven nach Amerika und sank vor der ostfriesischen Insel Spiekeroog. An Bord waren 216 Auswanderer, 77 Menschen starben. Das Unglück war ein Auslöser für die Gründung des Emder »Vereins zur Rettung Schiffbrüchiger«, eines regionalen Vorläufers der 1865 gegründeten »Deutschen Gesellschaft zur Rettung Schiffbrüchiger«, kurz DGzRS.

GRUND NR. 88

WEIL OHNE TEE HIER GAR NICHTS GEHT

Im Herbst 2011 wollten meine Frau und ich eigentlich einer »echten« ostfriesischen Teezeremonie beiwohnen, doch leider schafften wir es nicht in die Teestube »Kluntjehus« im Moormuseum Moordorf. Überhaupt entwickelte sich die Suche nach einer typisch ostfriesischen Teestube zu einem Running Gag. Weil wir in Aurich Quartier bezogen hatten, suchten wir zuerst in diesem Städtchen nach einer traditionellen Teestube. Laut Plan sollte es eine neben der alten Mühle geben – das stimmt auch, doch leider hatte das Café die ganze Woche über geschlossen. »In der Innenstadt gibt es auch einige Cafés«, wurden wir vertröstet. Frohgemut machten wir uns auf die Suche und landeten letztlich in einem Allerweltscafé mit Blick auf den Marktplatz.

In Emden, Norden und Jever erging es uns ähnlich. Langsam, aber sicher beschlich uns das Gefühl, dass ostfriesische Teestuben nur eine Legende sind, ähnlich wie der sagenhafte Pirat Klaus Störtebeker. Am letzten Urlaubstag wurden wir dann doch noch fündig, und zwar in Leer. In Sichtweite zu Rathaus und Waage kehrten wir in eine Friesenstube ein, wie wir sie uns vorgestellt hatten. Es gab Friesentorte, Kandiszucker – und heißen Ostfriesentee. »Der besteht aus zehn Sorten schwarzem Tee«, wurden wir belehrt. Weil ich schwarzem Tee nichts abgewinnen kann, sattelte ich auf Kaffee um, während es sich meine Frau schmecken ließ. »Köstlich«, versicherte sie. Unsere beiden Kinder fanden den Ostfriesentee erst »etwas bitter«, aber nach einem halben Dutzend Kandiswürfeln waren auch sie begeistert.

Nur Tee, der in Ostfriesland gemischt worden ist, darf als »echter Ostfriesentee« bezeichnet werden, ansonsten muss es »ostfriesische Mischung« heißen. Hier gibt es gleich drei große Teehandelshäuser. Seit ich bei Wikipedia unter dem Stichwort »Ostfriesische Teekultur« nachgeschlagen habe, weiß ich, dass die Ostfriesen den weltweit größten Teeverbrauch pro Kopf haben. Im Durchschnitt trinkt jeder Ostfriese rund 290 Liter im Jahr, das entspricht dem Zwölffachen des deutschen Durchschnittsverbrauchs. In »unserem« Café in Leer erzählte man uns, dass in vielen Familien der Teekonsum noch vor dem Aufstehen beginnt. Am Bett wird die erste Tasse serviert, beim Frühstück geht es munter weiter, es folgt eine kurze Teepause am späten Vormittag (»Elführtje«) und um 15 Uhr wird die Hauptteezeit eingeläutet. Den Abschluss bildet gegen 21 Uhr der Abendtee.

Natürlich hat fast jeder ostfriesische Haushalt sein eigenes Teegeschirr im Schrank stehen. Wobei die Zubereitung eine Wissenschaft für sich ist. Die Teekanne wird zuerst mit kochendem Wasser ausgespült, dann erst wird der Ostfriesentee in die warme Kanne gegeben. Bei geschlossenem Deckel lässt man ihn drei bis vier Minuten ziehen. Anschließend wird aufgefüllt und durchgesiebt. Vor dem Eingießen legt man ein Kandisstück (»Kluntje«) in die Tasse. Läuft der heiße Tee darüber, entsteht das charakteristische Knistern. Anschließend gibt man mit einem Sahnelöffel (»Rohmlepel«) einen Tropfen Sahne (»'n Wulkje Rohm«) hinzu. Für gewöhnlich wird die Sahne vorsichtig am Rand der Tasse positioniert, sodass eine »Wolke« entsteht, die sich langsam und ohne Umrühren verteilt. Erst jetzt darf getrunken werden. Ach ja: Hat man ausgetrunken, lässt man den Rest des nicht aufgelösten Kandisklumpens in der Tasse liegen. »Den lutscht man nicht«, wurden meine Kinder in Leer ermahnt.

WEIL IN JEVER NICHT NUR FRISCHES PILS FLIESST

Denk ich an Jever, dann fällt mir Bier ein. Den meisten Menschen dürfte es ähnlich gehen. Der herbe Genuss aus den grünen Flaschen ist bundesweit zum Erkennungszeichen geworden. Und so war die Brauerei auch das erste Ziel, das ich während meiner jüngsten Ostfrieslandreise in Jever ansteuerte. Die Türme des imposanten Bauwerks strahlten silbern in der Sonne und das Emblem »Jever Pilsener« prangte weithin sichtbar in luftiger Höhe. »Hier riecht es sogar nach Bier«, sagte ich zu meiner Frau beim Vorbeifahren. Die schaute mich nur entgeistert an, stimmte mir aber zu, nachdem sie das Fenster heruntergekurbelt hatte. Wir lernten: Jever schmeckt nicht nur friesisch-herb, sondern es riecht auch so. Natürlich ging es gleich anschließend auf Besichtigungstour. Knappe zwei Stunden inspizierten wir die Brauerei, lernten, was alles ins Bier darf, und vor allem, was nicht. Probieren durften wir auch und ganz nebenbei wurde uns die Historie nähergebracht. Das Friesische Brauhaus zu Jever blickt auf eine über 160-jährige Tradition zurück, heute gehört die Marke zur Radeberger-Gruppe.

Nach der Besichtigung der Brauerei ging es weiter zum Schloss. Das hatte zwar geschlossen, doch zum Glück gibt es Internet und dort erfuhren wir, dass das schmucke Gemäuer einst Sitz der Herrschaft Jever war, die zum Heiligen Römischen Reich gehörte. Das Territorium der Herrschaft Jever erstreckte sich im Osten bis an die Westküste des Jadebusens, reichte im Süden bis an die Oldenburger Besitztümer und endete im Westen an der Grenze zu Ostfriesland. Heute beherbergt das Schloss ein Museum, das sich der Geschichte des Gebäudes und der Historie der Herrschaft Jever widmet. Umgeben ist das Schloss von einem kleinen Park samt Wassergraben. Direkt vor dem Gebäude erstreckt sich der Alte Markt und auch die Fußgängerzonen sind von hier aus problemlos zu Fuß zu erreichen. Als wir durch Jever liefen, waren wir erstaunt, wie dörflich es hier zugeht. Nur rund 14.000 Einwohner leben in dem Städtchen. Und so dauerte es auch nicht lange, bis wir die wesentlichen Sehenswürdigkeiten erkundet hatten. Wer dennoch lieber auf Motorkraft setzen möchte, kann auf dem Alten Markt einen Bimmelbahn-Bus besteigen, der im Schritttempo die Stadt durchfährt. Mit an Bord ist ein kundiger Führer, der zu fast jedem Haus eine Geschichte erzählen kann.

Während der Tour wurden wir immer wieder daran erinnert, dass Jever eine Bierstadt ist. Grün ist die vorherrschende Farbe. Fast keine Kneipe, die ohne Jever-Sonnenschirm auskommt! Fast ebenso auffällig sind die vielen Denkmäler und Brunnen in der Stadt. Es gibt einen Sagenbrunnen, einen Kosakenbrunnen, einen Brillenbrunnen, einen Kiebitzbrunnen und natürlich einen

Hopfenbrunnen. Auch diverse Museen lohnen einen Besuch, näher eingehen möchte ich aber nur auf eines mit einer ganz speziellen Geschichte. Obwohl viele Friesen seit Otto von Bismarcks »Kuhrinnen«-Eklat (siehe Grund 86) auf den einstigen Reichskanzler nicht gut zu sprechen waren, gab es doch auch solche, die sich den »Eisernen Kanzler« zum Vorbild erkoren. Das Ergebnis ist das Bismarck-Museum der »Getreuen von Jever«. Es zeigt rund 400 Exponate über den Reichskanzler und die preußische Geschichte. Das ist noch nicht so ungewöhnlich. Doch nun kommt's: Das Museum erinnert an einen skurrilen Brauch. Die »Getreuen« schickten Bismarck alljährlich zum Geburtstag 101 Kiebitzeier. Der Kanzler bedankte sich 1883 mit einem eiförmigen Pokal mit Kiebitzkopf.

WEIL FRIESE NICHT GLEICH OSTFRIESE IST

Habe ich in den vorangegangenen Kapiteln Jever einmal fälschlicherweise als ostfriesische Stadt bezeichnet? Wenn ja, bitte ich hiermit um Entschuldigung. Jever gehört nicht zu Ostfriesland, gehörte (fast) nie dazu und wird auch niemals zu Ostfriesland gehören – das habe ich auf unserer Stadtrundfahrt gelernt. Unser Reiseführer erzählte uns von Grenzverläufen, Reibereien und Erbstreitigkeiten mit den ostfriesischen Nachbarn. Über Jahrhunderte hinweg wurde die Region rund um Jever von Häuptlingen regiert. Der letzte in einer langen Reihe war Edo Wiemken, der 1505 den Bau des Schlosses vollendete. Wer sein Grabmal besichtigen möchte, wird in der Stadtkirche fündig. Für eine kurze Zeit geriet Jever unter ostfriesische Herrschaft – ein Kapitel, das die Einheimischen gern ausblenden. Es folgte die Goldene Epoche unter Fräulein Maria, einer Art Nationalheilige der Jeverlande. Sie stellte nicht nur die Unabhängigkeit wieder her, sondern sorgte auch dafür, dass Jever 1536 die Stadtrechte verliehen bekam. Bis heute wird Jever daher auch als »Marienstadt« bezeichnet.

Maria von Jever lebte von 1500 bis 1575 und entstammte dem Häuptlingsgeschlecht der Wiemkens. Eigentlich hätte ihr Bruder Christoph die Regentschaft übernehmen sollen, doch der starb bereits im Alter von nur 18 Jahren. Für Maria hatte man eine Zukunft als Braut an der Seite eines Sohnes des ostfriesischen Herrschers Edzard I. vorgesehen. Durch diesen Schritt sollte Jever unter ostfriesische Herrschaft fallen. Doch die späteren Grafen Enno und Johann von Ostfriesland hielten das Heiratsversprechen nicht ein und besetzten 1527 die Burg in Jever. »Wer sein Heiratsversprechen nicht hält, der bekommt auch kein Land«, kommentierte unser Reiseführer diese »Verschlagenheit« der ostfriesischen Nachbarn.

Hilfe kam in Gestalt des ostfriesischen Drostes Boing von Oldersum, der 1531 die Besatzer aus Jever vertrieb. Fräulein Maria ließ in der Folgezeit das Schloss Jever ausbauen, sorgte für neue Deiche und Siele, kümmerte sich um Rechtsprechung und Handel. Boing von Oldersum wurde ihr Geliebter, doch die Geschichte ging nicht gut aus. Der Ostfriese starb 1540 während einer Belagerung Wittmunds. Die ungeliebten Nachbarn waren wieder einmal plündernd und raubend ins Jeverland eingefallen. Nach dem Befreier Boing von Oldersum sind heute in der Region etliche Straßen benannt. Selbstverständlich gibt es auch in Jever eine Boing-von-Oldersum-Straße. Sie verläuft parallel zur Edo-Wiemken-Straße, benannt nach dem letzten Friesenhäuptling Jevers.

Und Fräulein Maria? Nach ihrem Tod 1575 fielen Jever und das Jeverland an Oldenburg. Das Fräulein blieb ohne Nachkommen, sie hatte ja nie geheiratet. Was aber für viele Jeveraner viel bedeutsamer ist: Ostfriesische Herrscher konnten die Stadt in den folgenden Jahrzehnten und Jahrhunderten nie wieder erobern. 1667 ging Jever in den Besitz des Fürstentums Anhalt-Zerbst über. Es folgten Zeiten unter russischer Herrschaft, ehe unter Napoleon französische Truppen einrückten. 1807 wurden Jever und Ostfriesland kurzzeitig an das Königreich Holland angeschlossen. Es folgten wiederum französische und russische Zwischenstopps, bis das Zarenreich Jever 1818 an das Großherzogtum Oldenburg abtrat. Heute gehört Jever zum Landkreis Friesland – nicht zu verwechseln mit Ostfriesland, das beginnt erst einige Kilometer weiter westlich und ist für den einen oder anderen Jeveraner noch immer »Feindesland«.

KAPITEL 10

DER OSTFRIESE, SEINE WITZE UND SEINE HEIMAT

Wo Windmühlen die See in Schach halten

WEIL IMAGE NICHT ALLES IST

Das Image der Ostfriesen könnte fraglos besser sein. Die Menschen in den Kreisen Aurich, Leer und Wittmund sowie in der kreisfreien Stadt Emden müssen mit Vorurteilen über sich leben, die niemand gern akzeptiert. Der Ostfriese sei nicht sonderlich helle und ganz schön provinziell. So etwa lässt sich die gängige Meinung zusammenfassen. Ausdruck findet dieses Negativimage in den unvermeidlichen Ostfriesenwitzen. Doch die Menschen in Ostfriesland haben gelernt, mit diesem Ruf zu leben, und nehmen es teils mit Humor, teils mit stoischer Ruhe. Ich glaube, sie bleiben so gelassen, weil sie es besser wissen. Der Ostfriese ist nämlich ein schlaues Kerlchen, das mit trockenem Humor und Cleverness beeindruckt. Immerhin einen Ostfriesenwitz habe ich gefunden, der diesem wahren Friesengeist gerecht wird: »Was macht ein Ostfriese bei Ebbe? Er verkauft Bauland an Japaner.«

Ein anderer Grund, warum der Ostfriese die Dinge nimmt, wie sie sind, ist sein Heimatstolz. Ostfriesen wissen sehr genau, dass sie in einem wunderschönen Landstrich leben, und so können ihnen die Schmähungen wenig anhaben. Nirgendwo in Deutschland schmeckt der Tee besser, nirgendwo gibt es mehr schmucke Windmühlen, nirgendwo ist die Seeluft gesünder und nirgendwo sonst wird die Zeit spürbarer »entschleunigt«. Ostfriesland, das bedeutet Ruhe und Gemütlichkeit. Die Seele baumeln lassen und mit sich und der Welt ins Reine kommen. Morgens Inselfeeling genießen, nachmittags eine Kunstausstellung besuchen und den Abend im Kino ausklingen lassen. Fischkutter fahren, am Strand liegen oder surfen gehen. Vögel beobachten, lange ausschlafen und anschließend eine Runde im Meer schwimmen. Das ist das wahre Ostfriesland, das ich so sehr liebe.

Ich mag Menschen, die sich nicht in die Suppe spucken lassen. »Eala frya Fresena!« (»Seid gegrüßt, freie Friesen!«) heißt ein mittelalterlicher Spruch der Einheimischen. Bereits im 12. Jahrhundert entwickelten die Friesen ein Alternativmodell zu den in Europa gängigen feudalen Gesellschaftsmustern. Sie erkannten zwar den König als Herrn an, aber gleich danach kamen sie, die freien Bauern. Auch in die Rechtsprechung ließen sie sich höchst ungern hineinreden. Regelmäßig neu ernannte einheimische Richter hatten das Sagen. Geurteilt wurde auf Grundlage des »friesischen Landrechts«, das seiner Zeit weit voraus war. Es galt für Großgrundbesitzer ebenso wie für Landlose. Darin heißt es beispielsweise: »Wenn jemand einen anderen ins Wasser taucht oder böswillig mit einer Flüssigkeit übergießt oder ohne dessen Verschulden bindet oder sich etwas unrechtmäßig aneignet oder (einem) am Sonntag eine blutende Wunde (schlägt), so ist die Buße für jede dieser (Taten) fünfzehn Unzen, es sei denn, dass er es leugne; dann schwöre er sich nach dem Rechte aller Friesen mit vier Eiden auf die Reliquien … frei« (nachzulesen auf www.ostfriesland.de/ostfriesisch/friesische-freiheit.html).

Frei fühlen sich die Friesen auch heute noch und den Mund lassen sie sich schon gar nicht verbieten – auch wenn man morgens beim Brötchenholen vom Bäcker meist nur mit einem knappen »Moin« begrüßt wird. »Moin« steht übrigens nicht für eine Zeitangabe, sondern es ist das friesische »Hallo«. Der eine oder andere ahnungslose Tourist ist derart perplex, wenn er abends in einem Restaurant vom Kellner mit einem freundlichen »Moin, moin« empfangen wird, dass er reflexartig »Guten Morgen« antwortet. Peinlich sein muss einem das nicht, schließlich weiß der Ostfriese nur zu gut, wie es sich anfühlt, für ein wenig einfältig gehalten zu werden.

WEIL OTTO DER KULTIGSTE ALLER FRIESEN IST

Denk ich an bekannte Ostfriesen, kommt mir als Erster Otto Waalkes in den Sinn. Vielen Menschen geht es vermutlich genauso, weil Otto mit seinem Humor zielgenau die ostfriesischen Klischees bedient. Ich habe im Internet einmal zu recherchieren versucht, wo und wann der Ostfriesenwitz entstanden ist. Gefunden habe ich diverse widersprüchliche Quellen, am besten hat mir aber die Erklärung auf der Seite www.stupidedia.org gefallen. Dort heißt es, der erste dieser Witze sei 1969 von einem Schüler eines Gymnasiums im Ammerland erzählt worden. Die Sache habe sich dann rasch verselbstständigt, nicht zuletzt dank des Erfolgs von Otto Waalkes. Ob das nun stimmt oder nicht – Otto besitzt republikweit Kultstatus. Das könnte auch daran liegen, dass er »friesischer« ist, als es jemals ein Friese war. »Ostfriesischer«, um genau zu sein.

Otto am nächsten kommt Karl Dall. Der Mann mit dem halb geschlossenen Auge stammt aus Emden und ich gehörte einst zu den treuesten Fans seiner Talk-Show »Dall-As«. Seinen Verbalattacken war kaum ein Gast gewachsen. Sein derber Humor gipfelte während einer Sendung mit Schlagerstar Roland Kaiser in dem Spruch: »Na, sing schon mal, damit wir es hinter uns haben.« Roland Kaiser verließ darauf wutentbrannt den Raum. Eher ein Mensch der subtilen Nadelstiche war Henri Nannen. Der langjährige Herausgeber und Chefredakteur der Zeitschrift »Stern« wurde 1913 ebenfalls in Emden geboren und ist seiner Heimatstadt bis heute aufs Engste verbunden geblieben. Das mag sonderbar klingen angesichts der Tatsache, dass Nannen bereits 1996 starb, doch »seine« Kunsthalle in Emden gehört seit Jahren zu den bedeutendsten kulturellen Sehenswürdigkeiten der Region.

Aus Ostfriesland stammt noch eine ganze Reihe weiterer bekannter Persönlichkeiten, was oftmals nur Insidern bekannt ist. Wolfgang Petersen beispielsweise wurde 1941 in Emden geboren, er zog jedoch schon 1950 mit seinen Eltern nach Hamburg um. Der Mann, der mit dem Kriegsdrama »Das Boot« einen Filmklassiker schuf, bevor er Hollywood eroberte, kann also nur bedingt als »waschechter« Ostfriese bezeichnet werden. Kaum anders sieht es bei Hermann Lübbe aus. Der Philosoph wurde 1926 in Aurich geboren und lehrte später unter anderem in Bochum, Bielefeld und Zürich. Ebenfalls aus Aurich stammt Rudolf Eucken, der 1908 den Literaturnobelpreis verliehen bekam. Genau wie Petersen und Lübbe fand auch Eucken sein Glück in der Fremde. 1916 wurde er zum Ehrenbürger der Stadt Jena ernannt.

Eher der leichten Muse zuzuordnen ist ein Ostfriese der Neuzeit, der unter seinem Künstlerpseudonym H. P. Baxxter bekannt wurde. Hans Peter Geerdes, so sein bürgerlicher Name, wurde 1966 in Leer geboren und gründete 1993 die Band »Scooter«, deren Frontmann er bis heute ist.

Ebenfalls aus Leer stammt der langjährige Arzt der deutschen Fußballnationalmannschaft und des FC Bayern München, Hans-Wilhelm Müller-Wohlfahrt. Zu den bekanntesten Sportlern aus der Region gehört Fußballeuropameister Dieter Eilts. Als weltgrößter Fußballfan muss ich das einfach erwähnen. Politisch korrekt geht es weiter. Berlins einstiger Bürgermeister Ernst Reuter wurde zwar nicht in Ostfriesland geboren, verbrachte aber einen Teil seiner Jugend in Leer. Und Ex-Bundeskanzler Gerhard Schröder besitzt auf Borkum immerhin einen Zweitwohnsitz.

WEIL EINIGE SIEL-ORTE
WAHRE SCHMUCKSTÜCKE SIND

Wenn ich am alten Hafen von Carolinensiel spazieren gehe, fühle ich mich wie in eine andere Zeit versetzt. Museumsschiffe liegen an der Kaimauer und ein sattgrüner Deich schützt die umgebenden Häuser vor dem Meer. Die meist friesisch-typischen roten Backsteinfassaden geben der Szenerie einen malerischen Anstrich. Cafés und Restaurants laden zum Verweilen im Freien ein und mit etwas Glück kommt man gerade rechtzeitig an, um mit dem historischen Raddampfer auf Sielfahrt zu gehen.

»Concordia II« heißt das Gefährt. Von der Anlegestelle im Museumshafen geht es im Schritttempo Richtung Badestrand, wo an der Nordseeschleuse Endstation ist. Die einfache Fahrt kostete 2011 drei Euro für Erwachsene und 1,50 Euro für Kinder. Ein günstiger Spaß also, den man bei Sonne auf dem luftigen Oberdeck und bei Regen auf plüschigen Sofas im Bauch der »Concordia« genießen darf. Auf seine Kinder sollte man allerdings ein wachsames Auge werfen. Rumklettern auf dem alten Gestühl oder gar das Beschmieren der Polster sieht der Kapitän gar nicht gern.

Ich habe meiner fünfjährigen Tochter die gesamte Fahrt über vom Klabautermann erzählt, der mit den großen Schiffen über die sieben Weltmeere fährt und bei Nacht und Nebel die Seeleute erschreckt. Nach gut einer Stunde hatte ich meine Kleine so weit, dass sie anfing, mir zu glauben. Warum ich solche Märchen verbreite? Zum einen, weil Väter daran Spaß haben, und zum anderen, weil sich gleich neben dem Museumshafen das Deutsche Sielhafenmuseum befindet, das mit dem Slogan »Das Museum mit dem Klabautermann« Besucher anlockt. Natürlich mussten wir nach der Dampferfahrt ins »Groot Hus«, wo über Land und

See informiert wird. Fast in jedem Raum stößt man dabei auf einen quietschgrünen Klabautermann, den meine Tochter irgendwann so toll fand, dass sie ihn anschließend in Miniaturgröße als Anstecknadel mit in unser Ferienhaus nahm.

Mehr Ostfriesland als in Carolinensiel geht eigentlich gar nicht. Obwohl – vielleicht doch, und zwar in Neuharlingersiel. Noch so ein Siel-Ort, der einem Werbeprospekt entsprungen sein könnte. Ein großer Parkplatz direkt hinterm Deich weist darauf hin, dass Neuharlingersiel eine touristische Hochburg ist. Gleich neben dem Parkplatz liegt ein Hafen, wie er idyllischer kaum sein könnte. Wer ganz viel Glück hat, findet auf dem Dach eines angrenzenden Cafés ein Plätzchen, um bei Kuchen und Ostfriesentee einen uneingeschränkten Meerblick zu genießen. Mit nörgelnden Kindern ist man allerdings ein paar Meter weiter am schneeweißen Sandstrand besser aufgehoben. Während sich unser Nachwuchs auf dem Spielplatz vergnügte, beobachteten Mama und Papa die auslaufenden Ausflugsschiffe. Wer einen Drachen steigen lassen möchte, sollte allerdings auf die Verbotsschilder achten und sich auf die entsprechend ausgewiesenen Areale beschränken. Sonst droht Ärger.

Den einen oder anderen lohnenden Abstecher muss ich noch erwähnen, sonst ist dieses Kapitel nicht vollständig. Von Neuharlingersiel nach Bensersiel sind es nur einige Kilometer und doch hat sich der 500-Seelen-Ort architektonisch einen ganz anderen Anstrich gegeben. Zwei futuristisch anmutende Promenadenbrücken sind seit 1996 die Wahrzeichen dieser Küstengemeinde. Wiederum ein paar Kilometer westlich liegt Dornumersiel, das vor allem mit seinem weitläufigen Badestrand punktet. Weiter gen Westen kommt der Reisende nach Neßmersiel mit seinem Fährhafen, von dem aus die vorgelagerte Insel Baltrum angesteuert wird. Wer die Küstenstraße entlangfährt, ist überrascht, dass es so viel Ostfriesland wirklich gibt. Aber schön ist es. Wirklich verdammt schön.

WEIL GREETSIEL
DIE PERLE OSTFRIESLANDS IST

Viele Siel-Orte sind schön. Doch Greetsiel ist der schönste von allen. Der Ort ist fast schon zu perfekt, sodass man glauben könnte, in eine Art ostfriesisches Disneyland geraten zu sein. Zur Beruhigung: In Greetsiel ist alles echt. Der rundum restaurierte Ort liegt zwischen Emden und Norden unmittelbar an der Leybucht und kann binnen einer Stunde problemlos erwandert werden. Die meisten Besucher werden mit ihren Autos zum zentralen Parkplatz außerhalb des Ortskerns geleitet, von wo aus es zu Fuß weitergeht. Die ersten »Ohs« und »Ahs« gibt es schon beim Aussteigen, wenn zur linken Hand die Zwillingsmühlen ins Blickfeld kommen. Direkt an einem Flusslauf gelegen, gehören sie zu den meistfotografierten Motiven an der gesamten Nordseeküste. Es handelt sich um zweistöckige Galerieholländer in den Farben Grün und Rot. Die grüne Mühle wurde 1856 gebaut und beherbergt heute eine Kunstgalerie. Die rote Mühle ist Baujahr 1706 und wurde 1921 restauriert. Sie ist nach wie vor funktionsfähig und kann besichtigt werden. Im Erdgeschoss befindet sich ein Mühlenladen und im ehemaligen Kornspeicher, dem sogenannten Packhaus, gibt es ein Café.

Ganz Greetsiel ist eine einzige große Fußgängerzone. Rund 1500 Menschen sind hier zu Hause und leben wie in einem Museum. Protestplakate an Gartenzäunen und Hauswänden weisen allerdings darauf hin, dass der Besucheransturm manch einem zu viel wird. Ein Bummel entlang der Wege und Gassen ist dennoch ein Muss. Nach knapp zehn Minuten Fußweg ist der tidenunabhängige Hafen erreicht, der von einem kleinen Deich gesäumt wird. Rund 25 Fischkutter haben hier ihre Heimat und bilden den pittoresken Rahmen für die hinter dem Deich hervorlugende

Häuserzeile. »Hier müssen wir unbedingt noch mal her, wenn wir wieder nach Ostfriesland fahren. Das kann man beim ersten Mal ja gar nicht alles in sich aufnehmen«, fasste meine Frau ihre Begeisterung in Worte, als wir direkt am Hafen in einem Eiscafé Station machten. Recht hat sie, Greetsiel darf sich ohne Anflug von Größenwahn als »Perle Ostfrieslands« bezeichnen. Vom Hafen aus bietet sich ein Spaziergang zum rund vier Kilometer entfernten Pilsumer Leuchtturm an, der als »Otto-Turm« im Film »Otto – der Außerfriesische« überregionale Bekanntheit erlangt hat.

Urkundlich erstmals erwähnt wurde Greetsiel 1388. Später wurde der Ort zum Häuptlingssitz der Cirksena, eines mächtigen Geschlechts, das einstmals ganz Ostfriesland beherrschte. Auf der im Zentrum des alten Greetsiels gelegenen Cirksenaburg erblickte 1462 Graf Edzard der Große das Licht der Welt, dessen Reich sich von der Weser bis nach Groningen erstreckte. In den folgenden Jahrhunderten brachen ruhigere Zeiten an. Bis 1859 existierte das Amt Greetsiel, das in diesem Jahr im Amt Emden aufging, aus dem wiederum 1885 der Landkreis Emden wurde. Politisch betrachtet ist Greetsiel spätestens seit 1972 in der Bedeutungslosigkeit verschwunden. Damals wurde man mit weiteren 18 Dörfern im Zuge einer Gebietsreform zur Gemeinde Krummhörn vereint. Seither ist es vorbei mit der Selbstständigkeit. Geblieben ist Greetsiels pittoreske Schönheit. Auch wenn einige Einwohner den Touristenansturm gern eindämmen würden: Von der »Perle Ostfrieslands« wird weiter eine geradezu magische Anziehungskraft ausgehen.

WEIL WINDMÜHLEN
DAS LAND TROCKEN HALTEN

Bei meinem letzten Ostfrieslandurlaub habe ich über einhundert Fotos geschossen. Kein Motiv wiederholt sich dabei so oft wie das der für die Region so typischen Windmühlen. Als das Land der Windmühlen gilt zwar eigentlich Holland, aber Ostfriesland bleibt hinter seinem Nachbarn keineswegs zurück. Um 1900 zählten Chronisten exakt 174 Windmühlen. Als erste wurde im Jahr 1424 die in Esens urkundlich erwähnt. Heute gibt es noch knapp einhundert historische Mühlen in Ostfriesland (eine Liste findet man auf der Seite www.ostfriesland-abisz.de/muehlen/index.htm), von denen die Auricher Stiftsmühle mit ihren 29 Metern und fünf Stockwerken die höchste aller noch funktionstüchtigen Mühlen ist.

Die Auricher Stiftsmühle ist ein gutes Beispiel, wie diese Gebäude heutzutage vermarktet werden. Die Mühle kann besichtigt werden und gleich nebenan gibt es ein zünftiges Friesencafé. Etliche ostfriesische Mühlen sind zu kleinen Museen ausgebaut worden, nur die wenigsten mahlen noch immer Korn.

Wobei die Mühlen in Ostfriesland lange Zeit noch eine andere Aufgabe hatten: Sie dienten als Wasserschöpfwerk und legten das tief gelegene Land trocken. Die Entwässerung von Feuchtgebieten wäre ohne den klugen Einsatz von Mühlen, Gräben und Sielen in früheren Jahrhunderten gar nicht möglich gewesen. Einfache Entwässerungsmühlen wurden Flutter genannt. Sie waren so leicht, dass man sie ausschließlich mit Muskelkraft anheben und versetzen konnte. War ein Graben abgepumpt, wurde die Mühle einfach an einem anderen Ort wieder aufgebaut.

Die meisten Mühlen haben ihren ursprünglichen Zweck längst verloren. Sie wurden zu Kunstgalerien oder Herbergen umgebaut. In der Peldemühle von 1741, dem ältesten Galerieholländer Deutschlands, ist beispielsweise ein Heimatmuseum untergebracht, in dem Gegenstände aus Handwerk und Landwirtschaft ausgestellt sind. Im Müllerhaus der Windmühle von Neuharlingersiel befindet sich heute eine ostfriesische Teestube. Die Bunder Mühle an der Weenerstraße wurde 1911 zu einem vierstöckigen Galerieholländer erweitert und nach umfassender Restaurierung 1998 wieder in Betrieb genommen. Wer möchte, kann hier ein Mühlen-Diplom erwerben. Eine putzige Idee, wie ich finde, und ein Angebot, das meine Frau und ich bei einem unserer nächsten Ostfriesland-Abstecher sicherlich einmal ausprobieren werden.

Nach 1900 setzte ein Mühlensterben ein, dem etliche der historischen Gebäude zum Opfer fielen. Mühlen kamen außer Mode und man wusste damals nicht recht, was man mit den Bauwerken anfangen sollte. Erst der aufkommende Tourismus ließ die Windmühlen wieder zu einer Attraktion werden. Vor allem private Vereine nahmen sich der Mühlen an und richteten sie in mühseliger und kostspieliger Arbeit wieder her. Auch hierfür ist die Auricher Stiftsmühle ein gutes Beispiel. 1930 wurde der Betrieb eingestellt und zwei Jahre später kaufte das Sethesche Fräuleinstift das Gebäude und bewahrte es vor dem drohenden Abriss. Später übernahm der Heimatverein Aurich die Restaurierung. 1977 wurde die Stiftsmühle der Öffentlichkeit als Mühlenfachmuseum zugänglich gemacht.

GRUND NR. 96

WEIL NORDDEICH EINST IN ALLE WELT FUNKTE

Zu den Weihnachtsbräuchen meiner Kindheit gehörte es, dass wir Norddeich Radio hörten. Der Sender war für die deutschen Seeleute die Verbindung zur Heimat und an den Feiertagen wurden die Grüße der Liebsten auf die Schiffe in aller Welt gefunkt.

»Lieber Hans, wir vermissen dich ganz doll. Ein frohes Fest wünschen dir deine Helga und deine Kinder.« So oder ähnlich hießen die Botschaften der Daheimgebliebenen. Stundenlang wurden sie verlesen. In unserer Familie gab es zwar keine Seeleute, die in Südamerika, Japan oder Australien vor Anker lagen, aber man spürte, wie sehr die Kapitäne, Maschinisten und Matrosen von ihren Angehörigen vermisst wurden.

Norddeich Radio steht für mich bis heute für Weihnachtsfeeling – und für eine heitere Anekdote. Ende der 1970er Jahre war mein Vater beruflich in ganz Schleswig-Holstein unterwegs. Irgendwann führte ihn seine Arbeit nach Wesselburen in Dithmarschen. Weil in direkter Nachbarschaft die Ortschaft Norddeich liegt, wollte sich mein Vater die Radiostation einmal ansehen. Als er trotz intensiver Suche nicht fündig wurde, fragte er einen Einheimischen nach dem Weg. »Da sind Sie hier falsch«, bekam er zur Antwort. »Das Norddeich, das Sie suchen, liegt in Ostfriesland.«

Fazit der Geschichte: Man lernt nie aus. Seit mein Vater mir damals die Anekdote erzählte, wollte ich das »richtige« Norddeich besuchen. 2011 war es dann endlich so weit. Dumm nur, dass die Radiostation inzwischen nicht mehr existiert. Bereits 1998 wurde Norddeich Radio geschlossen. Damit ging eine fast hundertjährige Ära zu Ende. Heute befindet sich in den Räumlichkeiten das Waloseum samt einem Pottwalskelett in Originalgröße. Ins Museum integriert wurde ein Raum, in dem die alte Radiotechnik ausgestellt ist. Schautafeln an den Wänden erinnern an die große Zeit des Seefunks und auch an die Weihnachtsprogramme. »Gruß an Bord« hieß die Sendung, die direkt in Norddeich produziert und vom NDR übertragen wurde.

Vor Kurzem habe ich im Fernsehen eine Dokumentation über die letzten Jahre des Senders gesehen. Es war eine Reise in die Zeit, als Satelliten noch ein Begriff aus Science-Fiction-Romanen waren. Anfang der 1980er Jahre taten 260 Mitarbeiter in der

Norddeicher Küstenstation Dienst. Danach ging es Schritt für Schritt bergab. Neue Techniken führten dazu, dass Funkoffiziere an Bord nicht mehr vorgeschrieben waren. Mitte der 1990er Jahre waren die meisten Antennen in Norddeich abmontiert und die Belegschaft des Senders auf ein Minimum reduziert. 1907 hatte die Küstenfunkstelle den Funkverkehr aufgenommen, 91 Jahre später ging das Kapitel unwiderruflich zu Ende.

Was bleibt, ist die Erinnerung – nicht nur an Weihnachtssendungen, sondern auch an Katastrophen wie die der Pamir. Das Segelschulschiff funkte im September 1957 SOS, weil es auf dem Weg von Buenos Aires nach Deutschland im Atlantik in einen Orkan geraten war. Das Schiff sank, Norddeich Radio konnte nur noch die Bergungsmaßnahmen koordinieren, die immerhin sechs Besatzungsmitgliedern das Leben retteten.

Vier Jahre später wurde ein neues Funkpeilsystem in Betrieb genommen (Norddeich Gonio, kurz DAQ), mit dessen Hilfe man per Kreuzpeilung die genaue Position eines Schiffes ermitteln konnte. Ein Meilenstein in der Seenotbergung. Es war die Zeit, als das kleine ostfriesische Norddeich auf allen sieben Weltmeeren ein Begriff war – als Verbindung zur Heimat und als Retter in der Not.

GRUND NR. 97

WEIL EMDENS KUNSTHALLE HENRI NANNENS VERMÄCHTNIS IST

Emden ist mit seinen über 50.000 Einwohnern nicht nur die größte Stadt Ostfrieslands, sondern auch die Kulturhochburg der Region. Den Titel verdient hat sie sich vor allem dank ihrer Kunsthalle, die ohne einen Mann nicht denkbar wäre: Henri Nannen. Von Oktober 2011 bis Januar 2012 war die Sonderausstellung »25 Jahre! Sammlung Henri Nannen und Überraschungsgäste«

zu sehen. Die Bilderschau war eine Hommage an den Gründer der Kunsthalle und einstigen »Stern«-Chef. Nannen lebte von 1913 bis 1996 und jedes seiner 83 Lebensjahre wurde durch ein Werk symbolisiert. Den ausgewählten Gemälden und Skulpturen wurden wiederum »Gastwerke« zur Seite gestellt, die in thematischer Verbindung zu ihnen standen. So trafen altehrwürdige Grafiken auf moderne Installationen und Expressionisten auf Gegenwartskünstler. Eine pfiffige Idee, die dem Geehrten sicherlich gefallen hätte.

Ich habe die Ausstellung mit Frau und Kindern besucht. Ein echtes Wagnis, schließlich sind meine beiden Kleinen erst fünf und acht Jahre alt. Doch statt der befürchteten Langeweile lösten die Kunstwerke bei ihnen Begeisterung aus. Möglich machte es das ungewöhnliche Konzept der Kunsthalle. Schon am Eingang wurden wir mit Kopfhörern und moderner Technik versorgt. Über alle Ausstellungsräume verteilt fanden sich Werke, zu denen kindgerechte Kommentare zu hören waren – ein großartiger Ansatz, um den Nachwuchs an die Kunst heranzuführen. Wir blieben gut zweieinhalb Stunden in der Galerie und am Ende waren es meine Frau und ich, die zum Aufbruch drängten. Ebenfalls erwähnenswert ist der Eintrittspreis. Gerade einmal 16 Euro zahlten wir – alle vier, wohlgemerkt. Die Kinder kamen umsonst in die Kunsthalle.

Die »Blauen Fohlen« von Franz Marc aus dem Jahr 1913 sind das bekannteste Werk der Emder Sammlung. Die Expressionisten nehmen generell einen großen Raum ein, was wiederum Rückschlüsse auf den Sammler Henri Nannen zulässt. Künstlergemeinschaften wie »Die Brücke« oder »Der Blaue Reiter« gehörten ebenso zu seinen Favoriten wie die norddeutschen Expressionisten um den Worpsweder Künstler Otto Modersohn und den an der dänischen Grenze wirkenden Emil Nolde. »Magischer Realismus« und »Neue Sachlichkeit« sind in der Kunsthalle genauso vertreten wie die »Neuen Wilden« und Vertreter der sowjetischen Glasnost-Zeit, die Nannen in den 1980er Jahren besonders am Herzen lagen und für die er sogar eigens eine Wanderausstellung initiierte, die quer durch die Bundesrepublik tourte und dabei für viel Gesprächsstoff sorgte. In den vergangenen Jahren ergänzten Vertreter der Gegenwartskunst die Ausstellung. Neben den »klassischen« Bildern und Plastiken fanden aber auch Fotografien und Videoinstallationen ihren Platz in Emden.

Wer nach seinem Museumsrundgang noch zu einem Stadtbummel fähig ist, der sollte wissen, dass etwa achtzig Prozent der Emder Architektur dem alliierten Bombenhagel während des Zweiten Weltkriegs zum Opfer fielen. Die Narben sind nie ganz verheilt, sodass ein Fußmarsch völlig ausreicht, um die wenigen Sehenswürdigkeiten in Augenschein zu nehmen. Zum Thema passt ein Besuch des Bunkermuseums, das an die Gräuel der Nazizeit erinnert und daran, dass Emden nach dem Krieg eine der meistzerstörten Städte Europas war. Zeitlich einen weitaus größeren Bogen spannt das ostfriesische Landesmuseum im Rathaus. Mich hat vor allem die historische Rüstkammer mit ihrem schier unglaublichen Waffenarsenal beeindruckt. In der Dauerausstellung im Dachgeschoss stehen die Mordinstrumente des 16. und 17. Jahrhunderts im Mittelpunkt.

GRUND NR. 98

WEIL LEER ALLES ANDERE ALS LEER IST

Es hat durchaus etwas für sich, wenn man ohne große Erwartungen auf Entdeckungstour geht. Leer, das war für mich ein Synonym für ein nichtssagendes Städtchen am Rande Ostfrieslands. Doch als meine Familie und ich den Ort erkundeten, trafen wir nicht auf die befürchtete provinzielle Langeweile, sondern auf einen lebendigen Ort mit reichlich Charme. »Maritim und sympathisch – einfach einladend«, so bewirbt sich Leer im Internet selbst. Ich ziehe den Hut vor den Werbestrategen. Der Slogan trifft es haargenau.

Leer zieht sein Flair zu einem erheblichen Teil aus der Nähe zum Meer. Die Ems fließt vorbei und die größten Sehenswürdigkeiten der Stadt – Rathaus und Waage – liegen direkt am Wasser. Von der Rathausbrücke aus lassen sich Motorboote und Segler im Freizeithafen beobachten, gleich nebenan laden Ausflugsschiffe zur Mitfahrt ein. Die Waage, die bis 1946 in Betrieb war, beherbergt heute ein Restaurant. Mit etwas Glück konnten wir auf dem Vorplatz einen Logenplatz ergattern. Gleich hinter Rathaus und Waage beginnt das Gewirr der Fußgängerzonen, die die perfekt restaurierte Altstadt durchziehen. Dass in Leer fast 35.000 Menschen zu Hause sind, kann man sich bei all dieser Gemütlichkeit kaum vorstellen.

Fast ebenso spannend wie das Hier und Jetzt ist die Geschichte des Ortes. Im Mündungsgebiet des Flüsschens Leda in die Ems gelegen, wurde das Areal schon früh besiedelt. Stein- und Bronzezeit haben in Leer ebenso ihre Spuren hinterlassen wie die frühe Eisenzeit. Im 8. Jahrhundert gründete der Friesenapostel Liudger in Leer eine Kirche, im 11. Jahrhundert wurde der Ort unter den friesischen Grafen zur Münzstätte. Der ostfriesische Häuptling Focko Ukena baute Leer zum Zentrum seines Machtbereichs aus und errichtete im 15. Jahrhundert die Fockenburg, die nach einer verlorenen Fehde mit einem rebellischen Nachbarhäuptling einige Jahre später geschleift wurde. 1508 erhielt Leer das Marktrecht, 1823 wurde der Ort offiziell zur Stadt erklärt. Woher der Name Leer stammt, ist übrigens nicht lückenlos geklärt. Vermutlich geht der Begriff auf das germanische Wort »hlér« zurück, das so viel wie »umzäunter Weideplatz« heißt.

Heute prägt der Teehandel die Stadt. Eher zufällig stießen wir bei unserer familiären Entdeckungstour auf das kleine Teemuseum. Zu finden ist es im Stammhaus der ältesten Teehandlung Ostfrieslands, der Firma Bünting-Tee in der Brunnenstraße. Gezielt angesteuert haben wir hingegen das 1570 erbaute Haus »Samson« in der Rathausstraße, das zu den architektonischen Schmuckstücken Leers gehört. Errichtet im niederländischen Frühbarock, wurde es mehrfach umgestaltet. Der Name »Samson« geht auf ein eisernes Schild zurück, das zeigt, wie die biblische Gestalt mit dem Löwen kämpft. 1927 erwarb die Firma J.W. Wolff das Haus, in dem bis heute die Verwaltung des Unternehmens untergebracht ist. Doch das ist nicht die eigentliche Attraktion dieses Hauses. Die befindet sich im Obergeschoss, wo ein kleines Museum liebevoll eingerichtet wurde. Gezeigt wird, wie eine ostfriesische Kaufmannsfamilie früher lebte. Ein Besuch lohnt sich. Ebenfalls einen Blick wert ist der Eingangsbereich des Hauses, der einen eindrucksvollen Querschnitt durch das Angebot der Spirituosenfabrik und Weingroßhandlung Wolff zeigt. Ein besonderer Hingucker sind dabei die weißblauen Friesenkacheln an den Wänden.

GRUND NR. 99

WEIL AURICH NICHT SCHAURIG IST

Emden ist die größte Stadt Ostfrieslands, Leer die vielleicht schönste. Doch die »heimliche Hauptstadt« der Region ist Aurich. Was nicht zuletzt auf die exponierte Lage zurückzuführen ist. Aurich markiert in etwa den geografischen Mittelpunkt Ostfrieslands und verfügt auch historisch gesehen über eine Ausnahmestellung. Mir war Aurich lange Zeit nur ein Begriff, weil mir einst eine Kollegin meiner Frau verriet, dass ihre Familie aus diesem Ort stamme. Erklärend fügte sie hinzu: »Du weißt schon: In Aurich ist's schaurig.« Ehrlich, das hatte ich bis dahin nicht gewusst. Jedenfalls verband ich danach über Jahre hinweg die Stadt mit diesem wenig schmeichelhaften Satz. Umso überraschter war ich, als ich selbst durch Aurich schlenderte und fast auf Schritt und Tritt auf lebendige Geschichte traf.

Als Residenzstadt prägte Aurich lange Zeit das Leben auf der friesischen Halbinsel. Hier liefen wichtige Handelsrouten zusammen und knapp außerhalb der Stadtgrenzen liegt bis heute der Upstalsboom, eine mittelalterliche Versammlungsstätte, die auf einem vorgeschichtlichen Grabhügel fußt. Zum ersten Mal erwähnt wurde der Upstalsboom in einer Chronik aus dem Jahr 1216. Am Upstalsboom wurde nicht nur Recht gesprochen, sondern auch Politik gemacht. Ein wichtiges Schlagwort aus der Zeit ist die »Friesische Freiheit«. Angeblich hat einstmals Karl der Große den Friesen die Zusage gegeben, keinen Herrn außer den Kaiser über sich dulden zu müssen. Verbalen Ausdruck fand diese Freiheit im Loswort »Eala Frya Fresena!«, was übersetzt so viel wie »Seid gegrüßt, freie Friesen« bedeutet.

In Zeiten nationalsozialistischer Deutschtümelei wurde die Gedenkstätte als Aufmarschplatz missbraucht. Schon 1833 war von den Ostfriesischen Landständen am Upstalsboom eine Steinpyramide errichtet worden, die an die gefallenen Ostfriesen aus den Schlachten bei Liegnitz 1760 und Waterloo 1815 erinnern soll. Sie steht noch heute. Viel mehr ist von dem geschichtsträchtigen Ort leider nicht zu sehen.

Wir besuchten den Upstalsboom bei strömendem Regen und marschierten auf matschigem Grund und Boden eine Buchenallee entlang, die uns zur knapp fünf Meter hohen Pyramide führte. Fast hätten wir die Abzweigung von der Hauptstraße verpasst. Nur ein kleines Schild weist von dort auf den richtigen Weg. Wenig Aufwand für ein bedeutendes Geschichtsdenkmal, bedenkt man, dass das Reich der »freien friesischen Länder« in seiner Blütezeit um 1300 vom Nordwesten der Niederlande bis ins Land Wursten reichte. Nachweislich genutzt wurde der Upstalsboom als Versammlungsort bis weit hinein ins 14. Jahrhundert. Als Upstalsboom an Bedeutung verlor, begann auch die territoriale Zersplitterung Frieslands. Einen Meilenstein in diesem Prozess bildet das Jahr 1498, als die »Friesische Freiheit« unter dem deutschen König und späteren Kaiser Maximilian I. ihr Ende fand.

Doch wer in Aurich genau hinschaut, den erinnert noch vieles an die glorreiche Geschichte des Ortes. Die Ostfriesische Landschaft beispielsweise. Hinter dem Begriff verbirgt sich keine Ferienregion, sondern ein Gebäude. Einst war die Landschaft der Sitz der Landstände, also von Rittern, Bürgern und Bauern. Heute ist das Haus ein Dienstleistungsbetrieb, der sich mit der lokalen Kultur und Bildung befasst. Gleich neben der Landschaft liegt das Pingelhus, das einstmals das Ablegen des Fahrgastschiffes nach Emden einläutete (das niederdeutsche Wort »pingeln« heißt »läuten«). Seit der alte Hafen zugeschüttet wurde, liegt das Haus sprichwörtlich »auf dem Trockenen« und ist seiner Funktion beraubt. Ebenfalls sehenswert sind Stiftsmühle und Lambertikirche. Morbiden Charme kann man bei einem Ausflug auf den Auricher Friedhof finden. Hier wurde 1880 für Mitglieder der Häuptlingsfamilie Cirksena ein Mausoleum errichtet, das den einstigen ostfriesischen Herrschern seither als letzte Ruhestätte dient. Zu finden sind hier unter anderem die Gebeine von Carl Edzard, dem letzten Fürsten Ostfrieslands, der 1744 in Aurich starb.

GRUND NR. 100

WEIL FRIESLAND NICHT AN DER NIEDERLÄNDISCHEN GRENZE ENDET

Ostfriesland endet an der niederländischen Grenze – eine umstrittene Behauptung, denn das friesische Siedlungsgebiet erstreckt sich noch deutlich weiter gen Westen. Wer allerdings glaubt, »nur mal eben so« die holländische Grenze passieren zu können, um den Friesen in unserem Nachbarland einen Besuch abzustatten,

der irrt. Die erste größere Stadt hinter der Grenze heißt Groningen, sie liegt rund vierzig Kilometer von Deutschland entfernt
– und ist nicht friesisch. Wer Friesen in den Niederlanden finden
möchte, der muss noch ein ganzes Stück weiter gen Westen fahren. Die niederländische Provinz Friesland liegt zwischen dem
Ijsselmeer im Westen und der Provinz Groningen im Osten.

Und genau wie ihre Verwandten in Deutschland sind auch
die niederländischen Friesen ein stolzes und geschichtsbewusstes
Volk. Es ist die einzige Provinz in Holland, in der neben Nieder-
ländisch noch eine andere Amtssprache gesprochen wird. Das
Westfriesische ist dem Niederländischen allerdings ziemlich ähnlich und Besucher aus Deutschland werden Mühe haben, das eine
vom anderen zu unterscheiden.

Hauptstadt der Provinz ist Leeuwarden, auf Friesisch »Ljou-
wert«. Ich war bislang erst ein einziges Mal dort zu Gast. Die
Stadt hat knapp 100.000 Einwohner und könnte optisch gesehen
der große Bruder von Aurich oder Leer sein. Hinzu kommt ein
guter Schuss typisch holländisches Grachtenflair. Erste Anlauf-
stelle für alle Wissenshungrige, die mehr über die niederländischen Friesen erfahren möchten, ist die Kanselarij (Kanzlei).
Der imposante Bau aus dem Jahr 1566 beherbergt das friesische
Museum. Zu den wenigen Bürgern Leeuwardens, von denen ich
etwas weiß, zählt Mata Hari. Die Tänzerin, die später als Spio-
nin hingerichtet wurde, erblickte 1876 als Margaretha Zelle das
Licht der Welt. Im Museum gibt es eigens einen Mata-Hari-Saal.
Leeuwarden hat übrigens auch einen schiefen Turm, der sich
hinter dem berühmten Namensvetter in Pisa keinesfalls verstecken muss. Oldehove heißt der unvollendete Kirchturm, der sich
merklich zur Seite neigt. Weil das Malheur frühzeitig entdeckt
wurde und sich kein Ausweg fand, wurden die Arbeiten an der
Kirche bereits 1532 eingestellt. Inzwischen hat man das Problem
weitgehend im Griff, sodass der Turm sogar bestiegen werden
kann.

Rund 650.000 Menschen leben in der Provinz Friesland. Offiziell heißt die Region »Fryslân«, wobei dieser friesische Begriff im alltäglichen Sprachgebrauch eher die Ausnahme ist. Bei uns in Schleswig-Holstein wird die Provinz Friesland auch gern als Westfriesland bezeichnet, quasi als geografischer Gegenpol zu den Ostfriesen im Osten und den Nordfriesen im Norden. Wer in Holland allerdings nach Westfriesland fragt, könnte unabsichtlich in die Irre geleitet werden, da Westfriesland in den Niederlanden die Bezeichnung für eine Region in der Provinz Nord-Holland ist.

Genau wie Ost- und Nordfriesland ist auch das niederländische Westfriesland ein »klassisches« Urlaubsgebiet samt Inseln, Stränden, Watt, dünn besiedeltem Land und schier endloser Natur. Ach ja: Eine – allerdings inoffizielle – Nationalhymne gibt es in der Provinz Friesland auch. »De âlde Friezen«, heißt sie und besingt »das beste Land der Erde«.

KAPITEL 11

WO OSTFRIESLANDS INSELN
IM GEZEITENSTROM DÜMPELN

Ein Urlaubsparadies mitten im Meer

WEIL DIE INSELSTRÄNDE
BIS ZUM HORIZONT REICHEN

Wir haben unsere Rundreise entlang der Nordseeküste mit den nordfriesischen Inseln begonnen, und damit sich der Kreis schließt, widme ich das letzte Kapitel den ostfriesischen Inseln. Norderney, Spiekeroog und Co. haben sich wahrlich zehn eigene Liebesgründe verdient. Nicht zuletzt, weil sie »das Gelbe vom Eiland« sind, wie es auf dem Online-Portal der Inseln treffend heißt. Die Stichworte, die ich dort fand, fassen wunderbar zusammen, was die »Ostfriesischen« zu einem Urlaubsparadies machen: »Stranderholung«, »Weltnaturerbe«, »Wellness«, »Erholung« und »Wattenmeer« sind im Netz als Orientierungshilfen zu finden.

Arbeiten wir die Punkte doch einmal der Reihe nach ab. Zu »Stranderholung« fallen mir zuerst die schier unglaublichen Sandstrände ein, die – anders als an einigen Küstenorten – nicht künstlich aufgeschüttet werden mussten, sondern von Mutter Natur angelegt wurden. Wenn es eine Gegend an der Nordsee gibt, die an die Karibik erinnert, dann die ostfriesischen Inseln. Und selbst an den sonnigsten Sommertagen fand ich bisher immer noch ein Plätzchen am Strand.

Auf das »Weltnaturerbe« bin ich in Grund 23 schon ausgiebig eingegangen. Genau wie das schleswig-holsteinische und das niederländische Wattenmeer gehört auch das niedersächsische Watt seit 2009 zum Weltnaturerbe der UNESCO. »Wellness« und »Erholung« sprechen ohnehin für sich selbst. Wellnessangebote gibt es von Wangerooge bis Borkum zuhauf, und wer sich auf den ostfriesischen Inseln nicht erholt, ist wirklich selber schuld.

Optisch erinnern die Inseln an eine Perlenkette, die sich über die gesamte niedersächsische Küstenlinie schlingt. Auf einer Strecke von fast einhundert Kilometern reiht sich ein Eiland an das nächste. »Inseln, soweit das Auge reicht« wäre auch ein passender Slogan für die »Ostfriesischen«. Viel alte Architektur ist zwar nicht erhalten geblieben, weil fast alle Inseln über die Jahrhunderte von schweren Sturmfluten heimgesucht wurden, aber das »Inselfeeling« stellt sich auch ohne Friesenarchitektur rasch ein. Ich könnte wetten, dass die Uhren auf den Nordseeinseln langsamer gehen. Die Zeit wird zur Nebensache und das grandiose Hier und Jetzt lässt den alltäglichen Wettlauf um Geld und Karriere fast in Vergessenheit geraten. Das ist das eigentliche Wunder der Inseln: Sie erden die Menschen und lassen uns erahnen, wie herrlich unkompliziert »richtiges« Leben sein kann.

Nicht einmal 17.000 Menschen sind auf den ostfriesischen Inseln zu Hause. Wer es einsam mag, ist auf Spiekeroog bestens aufgehoben. Gerade einmal 43 Menschen kommen hier statistisch gesehen auf einen Quadratkilometer. Gänzlich unbewohnt sind Memmert, Lütje Hörn, Mellum und Minsener Oog. Geradezu städtisch geht es dagegen auf Norderney zu, wo sich 220 Inselbewohner einen Quadratkilometer teilen müssen. Geformt sind alle Inseln mehr oder minder gleich. Hinter den Sandstränden erstrecken sich weite Dünenlandschaften, gefolgt von Salzwiesen auf der Küstenseite. Geestkerne wie ihre nordfriesischen Verwandten besitzen die »Ostfriesischen« nicht. Auf einen Inselausflug muss übrigens auch nicht verzichten, wer schnell seekrank wird. Norderney, Baltrum, Langeoog, Spiekeroog und Wangerooge sind bei Niedrigwasser sogar zu Fuß vom Festland aus erreichbar.

WEIL WANGEROOGER
WASCHECHTE OLDENBURGER SIND

Bevor den 1200 Einwohnern Wangerooges die Zornesröte ins
Gesicht schießt: Ich weiß, die Insel gehört nicht zu Ostfriesland,
sondern zu Oldenburg. Aber es ist nicht ganz einfach, diesen
feinen Unterschied in Kürze zu erklären. Versuchen wir es trotzdem: Politisch gehört Wangerooge nicht zu Ostfriesland. Was
durchaus auch geografisch erklärbar ist. Wangerooge ist die öst-
lichste der bewohnten Inseln vor der niedersächsischen Küste,
sie liegt – wenn man eine gedachte Linie zieht – exakt nördlich
von Jever. Und als Enklave des Jeverlandes gehörte Wangerooge
seit dem 17. Jahrhundert zur Grafschaft Oldenburg – eine Besonderheit, auf die die Einheimischen gern verweisen. Heute ist
das Eiland Teil des Landkreises Friesland und mit einer Fläche
von nicht einmal acht Quadratkilometern die zweitkleinste der
bewohnten Inseln vor der niedersächsischen Küste.

Die Geschichte meinte es nicht immer gut mit dem Eiland.
Die Allerheiligenflut von 1570 hinterließ ebenso Spuren wie die
Weihnachtsflut von 1717. Zu Neujahr 1855 wurde Wangerooge
von einer schweren Sturmflut regelrecht zerrissen. Doch obwohl
ein Großteil der Einwohner die Insel verließ, gab es einige Mu-
tige, die den Naturgewalten unverdrossen trotzten. Es folgten
der Wiederaufbau und ein Kapitel, das Eingang in die Militär-
literatur fand. Weil das junge Deutsche Reich Wilhelmshaven
zum Kriegshafen ausbauen wollte, wurde das strategisch günstig
gelegene Wangerooge in die Planspiele mit einbezogen. Nach
kostspieligen Bauarbeiten gelang es, die dreigeteilte Insel wieder
zu vereinen. Deiche schützen seither gegen die anbrandende See
und auch die natürlich bedingte Drift ins Jadefahrwasser wurde
gestoppt.

So gesehen war das Militär der Retter in der Not. Leider hatte der Standortvorteil auch eine Schattenseite. Das erfuhren die Bewohner Wangerooges im Zweiten Weltkrieg. Während der Kriegsjahre waren bis zu 5000 Soldaten auf der Insel stationiert. Doch Marine, Luftwaffe und Luftabwehr konnten nicht verhindern, dass das kleine Eiland am 25. April 1945 von den Alliierten aus der Luft bombardiert wurde. Knapp 500 Flugzeuge warfen 6000 Sprengbomben ab, die etwa 300 Menschen das Leben kosteten und gut die Hälfte des Inseldorfes in Trümmer legten. Wieder einmal sah es nicht gut aus um die Zukunft der Insel und wieder bewiesen die Friesen, dass sie ein zähes Völkchen sind. Heute ist von den Bombenkratern nichts mehr zu sehen, und wer nach Kriegsspuren sucht, muss sich schon meterweit durch den Sand graben.

Sand ist ein gutes Stichwort. Keine andere ostfriesische Insel besuchte ich bislang so oft wie Wangerooge. Vermutlich liegt es daran, dass sie von meinem Wohnort aus vergleichsweise schnell zu erreichen ist. Und jedes Mal, wenn es auf das Eiland ging, schien die Sonne – ob Zufall oder nicht. Jedenfalls war das der Grund, dass es stets zuerst an den Strand ging. Dort wurde ein Strandkorb gechartert oder einfach ein Handtuch in den Sand gelegt. Schon war es da, das Urlaubsfeeling. Anschließend begaben wir uns zu Speis und Trank ins Dorf. Kleiner Tipp für Schaulustige: Gleich um die Ecke liegt der alte Leuchtturm, der in luftiger Höhe ein Trauzimmer beherbergt. Rund 400 Paare geben sich dort Jahr für Jahr das Jawort und die Aussicht soll grandios sein – wobei ich gestehen muss, dass ich bisher einfach zu faul war, die 161 Stufen zu erklimmen.

WEIL AUF SPIEKEROOG
RUHE OBERSTES GEBOT IST

Pssst! Ruhe bitte! Der Spiekerooger ist lärmempfindlich und hat es nicht gern, wenn grölende Touristenhorden sein Eiland stürmen. Nur rund 800 Menschen leben auf dieser Insel. Stille Genießer, die es sich hinter Strand und Dünen gemütlich gemacht haben. Auf Spiekeroog gibt es keine Autos, schon gar keinen Flugplatz und selbst Fahrräder sind verpönt. Rund 60.000 Kurgäste stürmen Jahr für Jahr das 18 Quadratkilometer kleine Eiland, die sich zumeist an die Bitte halten, per pedes nach Spiekeroog überzusetzen. Wer hektisches Stadtleben sucht, wird die Insel als verschlafen charakterisieren. Doch genau das soll sie sein: ein Eiland, das Erholung pur bietet und auf dem die Natur die erste Geige spielt.

»Sind Sie reif für diese Insel?«, prangt als erste Frage auf der Seite www.spiekeroog.de. Und dann heißt es »Nordseeinsel Spiekeroog – Urlaub, Strand, Familie, Entspannung«. Dem ist kaum noch etwas hinzuzufügen. Obwohl – vielleicht doch. Aus meiner Sicht ist Spiekeroog die ideale Insel für alle, die noch nie ein Schiff betreten haben und daher nicht wissen, ob sie leicht seekrank werden. Am schnellsten zu erreichen ist die Insel von Neuharlingersiel aus. Die Entfernung ist wortwörtlich überschaubar, und da die umliegenden Inseln als Wellenbrecher fungieren, bleibt selbst bei Windstärke acht das Essen, wo es hingehört. Ich habe jedenfalls noch nie erlebt, dass auf einem Fährschiff nach Spiekeroog die Spucktüten hervorgeholt werden mussten.

Schon die Geschichte der Insel wäre ein eigenes Kapitel wert. 1570 schwappte die Allerheiligenflut über die Dünen, im gleichen Jahr überfielen niederländische Freiheitskämpfer die Insel. Kein Wunder, dass 1625 gerade einmal 13 Familien auf Spiekeroog lebten. Es war ein hartes Dasein, in dem Landwirtschaft und Fischfang die Hauptrolle spielten. Der eine oder andere sicherte sein Auskommen auch mit der Herstellung von Muschelkalk. Es folgte die Epoche des Walfangs, bevor im 19. Jahrhundert langsam der Tourismus einsetzte. 1846 wurde Spiekeroog in den Stand eines Seebades erhoben – doch die Urlaubermassen ließen auf sich warten. Weil ein moderner Inselhafen fehlte, war das Übersetzen von der Küste aus nicht ganz unproblematisch. Die Lage besserte sich, als 1890 die »Neptun« vor Spiekeroog auf Grund lief. An Bord hatte sie 8000 Holzbohlen. Die Insulaner bargen die Ladung und bauten damit die erste Landungsbrücke. Nun stand dem Touristenboom nichts mehr im Weg. Seit 1969 grüßt Spiekeroog als ausgewiesenes Nordseeheilbad.

Ich setzte als pubertierender Jugendlicher zum ersten Mal auf das Eiland über. Mit mir an Bord waren wahre Heerscharen von Kindern. Seither verbinde ich Spiekeroog immer mit Familienurlaub. Und das wohl zu Recht. Auf kaum einer anderen Insel steht der Nachwuchs so im Mittelpunkt. Im Mitmach-Angebot für 2012 befindet sich beispielsweise für den 16. August eine Papierbootregatta. Erst wird zugeschnitten, geformt und bemalt und dann heißt es »Leinen los und Paddel ins Wasser«. Wer jetzt glaubt, dass dabei kleine Miniaturboote in See stechen, der irrt. Gepaddelt wird mit echten Papierbooten, die ganze Teams über Wasser halten müssen. Mit Stechpaddel und Schwimmweste geht es durch den Spiekerooger Hafen. Ziel ist es, den unweigerlich anstehenden Untergang möglichst stilecht zu zelebrieren.

WEIL SPIEKEROOGS MUSEUMSPFERDEBAHN
EIN ECHTES UNIKAT IST

Spiekeroog ist so überschaubar, dass man problemlos ohne Auto und Fahrrad auskommt. Wer schlecht zu Fuß ist oder wie ich einfach nur zu faul zum Laufen, kann im Sommerhalbjahr ein ebenso originelles wie ungewöhnliches Verkehrsmittel nutzen: die Spiekerooger Museumspferdebahn. Sie pendelt zwischen Bahnhof und Westend und ist immer dann im Einsatz, wenn die Nachfrage es erfordert. Die letzte von Pferden gezogene Schienenbahn Deutschlands diente bis 1949 als ganz reguläres Verkehrsmittel. Die ersten 1,7 Streckenkilometer führten vom Inseldorf bis zum Weststrand. Den Badegästen sollte der mühsame Weg durch die Dünen erspart werden. 1892 wurde die Trasse bis zum alten Anleger im Südwesten der Insel verlängert.

Im Mai 1949 mussten die Pferde einer Dieselbahn weichen, die noch bis 1981 im Einsatz war. Dann wurde der Dienst eingestellt – für immer, wie es schien. Die überraschende Wiedergeburt der Inselbahn erfolgte noch im gleichen Jahr, als ein pensionierter schwäbischer Lehrer von der Schließung erfuhr und beschloss, eine Museumspferdebahn einzurichten. Da die Gleise inzwischen weitgehend abmontiert sind, beschränkt sich die Strecke heute auf den 1,2 Kilometer langen Abschnitt Bahnhof–Westend. Gezogen wird die Bimmelbahn von einem gutmütigen Haflinger, der den Weg in einer Viertelstunde zurücklegt. Wer möchte, kann gleich die Rückfahrt mitbuchen. Bei meinem letzten Besuch zahlten wir drei Euro pro Erwachsener. Für die Kinder war der Spaß noch günstiger.

Wo wir schon bei Unikaten sind: Eine Inselattraktion muss ich unbedingt noch kurz vorstellen. Das »Kuriose Muschelmuseum« im Haus des Gastes. Der Name verrät schon, dass es hier nicht bierernst zugeht. Zu bestaunen gibt es über 2000 Exponate. Seinen Namen verdankt das Museum den lustigen und kuriosen Namen der Muscheln. Für Familien mit Kindern ist das Muschel-museum ein echtes Muss, vor allem bei Schietwetter.

Gleiches gilt für das Inselmuseum. Besonders sehenswert: die Schiffsmodelle und die Glocke der »Johanne«, des 1854 vor Spiekeroog gesunkenen Auswandererschiffs. Mein Sohn war schier aus dem Häuschen, Teile des Wracks bestaunen zu können, dessen Geschichte ich ihm vorab erzählt hatte. Irgend-wie war er sich wohl nicht ganz sicher gewesen, ob Papa ihm die Wahrheit gesagt oder nur kräftig Seemannsgarn gesponnen hatte.

Ebenfalls familientauglich: das Umweltzentrum Wittbülten. Besucher können sich in Themen wie Inselbildung, Gezeiten und Wattenmeer vertiefen. In Aquarien sind lebende Fische zu sehen und von der Decke baumelt ein 15 Meter langes Pottwalskelett. Das Tier war 2003 vor Baltrum gestrandet und seine Knochen sind seit ihrer Präparierung der »Eyecatcher« des Umweltzent-rums und der Liebling der kleinen Besucher.

Eher etwas für uns ältere Semester ist die Inselkirche. Sie wur-de 1696 erbaut und ist damit das älteste Gotteshaus auf den ost-friesischen Inseln. Teile des Interieurs sollen von einem 1588 vor Spiekeroog gestrandeten Schiff der spanischen Armada stammen. Die Legende könnte durchaus stimmen, denn 1869 fand man unter dem Kirchenboden ein Skelett, einen spanischen Degen und spanische Münzen. Bei dem Toten könnte es sich allerdings auch um den 1721 gestorbenen Insel-Pastor Brüggemeier handeln.

WEIL LANGEOOGS WASSERTURM EIN
WEITHIN SICHTBARES WAHRZEICHEN IST

Leuchttürme sind ja eigentlich die Wahrzeichen der Küste. Doch eine Ausnahme gibt es: Auf Langeoog ist ein Wasserturm die Sehenswürdigkeit Nummer eins. Der Turm wurde 1909 gebaut und liegt im Nordwesten der Insel in Nähe des Badestrandes. Bis 1939 wurde die Insel von hier aus mit Trinkwasser versorgt, seither dient er als Seezeichen für die Schifffahrt. Seine 32 Meter hoch gelegene Aussichtsplattform bietet einen Rundumblick der atemberaubenden Art – so sagt man.

Ich kann das nicht bestätigen, da ich den Wasserturm bislang nicht erklommen habe. Immerhin war ich einmal drauf und dran. Weil mir der Turm nicht allzu hoch vorkam, erklärte ich mich auf das Bitten und Betteln meiner Tochter hin bereit, die Ersteigung in Angriff zu nehmen. Doch auf halbem Weg fiel meinem Sohn ein, dass er an Höhenangst leidet. Nachdem wir fünf Minuten die Treppe versperrt hatten, ging es heulend wieder abwärts. Meine Tochter sprach bis zum Abend kein Wort mehr mit ihrem Bruder.

Langeoog hat das Image einer bodenständigen Insel. Man gibt sich nicht so elitär wie das schicke Norderney und nicht so ruhebesessen wie der Nachbar Spiekeroog. Aber auch Langeoog ist autofreie Zone. Als »Insel fürs Leben« beschreibt die offizielle Webseite das Eiland. Im Frühjahr 2011 wurde Langeoog sogar – als erste deutsche Insel überhaupt – von der »Initiative ServiceQualität Deutschland« mit einem Qualitätssiegel ausgezeichnet. Ob Langeoog eine solche Auszeichnung überhaupt nötig hat? Aus meiner Sicht nicht. Ich war zwar erst ein einziges Mal auf dieser Insel, habe den Aufenthalt aber – mal abgesehen vom Wasserturm-Desaster – in bester Erinnerung. Die 2000 Inselbewohner pflegen einen gemütlichen Lebensstil, ihre Häuser schmiegen sich regelrecht in die Dünenlandschaft. Einen Besuch lohnt allein schon der etwa 14 Kilometer lange Sandstrand. Auch Tierfreunde kommen auf ihre Kosten. Langeoog beherbergte zeitweise die größte Silbermöwenkolonie Deutschlands. Bis zu 30.000 Brutpaare zählten die Ornithologen. Aktuell ist die Zahl allerdings auf 2000 bis 2500 Paare geschrumpft.

Weitere Sehenswürdigkeiten der Insel sind die kunterbunte Inselbahn samt Bahnhof, der Hafen und die »Inseltaxis«. Auf Langeoog fahren keine cremefarbenen Mercedes-Limousinen vor, sondern Kutschen, die von leibhaftigen Pferdestärken im gemächlichen Tempo gezogen werden. Wer es schneller mag: Das Eiland besitzt einen eigenen Flughafen, der einen halben Kilometer südöstlich vom Bahnhof liegt. Keine Ahnung, wie viele Fluggäste dort täglich landen, aber es dürfte eine überschaubare Zahl sein.

Ich habe Langeoog als Insel erlebt, die (noch) nicht überlaufen ist. Wobei das natürlich immer relativ zu sehen ist. Es gab Zeiten, da war Langeoog fast unbewohnt. 1625 standen auf der Insel gerade einmal sieben Höfe, knappe 100 Jahre später hielten lediglich noch zwei Unverdrossene die Stellung. Hauptgrund für den Einwohnerschwund war die schwere Sturmflut von 1717, die Langeoog fast in zwei Teile zerrissen hätte. Die ersten Rückkehrer überlebten dank Kaninchenjagd und Vogeleiersuche. Erst mit Einsetzen des Tourismus begann die Insel aufzublühen. Kein Wunder also, dass Urlauber auf Langeoog bis heute gern gesehen sind.

WEIL LANGEOOG »LILI MARLEEN«
ZUFLUCHT BOT

Es gibt wenige Welthits »made in Germany«. Zu den raren Schlagern aus Deutschland, die selbst ferne Kontinente eroberten, gehört »Lili Marleen«. Das Mädchen, das unter der Laterne vor der Kaserne stand, machte auch ihre Interpretin weltberühmt. Lale Andersen, die Deern von der Küste, war eine mittelmäßig erfolgreiche Schauspielerin mit Engagements im Schauspielhaus Zürich und den Münchner Kammerspielen, ehe sie das Lied mit der Musik von Norbert Schultze und dem Text von Hans Leip in ihr Repertoire aufnahm. 1939 presste Lale Andersen ihre Version von »Lili Marleen« auf Schallplatte. Es war das Jahr des Kriegsausbruchs und lange fristete das melancholische Stück eher ein Schattendasein. Erst als Radio Belgrad im Frühjahr 1941 Andersens »Lili Marleen« spielte, erreichte das Lied bis dato unbekannte Popularitätswerte. Der Besatzungssender war an fast allen Frontabschnitten in Europa und Afrika zu hören und das melancholische Werk traf exakt den Nerv der Soldaten.

Es kam, wie es kommen musste. Die Nazis versuchten, Lale Andersen für ihre Zwecke einzuspannen. Die junge Frau, die 1905 in der Nähe von Bremerhaven geboren wurde, gehörte quasi von heute auf morgen zu den bekanntesten Deutschen. Und da zahlreiche bekannte Künstler das Land aufgrund des Naziterrors verlassen hatten, wurden die wenigen verbliebenen Stars umso intensiver von den braunen Machthabern umgarnt. Kritisch wurde die Lage für Lale Andersen, als »Lili Marleen« auch bei den Alliierten zum Kulthit wurde und sie Kontakt zu Juden aufnahm, die vor den Nazis in die Schweiz geflohen waren. Als die Sängerin auch noch einen Besuch des Warschauer Gettos ablehnte, ließ Propagandaminister Joseph Goebbels im April

1942 das angeblich »wehrkraftzersetzende Lied« verbieten. Im Oktober desselben Jahres folgte ein Auftrittsverbot, womit Lale Andersen faktisch arbeitslos war. Schlimmer noch: Ihr drohte die Einweisung in ein Konzentrationslager wegen »undeutschen Betragens«.

Retter in der Not war ausgerechnet eine Falschmeldung der BBC. Der britische Sender setzte die Ente von einer bereits erfolgten Verhaftung Lale Andersens in die Welt, die die Nazis umgehend dementierten. Auf diese Weise unter Zugzwang geraten, war es ihnen nicht mehr möglich, die Sängerin tatsächlich wie geplant ins Gefängnis zu werfen.

Lale Andersen erkannte die Zeichen der Zeit und floh 1944 nach Langeoog. Es war ein geradezu ideales Versteck: ruhig, abgelegen, schwer zu erreichen und somit sicher vor überraschenden Zugriffen durch die Nazis. Vermutlich war es den braunen Machthabern sogar ganz recht, dass »Lili Marleen« ins selbstgewählte Exil geflüchtet war. Bis zum Ende des »Dritten Reiches« blieb Lale Andersen auf der kleinen Insel unbehelligt.

Nach Kriegsende ging sie wieder auf Tournee und bereiste das ganze Land. Ihr Wohnort aber blieb Langeoog, jene Insel, die ihr in Zeiten größter Not Zuflucht gewährt hatte. Andersen starb 67-jährig in Wien und wurde 1972 auf dem Langerooger Dünenfriedhof beigesetzt. Seit 2005 erinnert am Fuße des Wasserturms ein Bronzedenkmal an die wohl bekannteste »Tochter« der Insel. Aufgestellt wurde es zum einhundertsten Geburtstag der Sängerin. Zu sehen ist Lale Andersen – wie könnte es anders sein – an eine Laterne gelehnt.

WEIL DAS »DORNRÖSCHEN«
BALTRUM KEINEN PRINZEN BRAUCHT

»Mein Dornröschen der Nordsee« – so wirbt Baltrum auf seiner Internetseite um Gäste. Dornröschen? Kam in dem Märchen nicht ein Prinz vor, der das arme Mädchen, das sich an einer fluchbeladenen Spindel gestochen hatte, wach küsste? Mit Dornröschen verband ich bislang im übertragenen Sinn verschlafene Ortschaften, die von der Welt vergessen vor sich hin dämmern. So gesehen ist Baltrum ganz sicher kein Dornröschen. Und einen Prinzen, der die Insel wach küsst, braucht es schon gar nicht, denn Baltrum ist auch so auf vielfache Weise schön.

Schön klein zum Beispiel: Gerade einmal 6,5 Quadratkilometer misst die Insel. Und schön überschaubar: Nur rund 500 Einwohner tummeln sich auf dem Eiland. Und schön »normal«. Von den Schönen und Reichen, die den großen Nachbarn Norderney bevölkern, träumt auf Baltrum niemand. Es gibt einen Badestrand, eine Aussichtsdüne und – sonst nicht viel mehr. Also doch ein Dornröschen? Aber eines mit Charme, das die Klientel anzieht, die es ruhig und gemütlich mag.

Irgendwo habe ich gelesen, dass auf Baltrum nicht einmal der Inselpolizist Rad fahren darf. Ein Pferd tue es auch, ließen ihn die Einheimischen wissen. Immerhin. Schließlich ist die Insel so klein, dass man auch zu Fuß auf Ganovenjagd gehen könnte. Schleswig-Holsteiner wie ich, die eher auf den nordfriesischen Inseln zu Hause sind, kommen sich vor wie auf einer übergroßen Hallig.

In der Hochsaison tummeln sich bis zu zehnmal mehr Menschen auf Baltrum, als es Einwohner gibt. Die Ruhe ist also für viele eine echte Verlockung. Und leicht zu erreichen ist das Eiland obendrein. Gerade einmal 25 Minuten braucht die Fähre von

Neßmersiel aus. Kein Wunder, dass auch viele Tagestouristen anreisen, die es bereits am späten Nachmittag wieder aufs Festland zieht. Das Programm für die wenigen Stunden auf der Insel ist dennoch nicht gerade überladen. Es geht rauf auf die 13 Meter hohe Düne. Wer möchte, besucht die Kirchen, und dann geht es bei gutem Wetter an den Strand oder bei Nieselregen ins Café. Der Strand ist so weitläufig, dass selbst der anspruchsvollste Urlauber ein angemessenes Areal für sich allein hat. Auch für Kinder ist Baltrum ein ideales Ziel. Der Strand fällt flach ins Meer ab, sodass die Kleinen gefahrlos in der Nordsee planschen können.

Lange Zeit spielte der Tourismus auf Baltrum keine tragende Rolle. Erst seit 1966 ist es als Nordseeheilbad staatlich anerkannt. Vorher waren vor allem Schafe auf der Insel zu Hause. Die Einheimischen verpachteten Grund und Boden an Schafhalter vom Festland. Schon im 18. Jahrhundert gab es ein kleines Inseldorf samt Kirche, das jedoch um 1800 aufgegeben werden musste, weil es von Wanderdünen förmlich verschluckt wurde. Später entstand ein erstes Westdorf, das aber schon 1825 infolge einer Sturmflut wieder verlassen wurde. Die Friesen ließen sich davon nicht entmutigen und bauten ein zweites Westdorf auf, in dem heute die Fährschiffe anlegen. 1876 wurde Baltrum Seebad, doch die Urlaubermassen ließen auf sich warten. Heute kommen pro Saison etwa 30.000 Gäste auf die kleine Insel, womit die Kapazität weitgehend ausgeschöpft ist. Und so darf der Prinz gern noch ein Weilchen auf sich warten lassen, ehe er Dornröschen vollends wach küsst. Ansonsten droht Gefahr, dass er einen Ansturm auslöst, dem Baltrum nicht gewachsen sein könnte.

WEIL DIE REICHEN UND SCHÖNEN
AUF NORDERNEY RESIDIEREN

Was Sylt für die nordfriesischen Inseln ist, ist Norderney für die ostfriesischen. Das älteste deutsche Nordseebad ist ein Treffpunkt der besseren Gesellschaft. Nicht unbedingt ein Eldorado der High Society wie die noch bekanntere »Schwester« Sylt, aber eben doch ein Ort der mondänen Eleganz. Von Norddeich aus ist das Eiland in knapp einer Stunde zu erreichen. In der Hochsaison legen die Fähren der Frisia-Reederei im Stundentakt ab. Die Fahrrinne muss regelmäßig ausgebaggert werden, um den Inselhafen tidenunabhängig zu halten. Das kostet eine Stange Geld. Doch was ist schon schnöder Mammon, wenn es um die Vorzeigeinsel Norderney geht. Sogar das Auto darf man mitnehmen – auch wenn die lärmenden und stinkenden Fahrzeuge auf der Insel nicht erwünscht, sondern lediglich geduldet sind.

Schon optisch unterscheidet sich Norderney von den Nachbarinseln. Villen aus der Gründerzeit sind sichtbares Indiz dafür, dass das schmucke Eiland seit jeher ein Anziehungspunkt für die Reichen und Schönen war. Bereits 1797 richtete man hier ein erstes Seebad ein – zu einer Zeit also, als man andernorts noch nicht einmal an Badetourismus dachte. Exklusivität war von Beginn an Trumpf. Vorbild für die Norderneyer Bäderarchitektur war das Britische Empire. Da Massentourismus an der Küste im anbrechenden 19. Jahrhundert noch nicht en vogue war, musste man wahrscheinlich auch auf Nischen setzen. Gerade einmal 500 Urlauber besuchten 1804 das Seebad. Klasse statt Masse – ein Ansatz, dem Norderney sich lange verpflichtet fühlte und der bis heute spürbar nachwirkt.

Zur Zeit von König Georg V. von Hannover war die Insel »königliche Sommerresidenz«. Das im Westen gelegene Kurzentrum atmet noch immer den Hauch dieser Epoche. Unbedingt sehenswert ist das Conversationshaus samt Arkadengang und Türmchen. Einst diente es dem hannoverschen Königspaar als Sommerresidenz, 1865 bewohnte es Kronprinz Friedrich Wilhelm von Preußen, der spätere deutsche Kaiser Friedrich III. Der Zeitgeist wurde in Stein gemeißelt: Das Kaiser-Wilhelm-Denkmal aus dem Jahr 1899 ist monumental und deutschnational zugleich. Die Architektur wird bis heute vom wilhelminischen Stil geprägt. Allein im Stadtgebiet finden sich über einhundert unter Denkmalschutz stehende Gebäude. Auch Jugend- und Bäderstil, Klassizismus und Biedermeierzeit haben ihre Spuren hinterlassen. Die rund 6000 Einwohner Norderneys haben gelernt, mit diesem Erbe zu leben. Und sie leben gut damit. Was ist aber abgesehen von den Fassaden von der guten alten Zeit geblieben? Im Kurhaus logieren längst keine Blaublüter mehr. Das Conversationshaus beherbergt inzwischen ein Spielcasino. Auch Informationszentrum und Stadtbibliothek sind hier untergebracht. Noch immer seinem ursprünglichen Zweck dient das 1894 eröffnete Kurtheater, das für mich eines der schönsten Inselbauwerke überhaupt ist. Einen Abstecher lohnt die alte Windmühle aus dem Jahr 1862. Der Galeriehölländer steht unter Denkmalschutz und wird im Volksmund »Selden Rüst« genannt, was so viel heißt wie »Selten Ruhe«. Es gibt einen Kurpark und einen Schwanenteich, eine Napoleonschanze, die an die Glanzzeit des französischen Feldherrn erinnert, und ein kaiserliches Postamt, das seinem Namen auch optisch alle Ehre macht. Nahezu alles auf Norderney ist altehrwürdig, prunkvoll und auf Stil bedacht. So war es immer und so wird es auch bleiben. Ich finde das gut, denn schließlich brauchen auch die Reichen und Schönen Orte, an denen sie sich wohlfühlen.

WEIL NORDERNEY DIE PROMIS INSPIRIERT

Ich muss gestehen, dass ich prunkvolle Architektur mag – solange sie nicht ins Kitschige abgleitet. Wer viel Altes zu bewahren hat, der verfällt schnell der Versuchung, das Neue diesem Stil anzugleichen. Das Ergebnis ist eine Zuckerbäckerarchitektur, die weder historisch wertvoll noch sonderlich schön ist. Den Norderneyern ist es aber gelungen, diese Fallen zu vermeiden. Der Stilmix der Insel ist »echt« und die Gründerzeit wirkt keinesfalls erdrückend.

Das ist vermutlich auch ein Grund, warum auf Norderney selbst im Winter Saison ist. Während andere Inseln in dieser Jahreszeit in Tiefschlaf fallen, herrscht auf dem Vorzeigeeiland noch munterer Trubel. Das Theater hat geöffnet, die achtzig Kilometer Wanderwege werden eifrig genutzt und in den Cafés bekommt man oftmals keinen freien Tisch. Wer Ruhe sucht, der ist auf Norderney am falschen Ort. Doch wer auf Kultur, Architektur und Bäderflair steht, ist hier goldrichtig.

Es hat schon seinen Grund, warum gerade auf Norderney das erste deutsche Seebad entstand. Die Schönheit der Insel springt einem förmlich ins Auge. Ich habe mich schon in die Insel verliebt, als ich das erste Mal den Hafen anlief. Und ich muss gestehen, dass ich Norderney wählen würde, müsste ich mit einer einzigen ostfriesischen Insel vorliebnehmen.

So oder ähnlich werden auch all die Prominenten gedacht haben, die hier im Laufe der Jahre und Jahrhunderte Station machten. Bei der Aufzählung vertraue ich der Internetseite de.wikipedia.org/wiki/Norderney. Demnach waren auf Norderney Wilhelm von Humboldt, Theodor Fontane sowie Clara und Robert Schumann zu Gast. Heinrich Heine verbrachte im August 1825 seinen Sommerurlaub auf dem Eiland, was ihn zu seinem Zyklus »Die Nordsee« inspirierte, in dem es heißt:

»Die Eingeborenen sind meistens blutarm und leben vom Fischfang, der erst im nächsten Monat, im Oktober, bei stürmischem Wetter, seinen Anfang nimmt. Viele dieser Insulaner dienen auch als Matrosen auf fremden Kauffahrteischiffen und bleiben jahrelang vom Hause entfernt, ohne ihren Angehörigen irgendeine Nachricht von sich zukommen zu lassen. Nicht selten finden sie den Tod auf dem Wasser. Ich habe einige arme Weiber auf der Insel gefunden, deren ganze männliche Familie solcherweise umgekommen; was sich leicht ereignet, da der Vater mit seinen Söhnen gewöhnlich auf demselben Schiffe zur See fährt.« Lobeshymnen klingen anders. Doch trotz dieser ernsten Worte wurde im Herbst 1983 im Stadtzentrum ein Denkmal des Schriftstellers enthüllt, das der umstrittene und während der Nazi-Zeit äußerst populäre Bildhauer Arno Breker gestaltet hat.

Schon immer hoch im Kurs stand Norderney bei bekannten Staatsmännern. Zwischen 1801 und 1805 weilte General Gebhard Leberecht von Blücher auf der Insel. Auch Reichskanzler Fürst Bernhard von Bülow, Kaiser Wilhelm II., Walther Rathenau und Gustav Stresemann waren zu Gast. Das »St. Moritz des Nordens«, wie Norderney auch genannt wird, beherbergte in neuerer Zeit Willy Brandt, Walter Scheel und Karl Carstens. Auch heute sind es vor allem Größen aus der Politik, die Norderney zu ihrem zweiten Zuhause erkoren haben. Ex-SPD-Chef Franz Müntefering ist hier anzutreffen, ebenso wie der ehemalige Bundespräsident Horst Köhler. Auch dessen Amtsnachfolger Christian Wulff ist ein gern gesehener Gast auf der Insel. Vermutlich würde jeder Einzelne von ihnen dem Werbeslogan der Insel-Internetseite zustimmen: »Norderney. Hier will ich sein.«

WEIL DAS KLAASOHM-FEST
AUF BORKUM SPASS VERSPRICHT

Als ich noch zur Schule ging, wurde ich stets vom Seewetterbericht des Deutschlandfunks geweckt. Ich habe meine Mutter
zig-fach gebeten, einen anderen Sender einzustellen, aber jeden
Tag dudelte bei uns in der Küche DLF. Und jeden Morgen hörte ich, was »Feuerschiff Borkumriff« zu vermelden hatte: mal
Sonne, meist jedoch Regen und Sturm. Jedenfalls verbinde ich
den Namen Borkum immer noch mit dem Seewetterbericht des
Deutschlandfunks. Wahrscheinlich ist dieses Kindheitstrauma
schuld daran, dass ich noch nie auf Borkum war. Alles, was ich
über die westlichste der ostfriesischen Inseln weiß, habe ich mir
angelesen. Beispielsweise auf der Seite www.borkum.de. »Nordseeinsel mit Hochseeklima« heißt es dort. Die Insel mit dem mil-
den Klima habe nicht nur im Sommer ihre ganz besonderen Reize. Kenner kämen auch im Frühling, Herbst und Winter. Borkum
sei dann »ein Wintermärchen« und im Herbst eine »schäumende
Nordsee-Schönheit«. Das klingt doch schon mal ganz gut.

Doch der anspruchsvolle Reisende erwartet mehr. Sehenswürdigkeiten vor allem. Auch die gibt es, verspricht das Internet.
Gartenzäune aus Wal-Kinnladenknochen zum Beispiel oder
gleich drei Leuchttürme samt »erfrischender Horizonterweite-
rung«. Ein Inselwahrzeichen ist der Musikpavillon und einen
Besuch lohnt auch das Heimatmuseum Dykhus samt Walskelett.
Drei Kirchen gibt es auch sowie drei Baken – das sind Pfeilein-
richtungen für die Schifffahrt. Die Zahl Drei scheint auf Borkum
irgendwie magisch zu sein.

Und fast hätte ich's geahnt: Da ist es wieder, das Feuerschiff
Borkumriff. 1988 außer Dienst gestellt, wurde es ein Jahr später
als Nationalparkschiff wieder in Betrieb genommen. Früher lag

das knallrote Wasserfahrzeug dreißig Kilometer nordwestlich der Insel an einem der Hauptschifffahrtswege der Deutschen Bucht vor Anker und wies anderen Schiffen den Weg in die Ems. Heute liegt es im Hafen von Borkum und dient als Informationszentrum.

Im wirklich hochinformativen Reiseführer über Ostfriesland von Dieter Katz, erschienen im Michael Müller Verlag, bin ich auf eine Borkumer Besonderheit gestoßen, die mich neugierig gemacht hat. Stets am 5. Dezember stehe die Insel kopf, schreibt der Autor. Grund sei das Klaasohm-Fest, ein Relikt aus der großen Walfängerzeit der Insel. Während die Männer monatelang auf See waren, hatten die Frauen daheim die Hosen an. Nach ihrer Rückkehr musste sich das angeblich so starke Geschlecht seine heimische Vorherrschaft erst mühsam wieder erkämpfen. Bei ihrem Streifzug durch Straßen und Inselkneipen »verprügeln« maskierte »Klaasens« seither alle Frauen, die ihnen vor die Füße laufen. Mittendrin ein »Wiefke«, ein als Weib verkleideter Junge. Das Spektakel endet in der Ortsmitte, wo erst die »Klaasen« und am Ende auch »Wiefke« kopfüber in eine tobende Menschenmenge springen. Das Fest findet alljährlich in der Nacht vom 5. zum 6. Dezember statt. Ganz ehrlich: Das klingt so spannend, dass ich mir fest vorgenommen habe, möglichst bald einmal live dabei zu sein.

Fast hätte ich eine ostfriesische Insel vergessen: Juist, den östlichen Nachbarn von Borkum. Das Eiland gilt auch als »die schönste Sandbank der Welt«, ein Name, der darauf anspielt, dass Juist an manchen Stellen lediglich 500 Meter breit ist, dafür allerdings satte 17 Kilometer lang. Es gibt ein Küstenmuseum, ein Nationalparkhaus und selbstverständlich auch einen Leuchtturm. Vor allem aber ist Juist ein exklusiver Urlaubsort, der mit Nobelhotels und exquisiten Ferienhäusern beeindruckt. Noch um 1825 lebten lediglich 200 meist bitterarme Menschen auf der Insel, heute zählt die Statistik annähernd 1800 Einheimische.

Arm sind die wenigsten von ihnen, die meisten verdienen gut mit dem Tourismus. Juist ist übrigens kein ganz preisgünstiges Vergnügen, aber das gilt streng genommen für alle »Hotspots« an der Nordseeküste.

GRUND NR. 111 – EPILOG

WEIL DIE NORDSEEKÜSTE NIEMALS LANGWEILIG WIRD

Keine Ahnung, wie oft ich in meinem Leben schon an der Nordseeküste war. Einige Hundert Mal bestimmt. Und eigentlich hat es mir überall gut gefallen. Es gibt herrlich einsame Strände und Deichabschnitte, wo man die Seele baumeln lassen kann. Es gibt kleine Dörfer und Städtchen, die das ganze Jahr über quirliges Urlaubsflair versprühen. Es gibt ein touristisch noch weitgehend unerforschtes Hinterland, das ein wahres Eldorado für Entdecker ist. Die Inseln vor der nord- und ostfriesischen Küste sind ein Leckerbissen für Jung und Alt, für Arm und Reich. Das Wetter ist so abwechslungsreich, dass man binnen einer Stunde alle vier Jahreszeiten erleben kann. Und die Menschen sind trotz aller Abhängigkeit vom Tourismus »echt« geblieben. Keiner biedert sich an, niemand wird aufdringlich.

Langeweile ist an der Nordseeküste ein Fremdwort. Tiere wollen entdeckt und das Watt erwandert werden. Radtouren entlang der Deiche sind ein Hochgenuss und ein Pharisäer bei Schietwetter in einer der urigen Küstenkneipen weckt die Lebensgeister im Nu. Für Kinder ist die Küste ein Paradies, ein schier endloser Abenteuerspielplatz, auf dem sie sich nach Herzenslust austoben können.

Wenn ich gefragt werde, was denn mein Lieblingsplatz an der Nordsee ist, dann muss ich lange überlegen. Vielleicht Amrum, meine persönliche Trauminsel. Oder Büsum, der Ort meiner

Kindheit. Oder Ostfriesland, in das ich mich bei jedem Besuch ein Stück mehr verliebe. Auch Husum ist toll und Friedrichstadt erst. Glückstadt auch, obwohl ich dort meine wenig geliebte Schulzeit verbracht habe. Cuxhaven und Wilhelmshaven sind die Zentren an der Küste mit städtischen Kunst- und Kulturangeboten. Emden hat das schönste (Kunst-)Museum, Leer ist die vielleicht hübscheste (Klein-)Stadt. Sylt ist der bekannteste Ort an der Nordsee, Greetsiel der idyllischste. Bestimmt habe ich in meiner Aufzählung noch das eine oder andere vergessen.

Es ist immer gefährlich, ungehemmt ins Schwärmen zu geraten. Man wird leicht unfair und lässt der eigenen Meinung freien Lauf. Natürlich ist vieles in diesem Buch subjektiv. Aber wie soll man die Liebe zu einem Landstrich sonst in Worte fassen? »Trockene« Ratgeber gibt es schon genug und so bitte ich um Nachsicht, sollte ich irgendetwas übersehen haben oder mit meinen Lobeshymnen auf Land und Leute nicht allen gerecht geworden sein. Auch sachliche Fehler schließe ich nicht aus. Wer so viele Fakten zusammenträgt – wobei vieles der eigenen Erinnerung entspringt –, der macht auch Fehler. Eine Haftung für absolute Richtigkeit können weder der Verlag noch ich als Autor übernehmen. Ich hoffe aber inständig, dass sich nicht allzu viele »Böcke« eingeschlichen haben. Vielleicht ergibt sich irgendwann ja einmal die Chance, weitere »111 Gründe, die Nordsee zu lieben« zu Papier zu bringen. Anekdoten und Orte gäbe es genug – schon deshalb, weil die Nordsee immer neue Geschichten schreibt.

111 GRÜNDE, HAMBURG ZU LIEBEN

EINE LIEBESERKLÄRUNG AN DIE EDLE HAFENSTADT, IN DER SICH MARITIME TRADITIONEN MIT DEM GROSSSTÄDTISCH-MODERNEN VERBINDEN

111 GRÜNDE, HAMBURG ZU LIEBEN
EINE LIEBESERKLÄRUNG AN DIE
GROSSARTIGSTE STADT DER WELT
Von Ann-Christin Zilling und Torsten Lindner
288 Seiten, Taschenbuch
ISBN 978-3-89602-968-3 | Preis 9,95 €

»Hamburg ist einfach zum Knutschen: Ann-Christin Zilling und Torsten Lindner – zwei besonders glühende Verehrer Hamburgs – haben nun ein Buch geschrieben. ›111 Gründe, Hamburg zu lieben‹ heißt das Werk – eine Mischung aus Lesebuch und Reiseführer für Fortgeschrittene.«
Hamburger Morgenpost

»Statt Daten, Fakten und der üblichen ›Ge-heimtipps‹ findet der Leser kleine, ganz persönliche Geschichten: Weshalb man mit der Buslinie 112 die Stadt am aufregendsten kennenlernt, wo der Jazz in Würde jung bleibt und wie die leckersten Currywürste nach Eppendorf kamen. Das macht schon beim Lesen Spaß und ist dabei typisch hanseatisch. ›Eine Liebeserklärung an die groß-artigste Stadt der Welt‹ lautet der Untertitel. Stimmt.«
HÖRZU

DER AUTOR

Carsten Wittmaack wurde 1968 in Glückstadt geboren und lebt heute in Itzehoe, eine halbe Autostunde von der Nordsee entfernt. Die Sommer seiner Kindheit und Jugend verbrachte er in Büsum, wo er Land und Leute lieben lernte. Heute genießt er seine Urlaube mit Frau und Kindern in einem Ferienhaus an der Küste, wo er »die Nordsee spüren« kann.

Carsten Wittmaack
111 GRÜNDE, DIE NORDSEE ZU LIEBEN
Eine Liebeserklärung an die schönste Küste der Welt

ISBN 978-3-89602-974-4

KATALOG
Wir senden Ihnen gern kostenlos unseren Katalog.
Schwarzkopf & Schwarzkopf Verlag GmbH
Kastanienallee 32, 10435 Berlin
Telefon: 030 – 44 33 63 00
Fax: 030 – 44 33 63 044

INTERNET | E-MAIL
www.schwarzkopf-schwarzkopf.de
info@schwarzkopf-schwarzkopf.de